Point up 왕초보 영한 한영 단어 사전

국립중앙도서관 출판시도서목록(CIP)

```
(Point up) 왕초보 영한+한영 단어사전
감수: 이승원, 이해정
 ─ 서울 : 창, 2008
   p. ;   cm
권말부록: 영어 기초자료
ISBN 978-89-7453-150-8 13740 : ₩9000
743.1-KDC4
423-DDC21      CIP2008000573
```

Point Up 왕초보 영한 + 한영 단어사전

2008년 4월 10일 1쇄 발행
2025년 6월 15일 24쇄 발행

감수자 | 이승원 · 이해정
펴낸이 | 이규인
디자인 | 박선영
펴낸곳 | 도서출판 **창**
등록번호 | 제15-454호
등록일자 | 2004년 3월 25일

주소 | 서울특별시 마포구 대흥로4길 49, 1층(용강동, 월명빌딩)
전화 | (02) 322-2686, 2687 / **팩시밀리** | (02) 326-3218
홈페이지 | http://www.changbook.co.kr
e-mail | changbook1@hanmail.net

ISBN 978-89-7453-150-8 13740

정가 9,000원

*잘못 만들어진 책은 〈도서출판 창〉에서 바꾸어 드립니다.

*이 책의 저작권은 〈도서출판 창〉에 있습니다.
 저작권법에 의해 보호를 받는 저작물이므로 무단 전재와 복제를 금합니다.

Point up

왕초보 영한+한영 단어사전

창
Chang Books

F·o·r·e·w·o·r·d

간편하고 효율적인 학습을 위해...

여러분은 지금 국제화 시대에 살고 있습니다. 즉 영어는 실생활과 직결되어 있으므로 여러분과는 불가분의 관계에 있습니다. 그러한 영어학습을 높이기 위해 펴낸 '포인트업 왕초보 영한 + 한영 단어사전'은 초·중·고 교서서 60여 종 및 각종 시험자료에서 4,400개의 영한단어와 한영단어 2,100개를 엄선하여 약 6,500개의 단어를 기본단어에서 최상의 단어까지 실어 누구나 쉽게 따라 익힐 수 있도록 기획·편집하였습니다.

부록에는 영어학습에 필요한 많은 자료와 특히 '주제별 영단어'는 실용영단어로서 큰 도움이 될 것입니다. 또한 영한단어는 알파벳(A,B,C)순으로, 한영단어는 가나다(ㄱ, ㄴ, ㄷ)순으로 되어 있으며, 정확한 한글발음을 표기하여 초보자도 쉽게 따라 읽을 수 있을뿐만 아니라, 누구나 쉽게 찾아 즉시 실생활에 활용할 수 있도록 하였습니다. 그러나 한글발음표기는 단어 학습을 위한 것에 지나지 않으므로 정확한 발음은 발음기호를 보고 익혀야 하며, 참고로 발음의 악센트(´)는 **볼드체**로 강조하였습니다. 또한 최신의 주요 영영사전과 인터넷의 자료를 총망라하여 참조하였으며, 단어의 뜻도 영영사전에서 직접 옮겨 왔습니다.

F·o·r·e·w·o·r·d

이 책의 구성을 살펴보면,

Part I 포인트업 왕초보 영한 단어

Part II 포인트업 왕초보 한영 단어

Part III 포인트업 왕초보 부록 (로마자 한글 표기법, 수사 읽는 방법, 형용사·부사변화표, 불규칙동사변화표, 불규칙 복수형명사 변화표, 철자와 발음법, 주제별 영단어)

 이와 같이 구성되었으며, 포켓용으로 제작되어 항상 가지고 다니면서 활용하면 많은 어휘실력을 한층 향상시킬 수 있을 것입니다.

참고로 이 책을 학습하는 데 필요한 사용 기호를 살펴보면,
명→ 명사 자→자동사 타→ 타동사 형→ 형용사 부→ 부사 전→ 전치사 접→ 접속사 대→ 대명사 감→ 감탄사 조→ 조동사 활→ 동사변화(현재-과거-과거분사) (-) → 비슷한 말 (↔) → 반대말 (약자)→ 약자 (복수)→복수 형용사·부사(원급-비교급-최상급) (영)→영국식 (미)→미국식 (■)→기본필수단어표시.

Contents

• Part I 포인트업 왕초보 영한 단어 ····· 7

A	8	B	39	C	60	D	101	E	128
F	150	G	171	H	183	I	200	J	218
K	222	L	225	M	240	N	260	O	268
P	278	Q	315	R	318	S	342	T	392
U	416	V	424	W	430	X	444	Y	445
Z	447								

• Part II 포인트업 왕초보 한영 단어 ····· 449

ㄱ	450	ㄴ	481	ㄷ	488	ㄹ	500	ㅁ	502
ㅂ	512	ㅅ	527	ㅇ	546	ㅈ	579	ㅊ	606
ㅋ	615	ㅌ	618	ㅍ	619	ㅎ	625		

• Part III 포인트업 왕초보 부록 ····· 637

- 로마자 한글 표기법 ····· 630
- 수사읽는 방법 ····· 639
- 형용사 · 부사 변화표 ····· 641
- 불규칙동사 변화표 ····· 642
- 불규칙복수형명사 변화표 ····· 643
- 철자와 발음법 ····· 644
- 주제별 영단어 ····· 646

Part I

Point up

왕초보 영한 단어

A

ENGLISH KOREAN WORDS DICTIONARY

- **abandon** [əbǽndən] 어밴던
  타 버리다

- **abate** [əbéit] 어베이트
  타 감하다, 덜다(=make less)

- **abide** [əbáid] 어바이드
  타 살다, 머무르다

- **ability** [əbíləti] 어빌러티
  명 능력, 재능, 기량 형 능력 있는

- **able** [éibl] 에이블
  형 ~할 수 있는, 유능한, 능력 있는

- **abnormal** [æbnɔ́ːrməl] 애브노-멀
  형 비정상적인

- **abolish** [əbáliʃ] 어보리쉬
  타 폐지하다

- **abound** [əbáund] 어바운드
  자 풍부하다

- **above** [əbʌ́v] 어버브
  전 ~보다 위에, ~이상인

■ **abroad**	[əbrɔ́:d] 어브로-드 부 외국에, 널리(=overseas)
□ **abrupt**	[əbrʌ́pt] 어브럽트 형 갑작스러운
□ **absence**	[ǽbsəns] 앱슨스 명 부재, 결석(↔presence 출석), 결핍
■ **absent**	[ǽbsənt] 앱슨트 형 결석한(↔present 출석한), 부재의
□ **absolute**	[ǽbsəlù:t] 앱설루-트 형 절대적인(↔relative 상대적인), 완전한
■ **absolutely**	[ǽbsəlù:tli] 앱설루-틀리 부 완전히, (구어) 그렇고 말고, 물론
■ **absorb**	[əbsɔ́:rb] 업소-브 타 흡수하다, 빨아들이다
□ **abstract**	[æbstrǽkt] 앱스트랙트 형 추상적인(↔concrete)
□ **absurd**	[æbsə́:rd] 앱서-드 형 터무니없는, 불합리한
□ **abuse**	[əbjú:z] 어뷰-즈 타 남용하다, 학대하다 명 남용, 오용

■ **academic**	[ækədémik] 애커데믹 형 학술적인, 이론적인
□ **accelerate**	[æksélərèit] 액셀러레이트 타 가속하다(↔decelerate 감속하다)
■ **accent**	[æksent] 액센트 명 악센트
■ **accept**	[æksépt] 액셉트 타 받다, 받아들이다(=receive ↔ refuse)
□ **access**	[ǽkses] 액세스 명 접근 타 정보를 호출(입력)하다
■ **accident**	[æksidənt] 액시던트 명 사고(=incident), 사건, 우연
□ **accommodate**	[əkɔ́mədèit] 어코머데이트 타 수용하다, 편의를 도모하다
□ **accompany**	[əkʌ́mpəni] 어컴퍼니 타 동반하다, 수반하다
□ **accomplish**	[əkʌ́mpliʃ] 어캄플리시 타 성취하다, 이루다, 달성하다
□ **accordance**	[əkɔ́:rdəns] 어코-던스 명 일치, 조화

- **according** [əkɔ́ːrdiŋ] 어코-딩
  븬 ~에 의하면, ~에 따라서

- **account** [əkáunt] 어카운트
  명 설명, 계좌 타 ~을 설명하다

- **accumulate** [əkjúːmjəlèit] 어큐-뮬레이트
  타 모으다, 축적하다

- **accurate** [ǽkjərit] 애큐릿
  형 정확한, 빈틈없는

- **accuse** [əkjúːz] 어큐-즈
  타 고발하다, 비난하다

- **accustom** [əkʌ́stəm] 어커스텀
  타 익히다, 습관을 붙이다

- **ache** [eik] 에이크
  자 아프다, 쑤시다 명 아픔

- **achieve** [ətʃíːv] 어치-브
  타 달성하다, 성취하다

- **achievement** [ətʃíːvmənt] 어치-브먼트
  명 성취(=accomplishment), 업적

- **acid** [ǽsid] 애시드
  형 신맛이 나는, 산성의 명 산

☐ **acknowledge**	[æknɔ́lidʒ] 액놀리지 타 인정하다, 알리다
☐ **acquaint**	[əkwéint] 어퀘인트 타 알리다
☐ **acquire**	[əkwáiər] 어콰이어 타 ~을 얻다, 배우다, 익히다
■ **across**	[əkrɔ́ːs] 어크로-스 전 ~저쪽에 부 ~을 가로질러
■ **act**	[ækt] 액트 명 행위, 법령 자 타 행동하다
☐ **action**	[ǽkʃən] 액션 명 활동, 행동, 움직임, 작용
☐ **active**	[ǽktiv] 액티브 형 활동적인, 활동 중인, 능동적인
☐ **activity**	[æktívəti] 액티비디 명 활동, 활약, 활동적임
☐ **actor**	[ǽktər] 액터 명 배우, 남자 배우
☐ **actress**	[ǽktris] 액트리스 명 여자 배우

□ **actual**	[ǽktʃuəl] 액추얼 형 현실의, 실제의, 현재의
□ **actually**	[ǽktʃuəli] 액추얼리 부 실제로, 정말로
□ **acute**	[əkjúːt] 어큐-트 형 날카로운
□ **adapt**	[ədǽpt] 어댑트 타 적응시키다, 개작하다
■ **add**	[æd] 애드 타 더하다(↔subtract 감하다), 부연하다
□ **addition**	[ədíʃən] 어디션 명 부가
□ **additional**	[ədíʃənəl] 어디셔널 형 추가의, 부가적인
■ **address**	[ədrés] 어드레스 명 주소, 연설 타 연설하다
□ **adequate**	[ǽdikwit] 애디퀴트 형 적당한, 충분한
□ **adhere**	[ædhíər] 애드히어 자 타 들러붙다, 고수하다, 견지하다

□ **adjust**	[ədʒʌ́st] 어저스트 타 조절하다, 맞추다	
□ **administer**	[ədmínəstər] 어드미너스터 타 관리하다, 시행하다, 경영하다	
□ **administration**	[ædmìnəstréiʃən] 애드미너스트레이션 명 관리, 경영, 행정	
□ **admiral**	[ǽdmərəl] 애드머럴 명 해군대장, 해군제독	
□ **admiration**	[ædməréiʃən] 애드머레이션 명 감탄, 칭찬	
■ **admire**	[ədmáiər] 어드마이어 타 칭찬하다, 감탄하다, 탄복하다	
□ **admission**	[ədmíʃən] 어드미션 명 입장, 입회, 입학, 입장료	
■ **admit**	[ədmít] 어드밋 타 승인하다, 인정하다	
□ **adolescence**	[ædəlésəns] 애덜레선스 명 청년기, 청춘기	
■ **adopt**	[ədápt] 어답트 타 채용[채택]하다, 양자[양녀]로 삼다	

□ adoration	[æ̀dəréiʃən] 애덜레이션 명 숭배, 동경
□ adorn	[ədɔ́ːrn] 어돈– 타 장식하다
■ adult	[ədʌ́lt] 어덜트 명 어른, 성인 형 어른의(=grown-up)
■ advance	[ədvǽns] 어드밴스 자 타 나아가다, 명 전진, 발전, 향상
□ advanced	[ədvǽnst] 어드밴스트 형 진보적인(=advance), 상급의
■ advantage	[ədvǽntidʒ] 어드밴티지 명 유리, 이점
□ adventure	[ədvéntʃər] 어드벤처 명 모험, 모험심
□ adversity	[ædvə́ːrsəti] 애드버–서티 명 역경
□ advertise	[ǽdvərtàiz] 애드버타이즈 타 광고하다, 선전하다
□ advertisement	[ædvərtáizmənt] 애드버타이즈먼트 명 광고

□ **advice**	[ədváis] 어드바이스 명 충고, 조언
■ **advise**	[ədváiz] 어드바이즈 타 충고하다, 조언하다, 권하다
□ **advocate**	[ǽdvəkèit] 애드버케이트 타 변호하다, 주장하다
■ **affair**	[əfɛ́ər] 어페어 명 사건, 사무, (개인적인) 관심사
■ **affect**	[əfékt] 어펙트 타 영향을 주다, 감동시키다, ~인체하다
□ **affection**	[əfékʃən] 어펙션 명 애정
□ **affirmative**	[əfə́:rmətiv] 어퍼-머티브 형 긍정적인(↔negative 부정적인)
□ **afford**	[əfɔ́:rd] 어포-드 자 주다, ~할 여유가 있다
■ **afraid**	[əfréid] 어프레이드 형 무서워[두려워]하는, 걱정하는
□ **after**	[ǽftər] 애프터 전 ~후에, ~의 뒤에(↔before 앞에)

- **afternoon** [æftərnúːn] 애프터눈-
  명 오후

- **afterward** [æftərwərd] 애프터워드
  부 그 후, 나중에

- **again** [əgén] 어겐
  부 다시, 한 번 더, 본래대로

- **against** [əgénst] 어겐스트
  전 ~에 반대하여[거슬러], ~에 부딪쳐

- **age** [eidʒ] 에이지
  명 나이, 성년, 시대

- **agency** [éidʒənsi] 에이전시
  명 대리점, 기관

- **agent** [éidʒənt] 에이전트
  명 대리인, 중개상, 관리자

- **aggressive** [əgrésiv] 어그레시브
  형 공격적인(↔submissive), 적극적인

- **ago** [əgóu] 어고우
  부 (지금부터) ~전에

- **agony** [ǽgəni] 애거니
  명 고민, 고뇌, 고통

- **agree** [əgríː] 어그리-
  재 일치하다, 동의하다, 찬성하다

- **agreement** [əgríːmənt] 어그리-먼트
  명 일치, 동의, 협정, 계약

- **agriculture** [ǽɡrikʌ̀ltʃər] 애그리컬처
  명 농업

- **ahead** [əhéd] 어헤드
  부 앞으로, 앞에

- **aid** [eid] 에이드
  명 도움 타 도와주다

- **aim** [əim] 어임
  타재 ~을 향하게 하다, 겨누다

- **air** [ɛər] 에어
  명 모양, 태도, 뽐내는 모습, 야외, 비행기

- **airmail** [ɛ́ərmèil] 에어메일
  명 항공 우편

- **airplane** [ɛ́ərplèin] 에어플레인
  명 (미) 비행기(=plane)

- **airport** [ɛ́ərpɔ̀ːrt] 에어포-트
  명 공항, 비행장

□ **akin**	[əkín] 어킨 형 동족의, 동류의
■ **alarm**	[əláːrm] 얼람- 명 놀람, 경보 타 놀라게 하다, 경보하다
□ **alcohol**	[ǽlkəhɔ̀(ː)l] 앨커홀- 명 알코올, 알코올 음료
□ **alert**	[ələ́ːrt] 얼러-트 형 빈틈없는 명 경계 타 경고하다
□ **algebra**	[ǽldʒəbrə] 앨저브러 명 대수(학)
□ **alien**	[éiljən, -liən] 에일리언 형 외국인의 명 외계인
■ **alike**	[əláik] 얼라이크 형 닮은, 같은 부 똑같이
■ **alive**	[əláiv] 얼라이브 형 살아 있는(↔dead 죽은), 생생하여
■ **all**	[ɔːl] 올- 형 전부의 대 전원, 전부 부 완전히
□ **allot**	[əlɔ́t] 얼로트 타 할당하다

- **allow** [əláu] 얼라우
  타 허락하다, 주다

- **allowance** [əláuəns] 얼라우언스
  명 용돈, 허가, 승인

- **allude** [əlúːd] 얼루−드
  타 언급하다, 암시하다

- **allure** [əlúər] 얼루어
  타 유혹하다 명 매력, 애교

- **ally** [əlái] 얼라이
  자 동맹하다 명 동맹자국

- **almost** [ɔ́ːlmoust] 올−모우스트
  부 거의(=nearly), 대부분

- **alone** [əlóun] 얼로운
  형 홀로의, 오직 ~뿐인 부 혼자서

- **along** [əlɔ́ːŋ] 얼롱−
  전 ~을 따라 부 앞으로

- **aloof** [əlúːf] 얼루−프
  부 따로 떨어져서

- **aloud** [əláud] 얼라우드
  부 소리 내어, 큰 소리로

■ **alphabet**	[ǽlfəbèt] 앨퍼벳 명 알파벳
■ **already**	[ɔːlrédi] 올-레디 부 이미, 벌써
■ **also**	[ɔ́ːlsou] 올-소우 부 ~도 또한, 역시
□ **alter**	[ɔ́ːltər] 올-터 타 변경하다, 바꾸다(=change)
□ **alternative**	[ɔːltə́ːrnətiv] 올-터-너티브 명 양자택일 형 양자택일의
■ **although**	[ɔːlðóu] 올-도우 접 ~이지만, 비록 ~이라도
□ **altogether**	[ɔ̀ːltəgéðər] 올-터게더 부 전혀, 완전히, 전부, 합하여
■ **always**	[ɔ́ːlweiz] 올-웨이즈 부 늘, 언제나, 항상
□ **amateur**	[ǽmətə́ːr] 애머터- 명 아마추어(↔professional 전문가)
■ **amaze**	[əméiz] 어메이즈 타 놀라게 하다

영한 단어 | 21

□ **amazing**	[əméiziŋ] 어메이징 형 놀랄만한, 굉장한(=astonishing)	
□ **ambiguous**	[æmbígjuəs] 앰비쥬어스 형 애매모호한(=vague) 막연한, 모호한	
□ **ambition**	[æmbíʃən] 앰비션 명 대망, 야심, 포부	
■ **ambitious**	[æmbíʃəs] 앰비셔스 형 대망을 품은, 야심적인	
■ **ambulance**	[ǽmbjuləns] 앰뷸런스 명 구급차	
□ **among**	[əmʌ́ŋ] 어멍 전 ~의 사이에, ~중의 하나로	
■ **amount**	[əmáunt] 어마운트 명 총액, 액수 타 (총계가)~이 되다	
□ **ample**	[ǽmpl] 앰플 형 충분한	
■ **amuse**	[əmjúːz] 어뮤-즈 타 즐겁게 하다, 재미나게 하다	
□ **amusement**	[əmjúːzmənt] 어뮤-즈먼트 명 즐거움, 재미, 오락	

□ **anachronism**	[ənǽkrənìzəm] 어내크러니즘 명 시대착오	
□ **analogy**	[ənǽlədʒi] 어낼러지 명 유사, 유추	
□ **analysis**	[ənǽləsis] 어낼러시스 명 분석, 분해(↔synthesis 총합)	
□ **analyze**	[ǽnəlàiz] 애널라이즈 타 분석하다, 분해하다	
□ **anarchy**	[ǽnərki] 애너키 명 무정부 상태	
■ **ancestor**	[ǽnsestər] 앤세스터 명 선조, 조상(↔descendant 자손)	
□ **anchor**	[ǽŋkər] 앵커 명 뉴스 캐스터, 앵커맨	
■ **ancient**	[éinʃənt] 에인선트 형 옛날의, 고대의(↔modern 현대의)	
■ **angel**	[éindʒəl] 에인절 명 천사, 천사 같은 사람	
■ **anger**	[ǽŋɡər] 앵거 명 노여움, 화	

- **angle**
  [ǽŋgl] 앵글
  명 각, 각도 타 각을 이루다

- **angry**
  [ǽŋgri] 앵그리
  형 성난, 화가 난

- **animal**
  [ǽnəməl] 애너멀
  명 동물, 짐승

- **animate**
  [ǽnəmèit] 애너메이트
  타 활기를 주다, 고무하다

- **ankle**
  [ǽŋkl] 앵클
  명 발목

- **annihilate**
  [ənáiəlèit] 어나이어레이트
  타 전멸시키다

- **anniversary**
  [æ̀nəvə́ːrsəri] 애너버-서리
  명 기념일

- **announce**
  [ənáuns] 어나운스
  타 발표하다, 알리다

- **announcement**
  [ənáunsmənt] 어나운스먼트
  명 발표, 공표

- **announcer**
  [ənáunsər] 어나운서
  명 (TV · 라디오의) 아나운서

- **annoy**
  [ənɔ́i] 어노이
  타 괴롭히다, 화나게 하다

- **annual**
  [ǽnjuəl] 애뉴얼
  형 해마다의, 한해의

- **another**
  [ənʌ́ðər] 어너더
  형 또 하나의, 다른 하나의

- **answer**
  [ǽnsər, ɑ́ːn-] 앤서, 안서
  타 대답하다, 답장하다 명 대답

- **ant**
  [ænt] 앤트
  명 개미

- **antenna**
  [ænténə] 앤테너
  명 안테나, 촉각, 더듬이

- **anticipate**
  [æntísəpèit] 앤티서페이트
  타 기대하다, 예상하다

- **antipathy**
  [æntípəθi] 앤티퍼시
  명 반감(↔sympathy 동정)

- **antiquity**
  [æntíkwəti] 앤티쿼티
  명 고대(인)

- **anxious**
  [ǽŋkʃəs] 앵(크)셔스
  형 근심하는, 걱정하는, 열망하는

■ **any**	[éni] 에니 형 얼마간의, 조금도 대 어느 것이라도
□ **anyone**	[éniwən] 에니원 대 누군가, 아무에게도, 누구든지
□ **anything**	[éniθiŋ] 에니싱 대 무엇이고, 아무것도, 무엇이든지
□ **anyway**	[éniwèi] 에니웨이 부 어쨌든, 아무튼
□ **anywhere**	[énihwɛ̀ər] 에니웨어 부 어딘가에, 아무데도, 어디든지
■ **apart**	[əpá:rt] 어파-트 부 떨어져서, 따로
■ **apartment**	[əpá:rtmənt] 어파-트먼트 명 (미) 아파트(=flat), 공동주택
■ **apology**	[əpálədʒi] 어팔러지 명 사과, 사죄, 변명
□ **apparatus**	[æpəréitəs] 애퍼레이터스 명 기구, 기계
■ **apparent**	[əpǽrənt] 어패런트 형 명백한, 겉모양의

□ **apparently**	[əpǽrəntli] 어패런틀리 🖺 명백하게
■ **appeal**	[əpíːl] 어필- 🖺 호소하다, 항소하다 🖺 호소
■ **appear**	[əpíər] 어피어 🖺 나타나다(↔disappear), ~인 것 같다
□ **appearance**	[əpíərəns] 어피(어)런스 🖺 나타남, 출현, 외관, 모양
□ **appetite**	[ǽpitàit] 애피타이트 🖺 식욕, 욕구
□ **applaud**	[əplɔ́ːd] 어플로-드 🖺 박수갈채를 보내다
□ **applause**	[əplɔ́ːz] 어플로-즈 🖺 박수갈채, 칭찬
■ **apple**	[ǽpl] 애플 🖺 사과
□ **application**	[æ̀plikéiʃən] 애플리케이션 🖺 신청, 지원, 신청서, 원서
■ **apply**	[əplái] 어플라이 🖺 적용하다, 전념하다, 신청하다

영한 단어 | 27

- **appoint**
  [əpɔ́int] 어**포**인트
  탁 임명하다, 지정하다

- **appointment**
  [əpɔ́intmənt] 어**포**인트먼트
  명 약속, 예약, 임명

- **appreciate**
  [əpríːʃièit] 어프리-시에이트
  탁 감사하다, 감상하다

- **apprehend**
  [æprihénd] 애프리헨드
  탁 이해하다, 염려하다

- **approach**
  [əpróutʃ] 어프로우치
  탁 다가가다, 접근하다 탁 다가오다

- **appropriate**
  [əpróuprièit] 어프로우프리에잇
  형 적절한(=suitable), 타당한(=proper)

- **approve**
  [əprúːv] 어프루-브
  탁 찬성하다, 시인하다

- **approximate**
  [əprάksəmeit] 어프락서메이트
  형 대략의

- **April**
  [éiprəl] 에이프럴
  명 4월

- **arcade**
  [ɑːrkéid] 아-케이드
  명 아케이드, 지붕이 있는 가로[상가]

□ **arch**	[ɑːrtʃ] 아―치 명 (건축) 아치, 아치형 건조물
□ **architecture**	[ɑ́ːrkətèktʃər] 아―커텍처 명 건축, 건축학
□ **arctic**	[ɑ́ːrktik] 아―크틱 형 북극의(↔Antarctic 남극의)
□ **ardent**	[ɑ́ːrdənt] 아―던트 형 열렬한, 열심인
■ **area**	[ɛ́əriə] 에(어)리어 명 면적, 지역
■ **argue**	[ɑ́ːrgjuː] 아―규― 자 타 논하다, 설득하다
□ **argument**	[ɑ́ːrgjəmənt] 아―규먼트 명 의논, 말다툼, 언쟁, 주장
□ **arise**	[əráiz] 어라이즈 자 일어나다, 발생하다
□ **aristocracy**	[æ̀rəstɔ́krəsi] 애러스토크러시 명 귀족정치(사회)
□ **arithmetic**	[əríθmətik] 어리스머틱 명 산수, 셈

■ **arm**	[ɑːrm] 암- 명 팔, 상지(上肢), (동물의) 앞다리
□ **armament**	[ɑ́ːrməmənt] 아-머먼트 명 군비
■ **army**	[ɑ́ːrmi] 아-미 명 육군, 군대
■ **around**	[əráund] 어라운드 전 ~둘레에, ~을 돌아서 부 주위에
□ **arouse**	[əráuz] 어라우즈 타 자극하다, 불러일으키다
■ **arrange**	[əréindʒ] 어레인지 타 정리하다, 결정하다, 준비하다
□ **arrangement**	[əréindʒmənt] 어레인지먼트 명 정리, 배열, 협정, 준비
■ **arrest**	[ərést] 어레스트 타 체포하다(=apprehend) 명 체포
□ **arrival**	[əráivəl] 어라이벌 명 도착(↔departure), 입항, 도착자
■ **arrive**	[əráiv] 어라이브 자 도착하다(↔depart), 이르다, 도달하다

□ **arrogant**	[ǽrəgənt] 애러건트 형 거만한(↔modest)
■ **art**	[ɑːrt] 아—트 명 예술, 미술, 기술
■ **article**	[ɑ́ːrtikl] 아—티클 명 물품, 기사, 조항
■ **artificial**	[ɑ̀ːrtəfíʃəl] 아—터피셜 형 인공적인(↔natural), 인조의
□ **artist**	[ɑ́ːrtist] 아—티스트 명 예술가, 화가
□ **as**	[æz] 애즈 접 ~하고 있을때, ~하므로, ~대로
□ **ascend**	[əsénd] 어센드 자 올라가다(↔descend 내려가다)
□ **ascertain**	[æ̀sərtéin] 애서테인 타 확인하다
□ **ascribe**	[əskráib] 어스크라이브 타 (원인을)~으로 돌리다
■ **ashamed**	[əʃéimd] 어셰임드 형 부끄러워하는

□ **Asian**	[éiʃən] 에이션 명 아시아 사람 형 아시아의
□ **aside**	[əsáid] 어사이드 부 곁에, 옆에, 따로
■ **ask**	[æsk] 애스크 자 타 물어보다, 부르다, 부탁하다
■ **asleep**	[əslí:p] 어슬리-프 형 잠든(↔awake 깨어 있는)
■ **aspect**	[æspekt] 애스펙트 명 양상, 관점, 면
□ **aspire**	[əspáiər] 어스파이어 타 열망하다
□ **assemble**	[əsémbəl] 어셈블 타 자 ~을 모으다, 모이다, 조립하다
□ **assembly**	[əsémbli] 어셈블리 명 집회, 집합, (기계의) 조립
□ **assent**	[əsént] 어센트 자 동의하다(=agree) 명 동의
□ **assert**	[əsə́:rt] 어서-트 타 주장하다, 단언하다

- **assign** [əsáin] 어사인
  타 할당하다, 지정하다

- **assignment** [əsáinmənt] 어사인먼트
  명 할당, 과제, 지정

- **assimilate** [əsíməlèit] 어시멀레이트
  타 동화하다

- **assimilation** [əsíməlèiʃən] 어시멀레이션
  명 동화, 융합, 융화, 소화

- **assist** [əsíst] 어시스트
  타 돕다, 거들다, 원조하다

- **assistance** [əsístəns] 어시스턴스
  명 거듦, 원조, 조력

- **assistant** [əsístənt] 어시스턴트
  명 조수, 보조자 형 보조의

- **associate** [əsóuʃièit] 어소우시에이트
  자 교제하다 타 연상하다

- **association** [əsòusiéiʃən] 어소우시에이션
  명 회, 협회, 조합

- **assume** [əsjúːm] 어슘―
  타 가정하다, 추정하다(=presume)

□ **assure**	[əʃúər] 어슈어 타 보증하다, 확신시키다
□ **astonish**	[əstɔ́niʃ] 어스**토**니시 타 놀라게 하다
□ **astound**	[əstáund] 어스**타**운드 타 깜짝 놀라게 하다
□ **astray**	[əstréi] 어스트**레**이 형 길을 잃어, 길을 잘못 들어
□ **astronaut**	[ǽstrənɔ̀ːt] 애스트런**오**-트 명 우주 비행사
□ **astronomy**	[əstrɔ́nəmi] 어스트**로**너미 명 천문학, 성학
□ **at**	[æt] 앳 전 ~에, ~에서
□ **athlete**	[ǽθliːt] 애슬리-트 명 운동 선수, 경기자
□ **athletic**	[æθlétik] 애슬**레**틱 형 체력의, 운동의
■ **atmosphere**	[ǽtməsfìər] 앳머스피어 명 대기, 공기, 분위기

□ **atom**	[ǽtəm] 애텀	몡 (물리·화학) 원자
□ **atomic**	[ətɔ́mik] 어토믹	톙 원자력의
■ **attach**	[ətǽtʃ] 어태치	타 붙이다(↔detach 떼다), 달다
■ **attack**	[ətǽk] 어택	타 공격[침범]하다 명 공격, 발병
■ **attempt**	[ətémpt] 어템(프)트	타 시도하다, 꾀하다 명 시도, 계획
■ **attend**	[əténd] 어텐드	타자 출석하다, ~에 참석하다, 시중들다
□ **attention**	[əténʃən] 어텐션	명 주의, 배려, 돌봄
□ **attentive**	[əténtiv] 어텐티브	형 주의 깊은, 친절한
■ **attitude**	[ǽtitjùːd] 애티튜―드	명 태도, 마음가짐
■ **attract**	[ətrǽkt] 어트랙트	타 마음을 끌다, 매혹하다

□ **attractive**	[ətræktiv] 어트랙티브	형 매력 있는, 매혹적인
□ **attribute**	[ətríbju:t] 어트리뷰-트	자 ~의 탓으로 하다 명 속성, 특성
■ **audience**	[ɔ́:diəns] 오-디언스	명 청중, 관객, 청취자, 시청자
■ **August**	[ɔ́:gəst] 오-거스트	명 8월
■ **aunt**	[ænt] 앤트	명 아주머니, 숙모
■ **author**	[ɔ́:θər] 오-서	명 저자, 작가
■ **authority**	[əθɔ́:riti] 어소-리티	명 권위, 권력, 권위자, 당국
□ **automatic**	[ɔ̀:təmǽtik] 오-터매틱	형 자동의, 자동식의
□ **automatically**	[ɔ̀:təmǽtikəli] 오-터매티컬리	부 자동(적)으로, 기계적으로
□ **automobile**	[ɔ̀:təmóubi:l] 오-터모우빌-	명 자동차(= car(미), motor car(영))

■ **autumn**	[ɔ́:təm] 오-텀 명 가을(=fall), 가을철
□ **avail**	[əvéil] 어베일 자 쓸모있다, 소용되다 명 쓸모, 이익
■ **available**	[əvéiləbəl] 어베일러블 형 이용할 수 있는, 입수할 수 있는
□ **avenue**	[ǽvənjù:] 애버뉴- 명 가로수길, 큰 거리
□ **average**	[ǽvəridʒ] 애버리지 명 평균, 평균값 명 평균치
□ **aviation**	[èiviéiʃən] 에이비에이션 명 비행(술), 항공(술)
■ **avoid**	[əvɔ́id] 어보이드 타 피하다
□ **await**	[əwéit] 어웨이트 타 기다리다, 대기하다
■ **awake**	[əwéik] 어웨이크 타 자 깨우다, 일깨우다 형 깨어 있는
□ **award**	[əwɔ́:rd] 어워-드 명 상 타 수여하다, (상을) 주다

- **aware** [əwéər] 어웨어
  형 알고 있는, 알아차린

- **away** [əwéi] 어웨이
  부 떨어져서, 멀리

- awe [ɔː] 오-
  명 경외심, 두려움

- **awful** [ɔ́ːfəl] 오-펄
  형 지독한, 굉장한, 무서운

- **awhirl** [əhwə́ːrl] 어월-
  형 빙빙 돌아선, 소용돌이친

- **awkward** [ɔ́ːkwərd] 오-쿼드
  형 어설픈, 귀찮은

- **awl** [ɔːl] 올-
  명 (구둣방 따위의)송곳

- **awry** [ərái] 어라이
  형 구부러진, 비뚤어진

- **ax/axe** [æks] 액스
  명 도끼 타 도끼로 자르다

- **axle** [ǽksəl] 액설
  명 굴대, 차축

B

ENGLISH KOREAN WORDS DICTIONARY

- **baby**
  [béibi] 베이비
  명 갓난 아이, 아기

- **back**
  [bæk] 백
  부 뒤로 형 뒤쪽의 명 등, 뒤, 배후

- **background**
  [bǽkgràund] 백그라운드
  명 배경, 바탕색

- **backward**
  [bǽkwərd] 백워드
  부 뒤쪽으로, 거꾸로 형 뒤편의

- **bad**
  [bæd] 배드
  형 나쁜, 심한, 해로운

- **badly**
  [bǽdli] 배들리
  부 나쁘게, 서툴게, 심하게

- **badminton**
  [bǽdmintən] 배드민튼
  명 배드민턴

- **bag**
  [bæg] 배그
  명 가방, 자루

- **baggage**
  [bǽgidʒ] 배기지
  명 (미) 수하물, 짐

□ **bait**	[beit] 베이트 명 미끼, 유혹 타 미끼로 꾀다
■ **bake**	[beik] 베이크 타 (빵 등을) 굽다
■ **balance**	[bǽləns] 밸런스 명 균형, 저울 타 균형을 잡다
■ **bald**	[bɔːld] 볼-드 형 대머리의, 잎이 없는
■ **ball**	[bɔːl] 볼- 명 무도회, 공
■ **balloon**	[bəlúːn] 벌룬- 명 기구, 풍선
■ **band**	[bænd] 밴드 명 묶는 것, 띠, 끈, 악단, 밴드
□ **banish**	[bǽniʃ] 배니쉬 타 추방하다
■ **bank**	[bæŋk] 뱅크 명 은행, 둑, 제방 명 은행
■ **bar**	[bɑːr] 바- 명 막대기, 빗장, 차단봉, 술집

□ **barbarian**	[bɑːrbɛ́əriən] 바-베어리언 몡 야만인 휑 야만의, 잔인한
■ **barber**	[bɑ́ːrbər] 바-버 몡 이발사 囲 이발하다
□ **bare**	[bɛər] 베어 휑 벌거벗은, 노출한, 빈, 텅 빈
□ **barely**	[bɛ́ərli] 베얼리 囲 겨우, 간신히, 거의~않다
□ **bargain**	[bɑ́ːrgən] 바-건 몡 싸게 산 물건, 특매품, 매매계약
■ **bark**	[bɑːrk] 바-크 囲 (개 등이) 짖다 몡 짖는 소리
□ **barometer**	[bərɑ́mitər] 버로미터 몡 기압계, 지표
□ **barren**	[bǽrən] 배런 휑 불모의, 메마른(↔fertile) 몡 메마른 땅
□ **barrier**	[bǽriər] 배리어 몡 울타리, 방벽 囲 울타리로 둘러싸다
■ **base**	[beis] 베이스 몡 토대, 기초, (야구) 베이스

| □ **baseball** | [béisbɔ̀ːl] 베이스볼― |
| | 명 야구, 야구공 |

| □ **basement** | [béismənt] 베이스먼트 |
| | 명 지하실 |

| □ **basic** | [béisik] 베이식 |
| | 형 기초의, 기본적인 |

| □ **basin** | [béisən] 베이슨 |
| | 명 대야, 세면기, (강의) 유역, 분지 |

| □ **basis** | [béisis] 베이시스 |
| | 명 기초, 원리, 근거, 기준 |

| ■ **basket** | [bǽskit] 배스킷 |
| | 명 바구니, 한 바구니(의 분량) |

| □ **basketball** | [bǽskitbɔ̀ːl] 배스킷볼― |
| | 명 바스켓볼, 농구, 농구공 |

| ■ **bat** | [bæt] 뱃 |
| | 명 (야구) 배트, 박쥐 타 배트로 치다 |

| ■ **bath** | [bæθ] 배스 |
| | 명 목욕, 입욕, 욕실 |

| □ **bathe** | [beið] 베이드 |
| | 타 자 물에 담그다, 물로 씻다, 목욕하다 |

☐ **bathroom**	[bǽθrù(:)m] 배스룸-	명 욕실, 화장실
■ **battle**	[bǽtl] 배틀	명 전투, 싸움, 투쟁 타 ~와 싸우다
☐ **bay**	[bei] 베이	명 만, 내포
☐ **be**	[bi] 비	자 ~이다, ~에 있다
■ **beach**	[bi:tʃ] 비-치	명 해변, 바닷가
■ **bean**	[bi:n] 빈-	명 콩, (콩 같은) 열매
■ **bear**	[bɛər] 베어	명 곰 타 낳다, (열매를) 맺다
☐ **beard**	[biərd] 비어드	명 턱수염
■ **beast**	[bi:st] 비-스드	명 짐승(=animal), 야수
■ **beat**	[bi:t] 비-트 동 beat-beat-beaten	명 심장고동 타자 치다, 고동치다

- **beautiful** [bjú:təfəl] 뷰-터펄
  형 아름다운, 예쁜, 훌륭한

- **beauty** [bjú:ti] 뷰-티
  명 아름다움, 미인

- **because** [bikɔ́:z] 비코-즈
  접 왜냐하면 ~이므로, ~때문에

- **beckon** [békən] 벡컨
  자 (손짓따위로) 부르다, 신호하다

- **become** [bikʌ́m] 비컴 활 become–became–become
  자 ~이[가] 되다, ~에 어울리다

- **bed** [bed] 베드
  명 침대, 잠자리, 화단

- **bedroom** [bédrù:m] 베드룸-
  명 침실

- **bedside** [bédsàid] 베드사이드
  명 침대 곁, 베갯머리

- **bee** [bi:] 비-
  명 꿀벌 [a queen bee 여왕벌]

- **beef** [bi:f] 비-프
  명 쇠고기

□ **beer**	[biər] 비어	명 맥주
□ **befall**	[bifɔ́ːl] 비폴-	타 일어나다, 신변에 닥치다
■ **before**	[bifɔ́ːr] 비포-	전 ~이전에 부 앞에 접 ~하기 전에
■ **beg**	[beg] 베그	타 구걸하다, 빌다, 청하다, 부탁하다
□ **beggar**	[bégər] 베거	명 거지, 빈털터리
■ **begin**	[bigín] 비긴	타 시작하다 자 시작되다
□ **beginner**	[bigínər] 비기너	명 초보자
□ **beginning**	[bigíniŋ] 비기닝	명 처음, 최초, 시작
□ **beguile**	[bigáil] 비가일	타 속이다
□ **behalf**	[bihǽːf] 비하-프	명 위함, 이익

■ **behave**	[bihéiv] 비헤이브 짜 행동하다(=act)
□ **behavio(u)r**	[bihéivjər] 비헤이비어 명 행위, 태도
■ **behind**	[biháind] 비하인드 전 ~의 뒤에 부 뒤에
□ **behold**	[bihóuld] 비호울드 타 보다
□ **belief**	[bəlí:f] 벌리-프 명 신념, 신뢰, 신앙
■ **believe**	[bəlí:v] 벌리-브 타짜 믿다, ~라고 생각하다
□ **bell**	[bel] 벨 명 벨, 종, 방울
■ **belong**	[bilɔ́(:)ŋ] 빌롱- 짜 ~에 속하다, ~의 것이다
■ **below**	[bilóu] 빌로우 전 ~보다 아래에[로] 부 아래쪽에
■ **belt**	[belt] 벨트 명 벨트, 띠

□ **bench**	[bentʃ] 벤치 명 벤치, 긴 의자
■ **bend**	[bend] 벤드 자 굽다, 구부러지다 타 구부리다
■ **beneath**	[biníːθ] 비니-스 전 ~의 밑에
□ **benefactor**	[bénəfæ̀ktər] 베너팩터 명 은인, 후원자
■ **benefit**	[bénəfit] 베너핏 명 이익, 은혜 타 이익이 되다
□ **bent**	[bent] 벤트 형 구부러진, 굽은
■ **beside**	[bisáid] 비사이드 전 ~의 곁에
□ **besides**	[bisáidz] 비사이즈 전 ~이외에도[제외하고] 부 그 밖에
□ **best**	[best] 베스트 형 가장 좋은 부 제일 명 최상
□ **bestow**	[bistóu] 비스토우 타 주다

- **bet** [bet] 벳
  타 (돈 등을) 내기하다 명 내기

- **betray** [bitréi] 비트레이
  타 ~을 배반하다, 누설하다

- **better** [bétər] 베터
  타 개선하다 형 더 좋은

- **between** [bitwíːn] 비트윈-
  전 ~의 사이에 부 사이를 두고

- **beware** [biwɛ́ər] 비웨어
  타 조심하다

- **bewilder** [biwíldər] 비윌더
  자 당황하게 하다

- **beyond** [bijánd] 비얀드
  전 ~의 저쪽에, ~이상의 부 저쪽에

- **bicycle/bike** [báisikəl/baik] 바이시클/바이크
  명 자전거

- **bid** [bid] 비드
  타 명령하다, 말하다, 값을 매기다

- **big** [big] 비그
  형 큰, 훌륭한, 중요한

□ **bilingual**	[bailíŋgwəl] 바일링궐 형 두 나라 말을 하는	
□ **bill**	[bil] 빌 명 청구서, 계산서, 광고지, (미) 지폐	
■ **billion**	[bíljən] 빌리언 명 (미) 10억, (영) 1조, 막대한 수	
□ **bind**	[baind] 바인드 타 묶다, 매다, 감다	
□ **biography**	[baiɔ́grəfi] 바이오그러피 명 전기	
□ **biology**	[baiɔ́lədʒi] 바이올러지 명 생물학	
■ **bird**	[bəːrd] 버드 명 새 타 새를 잡다[쏘다]	
■ **birth**	[bəːrθ] 버스 명 출생, 태생, 가문	
□ **birthday**	[bəːrθdèi] 버-스데이 명 생일, 탄생일	
■ **biscuit**	[bískit] 비스킷 명 비스킷, 과자 모양의 빵	

□ **bit**	[bit] 빗 명 작은 조각, 조금, 약간
■ **bite**	[bait] 바이트 타 물다, 쏘다 타 달려들어 물다
□ **bitter**	[bítər] 비터 형 쓴(↔sweet), (고통 등이) 쓰라린
■ **black**	[blæk] 블랙 형 검은, 암흑의 명 검정, 검은색
□ **blackboard**	[blǽkbɔ̀ːrd] 블랙보―드 명 칠판
■ **blame**	[bleim] 블레임 타 책망하다, 비난하다 명 책망, 비난
■ **blanket**	[blǽŋkit] 블랭킷 명 모포, 담요
■ **bless**	[bles] 블레스 타 축복하다
■ **blind**	[blaind] 블라인드 형 눈이 먼 명 햇볕 가리개
□ **bliss**	[blis] 블리스 명 더없는 행복, 환희

block	[blɑk] 블락 명 덩어리, 한 구획 타 막다, 방해하다
blood	[blʌd] 블러드 명 피, 혈액
bloom	[bluːm] 블룸- 명 꽃(피다)
blouse	[blaus] 블라우스 명 (여성·어린이용의) 블라우스
blow	[blou] 블로우 활 blow-blew-blown 자 타 불다, 숨을 내쉬다
blue	[bluː] 블루- 형 푸른, 창백한 명 파랑, 푸른색
board	[bɔːrd] 보-드 명 판자, 게시판, 회의
boast	[boust] 보우스트 타 자랑하다 명 자랑(거리)
boat	[bout] 보우드 명 보트, 배, 작은 배
body	[bádi] 바디 명 몸, 육체, 몸통

영한 단어 | 51

■ **boil**	[bɔil] 보일 자 끓다 타 끓이다, 삶다
□ **bold**	[bould] 보울드 형 대담한
■ **bomb**	[bɑm] 밤 명 폭탄 타 폭격하다
□ **bond**	[bɑnd] 반드 명 인연, 구속, 계약, 접착제, 본드
■ **bone**	[boun] 보운 명 뼈, 골질
□ **book**	[buk] 북 명 책
□ **bookstore**	[búkstɔ̀:r] 북스토- 명 서점, 책방
■ **boot**	[bu:t] 부-트 명 장화, 부츠, 목이 긴 구두
□ **booth**	[bu:θ] 부-스 명 오두막집, 작은 방
■ **border**	[bɔ́:rdər] 보-더 명 가장자리, 경계 타 ~에 접하다

□ **boredom**	[bɔ́ːrdəm] 보-덤 명 지루함
■ **boring**	[bɔ́ːriŋ] 보-링 형 몹시 싫증나는, 따분한
□ **born**	[bɔːrn] 본- 형 타고난, 천성의
■ **borrow**	[bárou] 바로우 타 빌리다(↔lend 빌려주다), 차용하다
□ **boss**	[bɔ(ː)s] 보-스 명 두목, 상사, 사장
■ **both**	[bouθ] 보우스 대 양쪽, 쌍방 형 양쪽의 부 둘 다
■ **bother**	[báðər] 바더 타 괴롭히다, 귀찮게 하다, 걱정하다
■ **bottle**	[bátl] 바틀 명 병, 술병 타 병에 담다
■ **bottom**	[bátəm] 바덤 명 밑, 아랫부분
□ **bounce**	[bauns] 바운스 자 (공 등이) 튀다 타 튀게 하다

☐ **bound**	[baund] 바운드 형 묶인, 의무가 있는
☐ **boundary**	[báundəri] 바운더리 명 경계(선), 국경선, 한계
■ **bow**	[bau] 바우 자 타 절하다, 숙이다 명 절, 인사
■ **bowl**	[boul] 보울 명 사발, 주발, 원형 경기장
☐ **box**	[bɑks] 박스 명 상자
☐ **boxing**	[bɑ́ksiŋ] 박싱 명 권투, 복싱
■ **boy**	[bɔi] 보이 명 소년, 아들, 사환, 보이
☐ **boyfriend**	[bɔ́ifrènd] 보이프렌드 명 남자 친구
■ **brain**	[brein] 브레인 명 뇌, 머리
☐ **brake**	[breik] 브레이크 명 브레이크 타 브레이크를 걸다

■ branch	[bræntʃ] 브랜치 명 가지, 지점
■ brave	[breiv] 브레이브 형 용감한, 씩씩한
□ bravery	[bréivəri] 브레이버리 명 용기
■ bread	[bred] 브레드 명 빵
□ break	[breik] 브레이크 활 break-broke-broken 타자 어기다, 부수다, 깨뜨리다
■ breakfast	[brékfəst] 브렉퍼스트 명 아침밥, 아침식사
■ breath	[breθ] 브레스 명 숨, 호흡
□ breathe	[briːð] 브리-드 타자 숨을 쉬다, 호흡하다
□ bride	[braid] 브라이드 명 신부, 새색시
■ bridge	[bridʒ] 브리지 명 다리, 교량

영한 단어 | 55

■ brief	[bri:f] 브리-프 형 단시간의, 짧은 명 개요, 요약
■ bright	[brait] 브라이트 형 밝은, 선명한, 영리한 부 밝게
□ brightly	[bráitli] 브라이틀리 부 밝게
□ brilliant	[bríljənt] 브릴리언트 형 빛나는, 훌륭한
□ brilliantly	[bríljəntli] 브릴리언틀리 부 찬란하게
■ bring	[briŋ] 브링 타 가져오다, 데려오다, 초래하다
□ brisk	[brisk] 브리스크 형 활발한
□ British	[brítiʃ] 브리티시 명 영국인 형 영국의
■ broad	[brɔːd] 브로-드 형 넓은, 관대한
■ broadcast	[brɔ́ːdkæst] 브로-드캐스트 타 방송하다 명 방송

□ **broken**	[bróukən] 브로우컨 형 부서진, 깨진, 부러진
□ **bronze**	[brɔnz] 브론즈 명 청동
■ **broom**	[bru(:)m] 브룸- 명 비, 자루 브러시
■ **brother**	[brʌ́ðər] 브러더 명 형, 동생, 형제
■ **brown**	[braun] 브라운 명 갈색 형 갈색의
■ **brush**	[brʌʃ] 브러시 타 솔질하다, 닦다 명 솔, 붓, 브러시
□ **brute**	[bru:t] 브루-트 명 짐승 형 야만적인
■ **bubble**	[bʌ́bəl] 버블 명 거품 타 거품이 일다
□ **budget**	[bʌ́dʒit] 버짓 명 예산, 가계, 생활비
■ **bug**	[bʌg] 버그 명 곤충, 벌레

■ **build**	[bild] 빌드 타 세우다, 짓다, 쌓아올리다	
□ **building**	[bíldiŋ] 빌딩 명 건물, 빌딩, 건축	
□ **bullet**	[búlit] 불릿 명 탄알	
□ **bundle**	[bʌ́ndl] 번들 명 다발, 꾸러미 타 꾸리다	
■ **burden**	[bə́:rdn] 버-든 명 짐, 부담 타 ~에게 짐을 지우다	
□ **bureau**	[bjúərou] 뷰(어)로우 명 (관청의)국, 부	
■ **burn**	[bə:rn] 번- 자 불타다 타 불태우다 명 화상	
□ **burst**	[bə:rst] 버-스트 자 파열하다, 터지다 타 터뜨리다	
□ **bury**	[béri] 베리 타 ~을 파묻다, 매장하다	
□ **bush**	[buʃ] 부쉬 명 숲, 수풀, 덤불	

■ **business**	[bíznis] 비즈니스 명 사업, 일
□ **businessman**	[bíznismæn] 비즈니스맨 명 실업가, 사업가, 실무가
■ **busy**	[bízi] 비지 형 바쁜, 번화한, 통화중인
■ **but**	[bʌt] 벗 접 그러나 전 ~을 제외하고 부 단지
□ **butter**	[bʌ́tər] 버터 명 버터
■ **butterfly**	[bʌ́tərflài] 버터플라이 명 나비
■ **button**	[bʌ́tn] 버튼 명 단추, 누름 단추 타 단추를 채우다
■ **buy**	[bai] 바이 타 사다, 구입하다, 얻다, 획득하다
■ **buyer**	[báiər] 바이어 명 사는 사람, 바이어, 구매원
■ **buzz**	[bʌz] 버즈 명 윙윙하는 소리 자 윙윙거리다

C

ENGLISH KOREAN WORDS DICTIONARY

□ cab	[kæb] 캐브 몡 (미) 택시
■ cabbage	[kǽbidʒ] 캐비지 몡 양배추
□ cabin	[kǽbin] 캐빈 몡 오두막집(=hut), (여객선의) 객실
□ cabinet	[kǽbənit] 캐버닛 몡 캐비닛, 내각(the Cabinet)
□ cage	[keidʒ] 케이지 몡 새장, 우리
□ calamity	[kəlǽməti] 컬래머티 몡 재난, 불행
■ calculate	[kǽlkjəlèit] 캘큘레이트 타 계산하다 자 기대하다, 믿다
■ calendar	[kǽləndər] 캘런더 몡 캘린더, 달력
■ call	[kɔːl] 콜– 타 자 부르다, 전화를 걸다, 방문하다

□ **calling**	[kɔ́:liŋ] 코-링 명 직업, 천직	
■ **calm**	[kɑ:m] 캄- 형 잔잔한 명 고요 타 진정시키다	
■ **camera**	[kǽmərə] 캐머러 명 사진기, 카메라	
■ **camp**	[kæmp] 캠프 명 야영, 캠프장 자 야영하다	
■ **campaign**	[kæmpéin] 캠페인 명 (사회적·정치적) 운동, 캠페인	
□ **campus**	[kǽmpəs] 캠퍼스 명 교정, 학내, 캠퍼스	
□ **can**	[kæn] 캔 명 캔, 금속제 용기	
□ **canal**	[kənǽl] 커낼 명 운하	
■ **cancel**	[kǽnsəl] 캔슬 타 취소하다, 중지하다 명 취소	
□ **cancer**	[kǽnsər] 캔서 명 암	

□ **candidate**	[kǽndədèit] 캔더데이트 명 후보자, 지원자
■ **candle**	[kǽndl] 캔들 명 양초, 촛불
■ **candy**	[kǽndi] 캔디 명 캔디, 사탕과자
□ **canvas**	[kǽnvəs] 캔버스 명 캔버스, 화폭
■ **cap**	[kæp] 캡 명 모자, 뚜껑
■ **capable**	[kéipəbəl] 케이퍼블 형 ~할 능력이 있는, 유능한
□ **capacity**	[kəpǽsəti] 커패서티 명 수용 능력, 정원, 능력, 재능
■ **capital**	[kǽpitl] 캐피틀 명 수도, 대문자 형 중요한, 대문자의
□ **capricious**	[kəpríʃəs] 커프리셔스 형 변덕스러운
■ **captain**	[kǽptin] 캡턴 명 우두머리, 주장, 선장

□ capture	[kǽptʃər] 캡처 명 생포, 포획, 포획물 타 사로잡다
■ car	[kɑːr] 카- 명 차, 자동차
□ card	[kɑːrd] 카-드 명 카드
■ care	[kɛər] 케어 명 주의, 돌봄, 걱정 자타 걱정하다
■ career	[kəríər] 커리어 명 직업, 출세, 성공 형 직업적인
□ careful	[kɛ́ərfəl] 케어펄 형 주의 깊은, 신중한
□ carefully	[kɛ́ərfəli] 케어펄리 부 주의 깊게
□ careless	[kɛ́ərlis] 케어리스 형 부주의한, 경솔한
□ caricature	[kǽrikətʃùər] 캐리커츄어 명 풍자만화
■ carpenter	[kɑ́ːrpəntər] 카-펀터 명 목수, 목공

- **carpet**
  [kɑ́ːrpit] 카-핏
  명 융단, 카펫, 깔개

- **carrot**
  [kǽrət] 캐럿
  명 당근

- **carry**
  [kǽri] 캐리
  타 나르다, 가지고 가다   자 전해지다

- **cartoon**
  [kɑːrtúːn] 카-툰-
  명 시사 풍자만화, 연재만화

- **carve**
  [kɑːrv] 카-브
  타 새기다, 조각하다, 새겨 넣다

- **case**
  [keis] 케이스
  명 실정, 사실, 환자, 경우, 상자

- **cash**
  [kæʃ] 캐시
  명 현금, 돈   타 현금으로 하다

- **cassette**
  [kəsét] 커셋
  명 카세트(테이프)

- **cast**
  [kæst] 캐스트
  명 형(붕대), 주조   타 던지다, 주조하다

- **castle**
  [kǽsl] 캐슬
  명 성(城), 성곽

- **casual** [kǽʒuəl] 캐주얼
  형 우연한, 무심함, 평상복의

- **cat** [kæt] 캣
  명 고양이, 고양이과 동물

- **catastrophe** [kətǽstrəfi] 커태스트러피
  명 파국, 재난(=disaster), 비극적 결말

- **catch** [kætʃ] 캐치
  타 붙잡다, 잡다, 맞게 대다, 걸리다

- **category** [kǽtigɔ̀:ri] 캐티고-리
  명 범주

- **cattle** [kǽtl] 캐틀
  명 가축, 소

- **cause** [kɔ:z] 코-즈
  명 원인(↔effect) 자 ~의 원인이 되다

- **caution** [kɔ́:ʃən] 코-션
  명 조심, 경고

- **cave** [keiv] 케이브
  명 동굴 타 ~에 굴을 파다

- **cease** [si:s] 시-스
  타자 중지하다, 끝내다 명 중지

- □ **ceaselessly** [síːslisli] 시-슬리슬리
  - 부 멈추지 않는

- ■ **ceiling** [síːliŋ] 실-링
  - 명 천장

- ■ **celebrate** [séləbrèit] 셀러브레이트
  - 타 자 축하하다, 기리다

- □ **celebration** [sèləbréiʃən] 셀러브레이션
  - 명 축하, 축하행사, 축전

- ■ **cell** [sel] 셀
  - 명 세포, 작은 방, 독방

- □ **cement** [simént] 시멘트
  - 명 시멘트

- □ **cemetery** [sémətèri] 세머테리
  - 명 묘지, 공동묘지

- □ **censure** [sénʃər] 센셔
  - 타 비난(하다)

- □ **center** [séntər] 센터
  - 명 중심, 한가운데, 중심지, 센터

- ■ **central** [séntrəl] 센트럴
  - 형 중앙의, 중심의

- **century** [séntʃuri] 센추리
  명 세기, 백년

- **ceremony** [sérəmòuni] 세러모우니
  명 의식, 의례, 예법

- **certain** [sə́ːrtən] 서-튼
  형 확실한, 어떤

- **certainly** [sə́ːrtənli] 서-튼리
  부 확실히, 꼭, (대답으로서) 물론, 아무렴

- **chain** [tʃein] 체인
  명 쇠사슬, 사슬 자 사슬로 매다

- **chair** [tʃɛər] 체어
  명 의자, 긴 의자

- **chairman** [tʃɛ́ərmən] 체어먼
  명 의장, 사회자, 위원장

- **chalk** [tʃɔːk] 초-크
  명 분필, 초크

- **challenge** [tʃǽlindʒ] 챌린지
  명 도전 타 도전[신청]하다

- **champion** [tʃǽmpiən] 챔피언
  명 우승자, 선수권 보유자

- **chance**
  [tʃæns] 챈스
  명 기회, 가망, 우연 타 우연히 ~하다

- **change**
  [tʃeindʒ] 체인지
  명 변화, 거스름돈 자타 변화하다, 바꾸다

- **channel**
  [tʃǽnl] 채늘
  명 해협, 채널

- **chaos**
  [kéi-ɔs] 케이-오스
  명 혼돈, 무질서

- **chapter**
  [tʃǽptər] 챕터
  명 (책·논문 등의) 장, 중요한 한 구획

- **character**
  [kǽriktər] 캐릭터
  명 성격, 등장인물, 문자, 부호

- **characteristic**
  [kæ̀riktərístik] 캐릭터리스틱
  형 독특한, 특유한

- **charge**
  [tʃɑːrdʒ] 차-지
  타자 청구하다 명 요금, 책임

- **charity**
  [tʃǽrəti] 채러티
  명 자선, 은혜 베풀기, 자선단체

- **charm**
  [tʃɑːrm] 참-
  명 매력, 마력, 주문 타 매혹하다

□ **charming**	[tʃá:rmiŋ] 차-밍 형 매력적인, 아름다운, 호감이 가는
■ **chase**	[tʃeis] 체이스 타 추격하다, 쫓다 명 추격, 추적
■ **chat**	[tʃæt] 챗 자 잡담하다 명 잡담, 한담
■ **cheap**	[tʃi:p] 치-프 형 값이 싼, 시시한 부 싸게
□ **cheat**	[tʃi:t] 치-트 타자 속이다, 속여서 빼앗다
■ **check**	[tʃek] 첵 타 대조하다 명 점검, 수표, 계산서
■ **cheek**	[tʃi:k] 치-크 명 뺨, 볼
■ **cheer**	[tʃiər] 치어 타자 갈채하다 명 환호, 갈채, 성원
□ **cheerful**	[tʃíərfəl] 치어펄 형 기분 좋은, 기운찬, 즐거운
□ **cheese**	[tʃi:z] 치-즈 명 치즈

□ **chemical**	[kémikəl] 케미컬 형 화학의, 화학적인 명 화학제품
■ **chemist**	[kémist] 케미스트 명 화학자, (영) 약사, 약국
□ **chemistry**	[kémistri] 케미스트리 명 화학
□ **cherish**	[tʃériʃ] 체리쉬 타 소중히 하다, 마음에 품다
■ **chess**	[tʃes] 체스 명 체스, 서양의 장기
■ **chest**	[tʃest] 체스트 명 가슴, 흉부
■ **chew**	[tʃu:] 추- 타 자 (음식물 등을) 씹다, 씹어먹다
■ **chicken**	[tʃíkin] 치킨 명 닭, 병아리, 닭고기
■ **chief**	[tʃi:f] 치-프 형 최고의, 주요한 명 (단체의) 장
□ **chiefly**	[tʃí:fli] 치-플리 부 주로, 대개, 거의

- **child** [tʃaild] 차일드
  명 아이, 어린이, 아동, 자식

- **childhood** [tʃáildhùd] 차일드후드
  명 유년 시절, 어릴 때

- **chimpanzee** [tʃìmpænzíː] 침팬지-
  명 침팬지

- **chin** [tʃin] 친
  명 턱 자 턱걸이하다

- **chivalry** [ʃívəlri] 시벌리
  명 기사도

- **chocolate** [tʃákəlit] 차컬릿
  명 초콜릿, 초콜릿 음료

- **choice** [tʃɔis] 초이스
  명 선택, 고르기, 선택한 것[사람]

- **choose** [tʃuːz] 추-즈
  타 고르다, 선택[선출]하다

- **chopsticks** [tʃápstìks] 찹스틱스
  명 젓가락

- **church** [tʃəːrtʃ] 처-치
  명 교회, 예배

□ **cigaret**	[sígəret] 시거렛 명 궐련, (종이로 만) 담배	
■ **cinema**	[sínəmə] 시너머 명 영화관, 영화	
■ **circle**	[sə́ːrkl] 서-클 명 원, 집단, 동아리 타자 선회하다	
□ **circulate**	[sə́ːrkjəlèit] 서-큘레이트 자 (소문 등이) 퍼지다, 순환하다	
■ **circumstance**	[sə́ːrkəmstæns] 서-컴스탠스 명 사정, 상황, 환경	
■ **citizen**	[sítəzən] 시터즌 명 시민, 국민	
■ **city**	[síti] 시티 명 시(市), 도시, 도회지	
■ **civil**	[sívəl] 시벌 형 예의바른, 공손한, 문명의	
□ **civilization**	[sìvəlizéiʃən] 시벌리제이션 명 문명, 문화, 도시	
□ **civilize**	[sívəlàiz] 시벌라이즈 타 문명화하다, 교화하다	

■ claim	[kleim] 클레임	타 주장하다, 요구하다 명 요구, 주장
■ clap	[klæp] 클랩	타 (손뼉을) 치다, 탁 치다 명 박수
■ class	[klæs] 클래스	명 학급, 수업, 계급, 등급
■ classify	[klǽsəfài] 클래서파이	타 분류하다, 등급으로 나누다
□ classmate	[klǽsmèit] 클래스메이트	명 동급생, 학급 친구
□ classroom	[klǽsrù(:)m] 클래스룸-	명 교실
■ clean	[kli:n] 클린-	형 깨끗한 부 깨끗이 자 깨끗이 하다
■ clear	[kliər] 클리어	형 맑게 갠 타 치우다 자 (날씨) 개다
□ clearly	[klíərli] 클리어리	부 확실히, 똑똑히, 분명히
□ cleave	[kli:v] 클리-브	명 쪼개다, 찢다

영한 단어 | 73

- **clerk** [kləːrk] 클러-크
  명 사무원, 점원

- **clever** [klévər] 클레버
  형 영리한(↔stupid 어리석은), 재주 있는

- **client** [kláiənt] 클라이언트
  명 의뢰인, 고객

- **cliff** [klif] 클리프
  명 절벽, 낭떠러지

- **climate** [kláimit] 클라이밋
  명 기후, (특정 기후의) 지방

- **climb** [klaim] 클라임
  자타 오르다, 기어오르다

- **cling** [kliŋ] 클링
  타 달라붙다, 고수하다

- **clinic** [klínik] 클리닉
  명 진료소, 개인[전문] 병원, 클리닉

- **clip** [klip] 클립
  명 클립 타 클립으로 고정시키다

- **clock** [klɑk] 클락
  명 탁상시계, 괘종시계

■ close	[klouz] 클로우즈 타 닫다 자 닫히다 명 끝 형 가까운
□ closely	[klóusli] 클로우슬리 부 꼭, 접근하여, 면밀히, 상세히
□ closet	[klázit] 클라짓 명 벽장, 작은방
□ cloth	[klɔ(:)θ] 클로-스 명 천, 직물
■ clothes	[klouðz] 클로우(드)즈 명 옷, 의복
□ clothing	[klóuðiŋ] 클로우딩 명 의류, 의복
□ cloud	[klaud] 클라우드 명 구름, 구름 모양의 것 자 흐리다
■ cloudy	[kláudi] 클라우디 형 흐린, 그름이 낀
■ clown	[klaun] 클라운 명 어릿광대, 익살꾼
□ club	[klʌb] 클러브 명 클럽, 동호회, 곤봉

- **clue** [kluː] 클루-
  명 실마리, 단서

- **clumsy** [klʌ́mzi] 클럼지
  형 어색한, 모양 없는

- **coach** [koutʃ] 코우치
  명 코치, 합승 버스 타 지도하다

- **coal** [koul] 코울
  명 석탄

- **coarse** [kɔːrs] 코-스
  형 조잡한, 야비한

- **coast** [koust] 코우스트
  명 해안, 연안

- **coat** [kout] 코우트
  명 상의, 외투, 털가죽, 칠 타 칠하다

- **coeducation** [kòuedʒukéiʃən] 코에주케이션
  명 남녀공학

- **coil** [kɔil] 코일
  명 코일, 감긴 것 자 둘둘 감다

- **coin** [kɔin] 코인
  명 주화, 경화, 동전 타 주조하다

□ **coincide**	[kòuinsáid] 코우인사이드	자 동시에 일어나다, 일치하다
■ **cold**	[kould] 코울드	형 추운, 찬, 냉정한 명 감기, 추위
□ **collapse**	[kəlǽps] 컬랩스	자 붕괴하다, 무너지다, 쓰러지다
□ **collar**	[kálər] 칼러	명 칼라, 옷깃 타 깃을 달다
■ **collect**	[kəlékt] 컬렉트	타 모으다, 수집하다 자 모이다
□ **collection**	[kəlékʃən] 컬렉션	명 수집, 수집물, 소장품
■ **college**	[kálidʒ] 칼리지	명 단과대학, 전문학교
□ **colloquial**	[kəlóukwiəl] 컬로우퀴얼	형 구어(체)의
■ **colo(u)r**	[kʌ́lər] 컬러	명 색깔, 색채 타 색칠하다 자 물들다
□ **colony**	[káləni] 칼러니	명 식민지, 거류지

- □ **colorful** [kʌ́lərfəl] 컬러펄
  - 형 다채로운, 화려한

- □ **column** [káləm] 칼럼
  - 명 (신문의) 난, 칼럼, 둥근 기둥

- ■ **comb** [koum] 코움
  - 명 빗, (닭 등의) 볏 타 빗으로 빗다

- □ **combination** [kàmbənéiʃən] 캄버네이션
  - 명 결합(체), 짝맞춤, 단체, 연합

- ■ **combine** [kəmbáin] 컴바인
  - 타 결합시키다, 결합하다

- ■ **come** [kʌm] 컴
  - 자 오다, 가다, 일어나다, (상태) 되다

- □ **comedy** [kámədi] 카머디
  - 명 희극(↔tragedy 비극), 코미디

- □ **comfort** [kʌ́mfərt] 컴퍼트
  - 명 안락 타 ~을 위로하다 형 편안한

- ■ **comfortable** [kʌ́mfərtəbl] 컴퍼터블
  - 형 쾌적한, 기분좋은, 편한, 안락한

- □ **comicbook** [kɔ́mikbuk] 코믹북
  - 명 만화책

- **command** [kəmǽnd] 커맨드
  타 명령하다, 지휘하다 명 명령, 지휘

- **commence** [kəméns] 커멘스
  타 시작하다

- **comment** [kάmənt] 카먼트
  명 논평, 비평 자 논평[비평]하다

- **commerce** [kάməːrs] 카머-스
  명 상업, 무역

- **commercial** [kəməˊːrʃəl] 커머-셜
  형 상업(상)의, 영리적인 명 광고방송

- **commit** [kəmít] 커밋
  타 범하다, 위임하다, 보내다

- **commitment** [kəmítmənt] 커미트먼트
  명 공약, 헌신 타 맡기다, 위임하다

- **committee** [kəmíti] 커미티
  명 위원회(=panel), 위원 (전체)

- **commodity** [kəmάdəti] 커마더티
  명 일용품, 필수품

- **common** [kάmən] 카먼
  형 보통의, 평범함, 공통의, 공유의

□ **commonly**	[kámənli] 카먼리 ⑤ 일반적으로, 보통으로
□ **commonplace**	[kámənplèis] 카먼플레이스 ⑧ 평범한, 진부한
■ **communicate**	[kəmjúːnəkèit] 커뮤-너케이트 ㉣ 전달하다, 알리다 ㉤ 통신하다
□ **communication**	[kəmjùːnəkéiʃən] 커뮤-너케이션 ⑲ 전달, 통신, 통신 기관[수단]
□ **communism**	[kɔ́mjənìzəm] 코뮤니점 ⑲ 공산주의
■ **community**	[kəmjúːnəti] 커뮤-너티 ⑲ 지역사회, 공동체, 단체
□ **companion**	[kəmpǽnjən] 컴패니언 ⑲ 동료, 친구
■ **company**	[kʌ́mpəni] 컴퍼니 ⑲ 회사, 동석, 동행, 동료, 단체
■ **compare**	[kəmpɛ́ər] 컴페어 ㉣ 비교하다, 비유하다 ⑲ 비교
□ **comparison**	[kəmpǽrisən] 컴패리슨 ⑲ 비교, 대조

□ **compatible**	[kəmpǽtəbəl] 컴패터벌 형 양립할 수 있는(↔incompatible)
□ **compel**	[kəmpél] 컴펠 타 강요하다(=force), 억지로 시키다
□ **compensate**	[kɔ́mpənsèit] 콤펀세이트 타 배상하다, 갚다
■ **compete**	[kəmpíːt] 컴피-트 자 경쟁하다, 싸우다
□ **competent**	[kɔ́mpətənt] 콤퍼턴트 형 유능한(=able), 충분한, 적임의
□ **competition**	[kàmpətíʃən] 캄퍼티션 명 경쟁, 시합, 경기
□ **complacent**	[kəmpléisənt] 컴플레이선트 형 자기 만족의
■ **complain**	[kəmpléin] 컴플레인 자 불평하다, 투덜거리다
□ **complaint**	[kəmpléint] 컴플레이트 명 불평, 불만, 푸념
■ **complete**	[kəmplíːt] 컴플리-트 형 완전한 타 완성시키다, 끝내다

□ **completely**	[kəmplíːtli] 컴플리-틀리 부 완전히, 철저히, 온통
■ **complex**	[kάmpleks] 캄플렉스 형 복잡한, 복합의 명 복합체, 콤플렉스
□ **complicate**	[kάmpləkèit] 캄플러케이트 타 복잡하게 하다
■ **complicated**	[kάmpləkèitid] 캄플러케이티드 형 복잡한, 복잡하게 얽힌
□ **comply**	[kəmplái] 컴플라이 타 승낙하다, 따르다
■ **compose**	[kəmpóuz] 컴포우즈 타 구성하다, 쓰다, 작곡하다
□ **composer**	[kəmpóuzər] 컴포우저 명 작곡가, 구성자
□ **composition**	[kàmpəzíʃən] 캄퍼지션 명 작문, 작품, 구성, 조립
■ **comprehend**	[kàmprihénd] 캄프리헨드 타 이해하다
□ **comprehension**	[kàmprihénʃən] 캄프리헨션 명 이해, 이해력

- □ **compromise** [kámprəmàiz] 캄프러마이즈
  명 타협, 양보 타 타협하다, 화해하다

- □ **compulsory** [kəmpʌ́lsəri] 컴펄서리
  형 의무적인, 필수적인

- □ **computer** [kəmpjúːtər] 컴퓨-터
  명 컴퓨터

- □ **conceal** [kənsíːl] 컨실-
  타 감추다(↔reveal 나타내다, 드러내다)

- □ **concede** [kənsíːd] 컨시-드
  타 양보하다, 인정하다(=admit)

- □ **conceit** [kənsíːt] 컨시-트
  명 자부심 타 우쭐대다

- □ **conceive** [kənsíːv] 컨시-브
  자 상상하다, 마음에 품다

- ■ **concentrate** [kánsəntrèit] 칸선트레이트
  타자 집중하다, 모으다 명 농축물, 응축액

- □ **conception** [kənsépʃən] 컨셉션
  명 개념, 생각

- ■ **concern** [kənsə́ːrn] 컨선-
  타 관계하다, 걱정하다 명 관심(사)

영한 단어 | 83

☐ **concerned**	[kənsə́ːrnd] 컨서-ㄴ드	
	형 걱정[염려]스러운, 관계하고 있는	
☐ **concerning**	[kənsə́ːrniŋ] 컨서-닝	
	전 ~에 관하여 (=about)	
■ **concert**	[kánsə(ː)rt] 칸서-트	
	명 음악회, 연주회, 콘서트	
☐ **concise**	[kənsáis] 컨사이스	
	형 간결한	
■ **conclude**	[kənklúːd] 컨클루-드	
	타 결론을 내리다, ~을 끝내다	
☐ **conclusion**	[kənklúːʒən] 컨클루-전	
	명 결론, 결정, 결말, 끝맺음	
☐ **concrete**	[kánkriːt] 칸크리-트	
	형 구체적인 자 구체적으로 하다	
☐ **condemn**	[kəndém] 컨뎀	
	타 비난하다, (형을)선고하다	
■ **condition**	[kəndíʃən] 컨디션	
	명 상태, 조건, 상황, 사정	
■ **conduct**	[kɔ́ndʌkt] 콘덕트	
	타 지휘하다, 안내하다 명 행실, 행동	

□ **conductor**	[kəndʌ́ktər] 컨덕터 명 안내자, (버스 등의) 차장, 지휘자
□ **confer**	[kənfə́ːr] 컨퍼- 타 수여하다, 상담하다, 의논하다
□ **conference**	[kánfərəns] 칸퍼런스 명 회의, 협의, 논의
□ **confess**	[kənfés] 컨페스 타 자백[인정]하다 자 고백[참회]하다
□ **confidence**	[kánfidəns] 칸피던스 명 신용, 신뢰, 자신, 확신
■ **confident**	[kánfidənt] 칸피던트 형 확신하는, 자신을 가진
□ **confine**	[kənfáin] 컨파인 타 가두다 명 경계, 한도
□ **confirm**	[kənfə́ːrm] 컨펌- 타 확인하다, 굳히다
□ **conflict**	[kánflikt] 칸플릭트 명 투쟁, 전투, 대립
□ **conform**	[kənfɔ́ːrm] 컨폼- 자 일치시키다(하다), 따르다

□ **confound**	[kənfáund] 컨파운드 재 혼동하다, 어리둥절하다
□ **confront**	[kənfrʌ́nt] 컨프런트 재 직면하다, 대조하다
■ **confuse**	[kənfjúːz] 컨퓨-즈 타 혼동하다, 당황하게 하다
□ **confusion**	[kənfjúːʒən] 컨퓨-전 명 혼란, 혼동, 난잡한 상태, 당혹
■ **congratulate**	[kəngrǽtʃəlèit] 컨그래출레이트 타 축하하다, 축사를 하다
□ **congratulation**	[kəngrætʃəléiʃən] 컨그래출레이션 명 축하, 축사
□ **congress**	[káŋgris] 캉그리스 명 회의, 대회, 학회, 국회, 의회
■ **connect**	[kənékt] 커넥트 타 재 연결시키다, 접속하다, 연락하다
□ **connection**	[kənékʃən] 커넥션 명 관계, 유대, 연락, 연고
□ **conquer**	[káŋkər] 콩커 타 정복하다, 공략하다(=defeat)

□ conquest	[káŋkwest] 캉퀘스트 명 정복, 획득
□ conscience	[kánʃəns] 칸션스 명 양심
□ conscious	[kánʃəs] 칸셔스 형 알아차린, 의식적인(↔unconscious)
□ consent	[kənsént] 컨센트 타 동의하다, 승낙하다 명 동의, 승낙
□ consequence	[kánsikwèns] 칸시퀀스 명 결과, 영향(력)
□ conservative	[kənsə́:rvətiv] 컨서-버티브 형 보수적인(↔progressive 진보적인)
■ consider	[kənsídər] 컨시더 타 자 잘 생각하다, 숙고하다
□ considerable	[kənsídərəbəl] 컨시더러블 형 꽤 많은, 상당한
□ consideration	[kənsìdəréiʃən] 컨시더레이션 명 잘 생각하기, 고려, 배려
■ consist	[kənsíst] 컨시스트 자 ~으로 되다, ~에 있다

- **consistent** [kənsístənt] 컨시스던트
  - 형 변함없는, 시종일관된

- **console** [kənsóul] 컨소울
  - 타 위로하다, 위문하다

- **conspicuous** [kənspíkjuəs] 컨스피큐어스
  - 형 유난히 눈에 띄는, 현저한

- **conspiracy** [kənspírəsi] 컨스피러시
  - 명 음모, 공모

- **constant** [kánstənt] 칸스턴트
  - 형 변치 않는, 일정한, 부단한, 성실한

- **constantly** [kánstəntli] 칸스턴틀리
  - 부 끊임없이, 항상

- **constitution** [kɔ̀nstətjúːʃən] 콘스터튜-션
  - 명 헌법, 체격

- **construct** [kənstrʌ́kt] 컨스트럭트
  - 타 조립하다, 건조하다

- **construction** [kənstrʌ́kʃən] 컨스트럭션
  - 명 건조, 건설(↔destruction), 건축물

- **constructive** [kənstrʌ́ktiv] 컨스트럭티브
  - 형 건설적인, 적극적인

□ **consult**	[kənsʌ́lt] 컨설트 団 상담하다, 진찰받다, 찾아보다
□ **consume**	[kənsúːm] 컨슘- 団 소비하다(↔produce), 다 써버리다
□ **consumer**	[kənsúːmər] 컨슈-머 명 소비자, 수요자
□ **consumption**	[kənsʌ́mpʃən] 컨섬프션 명 파괴, 소비 형 파괴적인, 소비적인
■ **contact**	[kɑ́ntækt] 칸택트 명 접촉 자 ~와 접촉하다, 연락하다
□ **contagion**	[kəntéidʒən] 컨테이전 명 전염(병)
■ **contain**	[kəntéin] 컨테인 団 들어 있다, 내포하다, 포함하다
□ **contemplate**	[kɑ́ntəmplèit] 콘템플레이트 자 심사숙고하다
□ **contemporary**	[kəntémpərèri] 컨템퍼레리 형 현대의, 동시대의 명 동시대 사람
□ **contempt**	[kəntémpt] 컨템프트 명 경멸, 모욕

□ **contend**	[kənténd] 컨텐드 타 다투다, 논쟁하다
■ **content**	[kəntént] 컨텐트 형 만족하고 있는 타 만족시키다
■ **contest**	[kántes] 칸테스트 명 경쟁, 경기, 대회
□ **continent**	[kántənənt] 칸터넌트 명 대륙, 육지
■ **continue**	[kəntínjuː] 컨티뉴- 타 계속하다, 자 계속되다
□ **continuous**	[kəntínjuəs] 컨티뉴어스 형 연속[계속]적인, 끊임없는
□ **contract**	[kántrækt] 칸트랙트 명 계약 타 계약하다
□ **contradict**	[kàntrədíkt] 칸트러딕트 타 반박하다 자 모순되다
□ **contrary**	[kántreri] 칸트레리 형 반대의 명 반대
■ **contrast**	[kántræst] 칸트래스트 명 대비, 대조 타 대비시키다

- **contribute** [kəntríbjut] 컨트리뷰트
  타 기부하다 자 기여하다

- **contrive** [kəntráiv] 컨트라이브
  자 연구해내다, 고안하다, 꾸미다

- **control** [kəntróul] 컨트로울
  명 통제, 지배 타 통제하다, 지배하다

- **controversy** [kántrəvəːrsi] 칸트러버-시
  명 논쟁, 논의

- **convenience** [kənvíːnjəns] 컨비니-언스
  명 편리, 편의

- **convenient** [kənvíːnjənt] 컨비-니언트
  형 편리한, 형편이 좋은

- **convention** [kənvénʃən] 컨벤션
  명 회의, 인습

- **conventional** [kənvénʃənəl] 컨벤셔널
  형 인습적인, 틀에 박힌

- **conversation** [kànvərséiʃən] 칸버세이션
  명 회화, 대화

- **convert** [kənvə́ːrt] 컨버-트
  타 바꾸다, 전환하다

영한 단어 | 91

□ **convey**	[kənvéi] 컨베이 타 나르다, 전하다, 양도하다
□ **convince**	[kənvíns] 컨빈스 타 확신시키다
■ **cook**	[kuk] 쿡 타자 요리하다 명 쿡, 요리사
■ **cookie**	[kúki] 쿠키 명 쿠키, 맛있는 작은 과자
□ **cooking**	[kúkiŋ] 쿠킹 명 요리, 요리법
■ **cool**	[ku:l] 쿨- 형 시원한, 냉정한 타 차게 하다
■ **cooperate**	[kouápərèit] 코우아퍼레이트 자 협력하다, 협동하다
□ **cooperation**	[kouàpəréiʃən] 코우아퍼레이션 명 협력, 협동
□ **cope**	[koup] 코우프 자 맞서다, 대처하다
□ **copper**	[kɔ́pər] 코퍼- 명 구리, 동

■ copy	[kápi] 카피 명 사본, 복사 타자 복사하다, 베끼다
□ cordial	[kɔ́ːrdiəl] 코-디얼 형 진심의, 마음에서 우러나오는
■ corn	[kɔːrn] 콘- 명 옥수수
■ corner	[kɔ́ːrnər] 코-너 명 모퉁이, 구석, 끝
□ corporation	[kɔ̀ːrpəréiʃən] 코-퍼레이션 명 사단법인, 법인, (미)유한회사
■ correct	[kərékt] 커렉트 형 옳은, 정확한 타 (잘못을) 고치다
□ correctly	[kəréktli] 컬렉틀리 부 정확히, 바르게
■ correspond	[kɔ̀ːrəspánd] 코-러스판드 자 일치하다, 조화하다, 교신하다
□ corrupt	[kərʌ́pt] 커럽트 형 썩은 타 타락시키다
■ cost	[kɔːst] 코-스트 명 가격, 비용 자 비용이 들다

□ **cottage**	[kɔ́tidʒ] 코티지 몡 오두막, 작은집
□ **cotton**	[kátn] 카튼 몡 면화, 솜, 면사, 면직물
■ **cough**	[kɔ(ː)f] 코-프 몡 기침 자 기침하다
□ **council**	[káunsəl] 카운슬 몡 회의, 협의회, 지방 의회
□ **counsel**	[káunsəl] 카운설 몡 의논, 충고 자 조언하다
□ **counselor**	[káunsələr] 카운셀러 몡 카운셀러, 상담원
■ **count**	[kaunt] 카운트 타 세다, 계산하다 몡 계산
□ **countenance**	[káuntənəns] 카운터넌스 몡 표정, 안색
■ **country**	[kʌ́ntri] 컨트리 몡 나라, 국토, 시골 혱 시골[지방]의
□ **countryside**	[kʌntrisáid] 컨트리사이드 몡 시골, 지방

- **couple** [kʌ́pəl] 커플
  명 한 쌍, 커플

- **coupon** [kːpɔn] 쿠-폰
  명 쿠폰, 회수권

- **courage** [kə́ːridʒ] 커-리지
  명 용기, 담력(↔ timidity 소심)

- **course** [kɔːrs] 코-스
  명 진로, 코스, 과정, 과목

- **court** [kɔːrt] 코-트
  명 법원, (테니스 등의) 코트, 궁정

- **courtesy** [kə́ːrtəsi] 코-터시
  명 예절, 공손

- **cousin** [kʌ́zn] 커즌
  명 사촌

- **cover** [kʌ́vər] 커버
  타 덮다, 감추다 명 덮개, (책)표지

- **cow** [kau] 카우
  명 암소(↔ox 황소)

- **coward** [káuərd] 카우어드
  명 겁쟁이

□ **cowardice**	[káuərdis] 카우어디스 명 겁, 비겁, 소심
□ **crack**	[kræk] 크랙 명 갈라진 금 타 금가다
□ **cradle**	[kréidl] 크레이들 명 요람, 발상지
□ **craft**	[kræft] 크래프트 명 기능, 공예, 배, 비행기
□ **crash**	[kræʃ] 크래쉬 자 충돌하다, 무너지다 명 충돌, 추락
□ **crawl**	[krɔ:l] 크롤- 자 기다, 기어가다 명 기어가기, 서행
□ **crayon**	[kréiɑn] 크레이안 명 크레용, 크레용 그림
■ **crazy**	[kréizi] 크레이지 형 미친(=mad), 열광적인
■ **cream**	[kri:m] 크림- 명 크림, 크림 과자
■ **create**	[kri:éit] 크리-에이트 타 창조하다, 창작하다

□ **creative**	[kri:éitiv] 크리-에이티브 형 창조[독창]적인, 창조력이 있는
□ **creature**	[krí:tʃər] 크리-처 명 창조물, 생물, 동물, 녀석
■ **credible**	[krédəbəl] 크레더블 형 신용할 수 있는, 확실한
■ **credit**	[krédit] 크레딧 명 신용, 명예
□ **credulous**	[krédʒələs] 크레절러스 형 (남의 말을)잘 믿는, 속기 쉬운
□ **creed**	[kri:d] 크리-드 명 신조, 주의
□ **creek**	[krik] 크릭 명 시냇물, 샛강
□ **crew**	[kru:] 크루- 명 탑승원, 승무원
□ **cricket**	[kríkit] 크리킷 명 크리켓 경기
■ **crime**	[kraim] 크라임 명 (법률적인) 죄, 범죄, 죄악

□ **criminal**	[krímənəl] 크리머널 명 범인, 범죄자
■ **crisis**	[kráisis] 크라이시스 명 위기, 고비
□ **critical**	[krítikəl] 크리티컬 형 비판적인, 위기의, 비평의
□ **criticism**	[krítisìzəm] 크리티시즘 명 비판, 비평, 평론
■ **criticize**	[krítisàiz] 크리티사이즈 타 비판하다, 비평[평론]하다
■ **crop**	[krɑp] 크랍 명 농작물, 수확물, 수확
■ **cross**	[krɔːs] 크로-스 타 가로지르다, 교차하다 명 십자가
□ **crosswalk**	[krɔ́ːswɔ̀ːk] 크로-스워-크 명 횡단보도
■ **crowd**	[kraud] 크라우드 명 군중 타 군집하다, 꽉 들어차다
□ **crowded**	[kráudid] 크라우디드 형 혼잡한, 만원의

□ **crown**	[kraun] 크라운 몡 왕관, 왕위, 왕권
□ **crucial**	[krúːʃəl] 크루-셜 혱 결정적인, 중대한, 어려운, 혹독한
□ **crude**	[kruːd] 크루-드 혱 천연그대로의, 거친 몡 원료
■ **cruel**	[krúːəl] 크루-얼 혱 잔혹한, 무자비한, 비참한
□ **cruelty**	[krúəlti] 크루얼티 몡 잔인, 잔학
□ **crust**	[krʌst] 크러스트 몡 (빵)껍질, 파이껍질
■ **cry**	[krai] 크라이 자 울다, 소리치다 몡 우는 소리
□ **cultivate**	[kʌ́ltəvèit] 컬터베이트 타 경작하다, 재배하다, 연마하다
■ **culture**	[kʌ́ltʃər] 컬처 몡 문화, 교양, 재배, 양식
□ **cup**	[kʌp] 컵 몡 컵

- **cure** [kjuər] 큐어
  - 타 치료하다, 고치다 명 치료(법)

- **curiosity** [kjùəriásəti] 큐(어)리아서티
  - 명 호기심, 진기한 물건

- **curious** [kjúəriəs] 큐(에)리어스
  - 형 호기심이 강한, 기이한, 이상한

- **current** [kə́:rənt] 커-런트
  - 형 유행의, 현재의

- **curtain** [kə́:rtən] 커-튼
  - 명 커튼, (극장의) 막 타 커튼을 치다

- **curve** [kə:rv] 커-브
  - 명 곡선, 커브(볼) 자 구부러지다

- **custom** [kʌ́stəm] 커스텀
  - 명 관습, 습관, 관세 형 주문한, 세관의

- **customer** [kʌ́stəmər] 커스터머
  - 명 고객, 손님, 단골, 거래처

- **cut** [kʌt] 컷
  - 타 베다, 자르다 명 베기, 절단

- **cute** [kju:t] 큐-트
  - 형 귀여운, 영리한, 멋진

D

ENGLISH KOREAN WORDS DICTIONARY

- **dam**
  [dæm] 댐
  명 댐, 둑, (비유) 장애물

- **damage**
  [dǽmidʒ] 대미지
  명 손해, 피해

- **damp**
  [dæmp] 댐프
  형 습기가 있는, 축축한

- **dance**
  [dæns] 댄스
  자 타 춤추다 명 댄스, 춤

- **danger**
  [déindʒər] 데인저
  명 위험(한 상태), 위험한 것[인물]

- **dangerous**
  [déindʒərəs] 데인저러스
  형 위험한(↔safe), 위태로운

- **dare**
  [dɛər] 데어
  타 감히 ~하다, 용감하게 맞서다

- **daring**
  [dɛ́əriŋ] 데어링
  형 대담한, 용감한 명 대담무쌍

- **dark**
  [daːrk] 다-크
  형 어두운, 검은, 짙은 명 어둠

영한 단어 | 101

□ **darkness** [dá:rknis] 다-크니스
명 어두움, 암흑, 무지

■ **darling** [dá:rliŋ] 다-링
명 가장 사랑하는 사람, 귀여운 사람

□ **dash** [dæʃ] 대시
자 돌진하다 타 내던지다 명 돌진

■ **data** [déitə] 데이터
명 자료, 데이터

□ **date** [deit] 데이트
명 날짜, 데이트(상대) 타 날짜를 적다

■ **daughter** [dɔ́:tər] 도-터
명 딸(↔son 아들) 형 딸로서의

■ **dawn** [dɔ:n] 돈-
명 새벽 자 날이 새다

□ **day** [dei] 데이
명 전성기, 승리, 시대, 날, 낮

□ **daytime** [déitàim] 데이타임
명 주간, 낮 형 낮[주간]의

■ **dead** [ded] 데드
형 죽은, (죽은 듯이) 조용한

- **deaf** [def] 데프
  - 형 귀가 먼, 무관심한

- **deal** [di:l] 딜-
  - 타 분배하다 자 다루다 명 거래

- **dear** [diər] 디어
  - 형 친애하는, 귀여운, 비싼 부 비싸게

- **death** [deθ] 데스
  - 명 죽음(↔life 생명), 사망

- **debate** [dibéit] 디베이트
  - 타 자 논쟁하다, 토론하다 명 논쟁, 토론

- **debt** [det] 뎃
  - 명 빚, 부채

- **decade** [dékeid] 데케이드
  - 명 10년

- **decay** [dikéi] 디케이
  - 명 부패, 쇠퇴 타 부패하다, 쇠퇴하다

- **dcceive** [disí:v] 디시-브
  - 타 속이다, 기만하다

- **December** [disémbər] 디셈버
  - 명 12월

□ **decent**	[díːsnt] 디슨트 형 고상한, 상당한, 버젓한
■ **decide**	[disáid] 디사이드 타 결정하다, 결심하다
□ **decision**	[disíʒən] 디시전 명 결정, 결심
□ **deck**	[dek] 덱 명 갑판, 바닥, 층
□ **declaration**	[dèkləréiʃən] 데클러레이션 명 선언, 포고, 공표, 통고
■ **declare**	[diklέər] 디클레어 타 선언하다, 언명[단언]하다
□ **decline**	[dikláin] 디클라인 타 기울다, 쇠퇴하다, 거절하다 명 경사
■ **decorate**	[dékərèit] 데커레이트 타 장식하다, 꾸미다
■ **decrease**	[díːkriːs] 디-크리-스 명 감소, 축소 명 감소 자 감소하다
□ **decree**	[dekríː] 데크리- 명 명령, 포고 타 명령하다, 포고하다

□ **deed**	[diːd] 디―드 명 행동, 행위
■ **deep**	[diːp] 디―프 형 깊은 부 깊게
□ **deeply**	[díːpli] 디―플리 부 깊게, 깊이, 철저히
□ **deer**	[diər] 디어 명 사슴
■ **defeat**	[difíːt] 디피트 타 패배하다, 격퇴하다(=beat) 명 패배
□ **defect**	[difékt] 디펙트 명 결점, 단점
■ **defend**	[difénd] 디펜드 타 지키다, 방어하다, 변호하다
□ **defense**	[diféns] 디펜스 명 방어, 변호
□ **defiance**	[difáiəns] 디파이언스 명 도전, 무시
□ **defiant**	[difáiənt] 디파이언트 형 도전적인, 반항적인

- □ **deficient** [difíʃənt] 디피션트
  형 부족한, 불충분한

- □ **define** [difáin] 디파인
  타 규정짓다, 한정하다, 정의 내리다

- ■ **definite** [défənit] 데퍼닛
  형 일정한, 명확한

- □ **definition** [dèfəníʃən] 데퍼니션
  명 정의

- □ **defy** [difái] 디파이
  타 도전하다, 무시하다

- □ **degrade** [digréid] 디그레이드
  자 타락하다, 격하하다

- ■ **degree** [digríː] 디그리-
  명 정도, 등급

- ■ **delay** [diléi] 딜레이
  타 자 지연하다, 꾸물거리다 명 지연

- □ **deliberate** [dilíbərèit] 딜리버레이트
  형 신중한, 계획적인 타 숙고하다

- ■ **delicate** [délikət] 델리컷
  형 미묘한, 민감한, 허약한

■ delicious	[dilíʃəs] 딜리셔스 형 맛있는, 향기로운
■ delight	[diláit] 딜라이트 타 기쁘게 하다 명 기쁨
□ deliver	[dilívər] 딜리버 타 전달하다, 배달하다
■ demand	[dimænd] 디맨드 명 요구, 수요(↔supply) 타 요구하다
□ democracy	[dimákrəsi] 디마크러시 명 민주주의, 민주 정치, 민주 국가
□ demonstrate	[démənstrèit] 데먼스트레이트 타 증명하다 자 시위하다
□ dense	[dens] 덴스 형 짙은, 빽빽한
■ dentist	[déntist] 덴티스트 명 치과 의사
■ deny	[dinái] 디나이 타 부정하다, 거절하다
□ depart	[dipá:rt] 디파―트 자 출발하다(↔arrive), 떠나다

- **department** [dipá:rtmənt] 디파-트먼트
  명 백화점, 부(部), 부문, 과

- **departure** [dipá:rtʃər] 디파-처
  명 출발(↔arrival 도착), 떠남

- **depend** [dipénd] 디펜드
  자 ~에 의존하다, ~에 달려 있다

- **dependent** [dipéndənt] 디펜던트
  형 의지하고 있는, ~에 좌우되는

- **deplore** [dipló:r] 디플로-
  타 한탄하다, 애도하다

- **deposit** [dipózit] 디포지트
  타 맡기다 명 예금, 맡긴 것

- **depress** [diprés] 디프레스
  타 억압하다, 우울하게 하다

- **depressed** [diprést] 디프레스트
  형 의기소침한, 우울한, 낙담한

- **deprive** [dipráiv] 디프라이브
  타 빼앗다, 박탈하다

- **depth** [depθ] 뎁스
  명 깊이, 중심부, 한창 때

□ **derive**	[diráiv] 디라이브 타 ~을 얻다, 유래하다	
■ **descend**	[disénd] 디센드 자 내려오다(↔ascend), 내려가다	
■ **describe**	[diskráib] 디스크라이브 타 묘사하다, 말하다, 평하다	
□ **description**	[diskrípʃən] 디스크립션 명 묘사, 기술, 설명(서)	
■ **desert**	[dézəːrt] 데저-트 명 사막 형 사막의	
■ **deserve**	[dizə́ːrv] 디저-브 타 ~할 만하다, 받을 가치가 있다	
■ **design**	[dizáin] 디자인 명 설계, 도안 타자 디자인하다	
□ **desirable**	[dizáiərəbəl] 디자이(어)러블 형 바람직한, 합당한	
■ **desire**	[dizaiər] 디지이어 명 바람, 소망 타 바라다, 원하다	
□ **desk**	[desk] 데스크 명 책상	

- **despair**
  [dispέər] 디스페어
  명 절망(↔ hope 희망) 자 절망하다

- **desperate**
  [déspərit] 데스퍼릿
  형 절망적인, 자포자기의

- **despise**
  [dispáiz] 디스파이즈
  타 경멸하다, 혐오하다(=dislike)

- **despite**
  [dispáit] 디스파이트
  전 ~에도 불구하고(=in spite of)

- **dessert**
  [dizə́:rt] 디저-트
  명 디저트, 후식

- **destination**
  [dèstənéiʃən] 데스터네이션
  명 목적지, 행선지, 도착지, 목적, 용도

- **destiny**
  [déstəni] 데스터니
  명 운명(=fate), 숙명, 운

- **destitute**
  [déstətjùːt] 데스터튜-트
  형 빈곤한, ~이 결핍한

- **destroy**
  [distrɔ́i] 디스트로이
  타 파괴하다(=ruin), 멸망시키다

- **destruction**
  [distrʌ́kʃən] 디스트럭션
  명 파괴(↔construction 건설), 멸망

- **destructive** [distrʌ́ktiv] 디스트럭티브
  형 파괴적인, 해로운

- **detach** [ditǽtʃ] 디태치
  타 떼어놓다(↔attach 붙이다), 파견하다

- **detail** [ditéil] 디테일
  명 상세 자 상세히 말하다

- **detect** [ditékt] 디텍트
  타 발견하다, 수색하다

- **detective** [ditéktiv] 디텍티브
  명 탐정 형 탐정의

- **determination** [ditə̀ːrmənéiʃən] 디터-머네이션
  명 결심, 결단력, 결정

- **determine** [ditə́ːrmin] 디터-민
  타 자 결정하다, 결심하다

- **develop** [divéləp] 디벨럽
  타 발전시키다, 발육하다, 개발하다

- **development** [divéləpmənt] 디벨럽먼드
  명 발전, 발달, 발육

- **device** [diváis] 디바이스
  명 고안, 장치

■ **devil**	[dévl] 데블	명 악마, 화신 형 나쁜
□ **devoid**	[divɔ́id] 디보이드	형 ~이 전혀 없는
■ **devote**	[divóut] 디보우트	타 바치다, 충당하다
■ **dial**	[dáiəl] 다이얼	명 다이얼 타자 전화를 걸다
□ **dialect**	[dáiəlèkt] 다이얼렉트	명 방언, 사투리 형 방언의
□ **dialog**	[dáiəlɔ̀ːg] 다이얼로-그	명 대화(=dialogue)
□ **diameter**	[daiǽmitər] 다이애미터	명 직경, 지름
■ **diamond**	[dáiəmənd] 다이(어)먼드	명 다이아몬드, 금강석, (야구) 내야
■ **diary**	[dáiəri] 다이(어)리	명 일기, 일기장
□ **dictate**	[díkteit] 딕테이트	타 받아쓰기하다, 명령하다, 결정하다

- **dictation** [diktéiʃən] 딕테이션
  명 받아쓰기, 구술

- **dictator** [díkteitər] 딕테이터
  명 독재자, 절대권력자

- **dictionary** [díkʃənèri] 딕셔네리
  명 사전

- **die** [dai] 다이
  자 죽다, 시들다

- **diet** [dáiət] 다이엇
  명 일상음식, 식이요법, 다이어트

- **differ** [dífər] 디퍼
  자 다르다, 틀리다

- **difference** [dífərəns] 디퍼런스
  명 다름, 차이, 의견 차이

- **different** [dífərənt] 디퍼런트
  형 ~와 다른, 여러 가지의

- **difficult** [dífikʌlt] 디피컬트
  형 곤란한, 어려운(↔easy 쉬운)

- **difficulty** [dífikʌlti] 디피컬티
  명 곤란, 곤경

□ **diffuse**	[difjúːz] 디퓨-즈 타 퍼지게 하다, 보급하다 형 흩어진
■ **dig**	[dig] 디그 활 dig-dug-dug 타 파다(↔bury 묻다), 캐다
□ **digestion**	[didʒéstʃən] 디제스천 명 소화, 숙고, 소화력
□ **dignity**	[dígnəti] 디그너티 명 위엄, 존엄
■ **diligent**	[dílədʒənt] 딜러전트 형 근면한, 부지런한(↔lazy 게으른)
□ **diminish**	[dəmíniʃ] 더미니시 타 줄어들다, 감소시키다
□ **dine**	[dain] 다인 타 (저녁) 식사를 하다
□ **diningroom**	[dáiniŋruːm] 다이닝룸- 명 식당
■ **dinner**	[dínər] 디너 명 정찬, 저녁식사, 만찬회
□ **dinosaur**	[dáinəsɔːr] 다이너소- 명 공룡

- diplomacy [diplóuməsi] 디플로머시
  명 외교(술)

- **direct** [dirékt] 디렉트
  형 일직선의, 똑바른 타 지도하다

- direction [dirékʃən] 디렉션
  명 방향, 지시, 감독

- directly [diréktli] 디렉틀리
  부 똑바로, 직접적으로, 머지않아

- director [diréktər] 디렉터
  명 지도자, 관리자, 감독, 연출자

- dirt [dəːrt] 더-트
  명 먼지, 쓰레기, 진흙, 오물

- **dirty** [dəːrti] 더-티
  형 더러운, 불결한 타 더럽히다

- disability [dìsəbíləti] 디서빌러티
  명 무능력, 무자격, 불리한 조건, 장애

- disappear [dìsəpíər] 디서피어
  타 사라지다(↔appear), 소멸되다

- disappoint [dìsəpóint] 디서포인트
  타 실망시키다, 낙담시키다

영한 단어 | **115**

- **disappointed** [dìsəpɔ́intid] 디서**포**인티드
  - 형 실망한, 낙담한

- **disaster** [dizǽstər] 디**재**스터
  - 명 재해, 불행

- **disastrously** [dizǽstrəsli] 디**재**스트러슬리
  - 부 비참하게

- **discard** [diskáːrd] 디스**카**드
  - 타 버리다, (옷을) 벗어버리다 명 버림받은 것

- **discern** [disə́ːrn] 디**선**-
  - 타 분간하다, 식별하다

- **discharge** [distʃáːrdʒ] 디스**차**-지
  - 타 짐을 부리다, 석방하다, 면제하다

- **disciple** [disáipəl] 디**사**이플
  - 명 제자, 문하생

- **discipline** [dísəplin] **디**서플린
  - 명 훈련, 규율 타 훈련하다

- **disclose** [disklóuz] 디스클**로**우즈
  - 타 드러내다, 폭로(적발)하다

- **discourse** [dískɔːrs] **디**스코-스
  - 명 강화, 이야기 타 이야기하다

- **discover** [diskʌ́vər] 디스커버
  타 발견하다, ~을 알다, 깨닫다

- **discovery** [diskʌ́vəri] 디스커버리
  명 발견, 발견물

- **discreet** [diskríːt] 디스크리-트
  형 분별있는, 사려깊은, 신중한

- **discriminate** [diskrímənèit] 디스크리머네이트
  타 구별하다 형 식별력 있는

- **discuss** [diskʌ́s] 디스커스
  타 의논하다, 토론하다

- **discussion** [diskʌ́ʃən] 디스커션
  명 의논, 토의, 토론

- **disdain** [disdéin] 디스데인
  타 경멸하다 명 경멸, 모멸

- **disease** [dizíːz] 디지-즈
  명 병, 질환(=illness)

- **disgrace** [disgréis] 디스그레이스
  명 불명예, 치욕

- **disguise** [disgáiz] 디스가이즈
  명 변장 타 변장시키다, 가장하다

영한 단어 | **117**

□ **disgust**	[disgʌ́st] 디스거스트 명 싫증, 혐오 타 불쾌하게 하다
■ **disgusting**	[disgʌ́stiŋ] 디스거스팅 형 메스꺼운, 역겨운
■ **dish**	[díʃ] 디시 명 큰 접시, 요리
□ **dishonest**	[disɔ́nist] 디소니스트 형 부정직한(↔honest 정직한)
□ **disillusion**	[dìsilúːʒən] 디실루-전 명 환멸 타 환멸을 느끼게 하다
□ **disinterested**	[disíntəristid] 디신터리스티드 형 사심없는, 공평한
□ **dislike**	[disláik] 디슬라이크 타 싫어하다 명 싫어함, 혐오
□ **dismal**	[dízməl] 디즈멀 형 음울한, 적적한
□ **dismiss**	[dismís] 디스미스 타 해고하다, 해산하다, 내쫓다
□ **disobedience**	[dìsəbíːdiəns] 디서비-디언스 명 불복종, 불효

☐ **disorder**	[disɔ́ːrdər] 디소-더	명 무질서, 혼란 타 혼란시키다
☐ **dispense**	[dispéns] 디스펜스	타 나눠주다, ~없이 지내다
☐ **disperse**	[dispə́ːrs] 디스퍼-스	타 퍼뜨리다, 흩어지다
■ **display**	[displéi] 디스플레이	타 보이다, 나타내다 명 표시, 진열
☐ **dispose**	[dispóuz] 디스포우즈	타 처리하다, 배치하다
■ **dispute**	[dispjúːt] 디스퓨-트	명 논쟁 자 타 논쟁하다(=argue)
☐ **disregard**	[dìsrigáːrd] 디스리가-드	타 무시하다, 경시하다 명 무시, 경시
☐ **dissolute**	[dísəlùːt] 디설루-트	형 방탕한, 타락한
☐ **dissolve**	[dizɑ́lv] 디졸브	타 ~을 녹이다, 해산하다
■ **distance**	[dístəns] 디스턴스	명 거리, 간격 형 먼, 떨어진

- **distant** [dístənt] 디스턴트
  형 먼, 떨어진

- **distinct** [distíŋkt] 디스팅(크)트
  형 명백한, 명확한

- **distinction** [distíŋkʃən] 디스팅(크)션
  명 구별, 차별, 특징

- **distinguish** [distíŋgwiʃ] 디스팅귀시
  타 구별하다

- **distress** [distrés] 디스트레스
  명 고통 타 괴롭히다

- **distribute** [distríbjuːt] 디스트리뷰트
  타 분배하다, 분류되다

- **distribution** [dìstrəbjúːʃən] 디스트러뷰-션
  명 분배, 배급, 분포

- **district** [dístrikt] 디스트릭트
  명 구역, 지역 타 지구로 나누다

- **disturb** [distə́ːrb] 디스터-브
  타 자 방해하다, 어지럽히다

- **ditch** [ditʃ] 디치
  명 도랑, 개천

■ **dive**	[daiv] 다이브 자 다이빙하다, 잠수하다	
□ **diver**	[dáivər] 다이버 명 잠수부	
□ **diverse**	[divə́:rs] 디버-스 형 다양한, 다른	
□ **diversity**	[daivə́:rsəti] 다이버-서티 명 다양성, 변화(=variety), 차이	
■ **divide**	[diváid] 디바이드 타 자 분할하다, 분류하다, 나누어지다	
□ **divine**	[diváin] 디바인 형 신성한, 비범한 명 성직자	
□ **division**	[divíʒən] 디비전 명 나눔, 분할, 배분	
□ **do**	[du:] 두- 타 ~하다	
□ **dock**	[dɑk] 닥 명 선창, 부두, 독	
□ **doctor**	[dɔ́ktər] 독터 명 의사, 박사	

영한 단어 | 121

□ **doctrine**	[dɔ́ktrin] 독트린	명 교리, 학설, 주의
■ **document**	[dákjəmənt] 다큐먼트	명 문서, 서류 형 문서로 된
□ **dodge**	[dadʒ] 다지	타 자 비키다, 피하다, 빠져나가다
□ **dog**	[dɔ(ː)g] 도-그	명 개
■ **doll**	[dal] 달	명 인형
□ **dollar**	[dɔ́lər] 돌러	명 달러
■ **dolphin**	[dálfin] 달핀	명 돌고래
□ **domain**	[douméin] 도메인	명 영토, 영역
□ **domestic**	[douméstik] 도메스틱	형 가정의, 가사의, 국내의, 국산의
□ **domesticate**	[douméstəkèit] 도메스터케이트	타 길들이다

□ dominate	[dámənèit] 도머네이트 형 통치하다, 지배하다(=control)
□ donation	[dounéiʃən] 도우네이션 명 기부(금), 기증, 증여
■ donkey	[dáŋki] 당키 명 당나귀, 바보, 얼뜨기
□ doom	[du:m] 둠- 명 운명, 파멸 타 운명짓다
■ door	[dɔ:r] 도- 명 문, 출입구, 현관, 한 집, 한 채
■ double	[dʌ́bəl] 더블 형 두 배의, 2인용의 자 두 배로 하다
■ doubt	[daut] 다우트 명 의심, 의혹, 불신 타 의심하다
□ doubtful	[dáutfəl] 다우트펄 형 의심을 품고 있는, 의심스러운
□ down	[daun] 다운 부 아래로
□ download	[dáunlòud] 다운로드 타 내려받다

- **downstairs** [dáunstɛ́ərz] 다운스테어즈
  부 아래층으로[에] 형 아래층의

- **downtown** [dáuntáun] 다운타운
  명 도심지, 상가

- **dozen** [dʌ́zn] 더즌
  명 1다스, 12개

- **draft** [dræft] 드래프트
  명 설계도, 초안 타 설계하다, 기초하다

- **drag** [dræg] 드래그
  타 끌다, 질질 끌다

- **drain** [drein] 드레인
  타 배수하다, 고름을 짜다, 고갈시키다

- **drama** [drɑ́:mə] 드라-머
  명 극, 희곡, 연극

- **drastic** [drǽstik] 드래스틱
  형 강렬한, 맹렬한, 대담한

- **draw** [drɔː] 드로- 활 draw-drew-drawn
  타자 끌다, 당기다, 그리다

- **drawer** [drɔ́:ər] 드로-어
  명 서랍

□ **drawing**	[drɔ́:iŋ] 드로-잉	명 그림, 스케치, 제도
■ **dream**	[dri:m] 드림-	명 꿈, 이상 타자 꿈꾸다, 공상하다
□ **dreary**	[dríəri] 드리어리	형 쓸쓸한, 황량한
■ **dress**	[dres] 드레스	명 의복, 여성복 타자 옷을 입다
■ **dressing**	[drésiŋ] 드레싱	명 화장, 옷치장
□ **drift**	[drift] 드리프트	명 표류, 흐름 타자 표류하다
■ **drink**	[driŋk] 드링크 활 drink-drank-drunk	명 음료 타자 마시다
■ **drive**	[draiv] 드라이브 활 drive-drove-driven	타자 운전하다, 몰다
□ **driver**	[dráivər] 드라이버	명 운전자, 운전 기사
□ **driving**	[dráiviŋ] 드라이빙	명 운전

- **drop** [drɑp] 드랍
  명 물방울 타자 떨어지다, 떨어뜨리다

- **drought** [draut] 드라우트
  명 가뭄, 한발

- **drown** [draun] 드라운
  타 빠뜨리다, 익사시키다

- **drowsy** [dráuzi] 드라우지
  형 졸리는, 졸음오게 하는

- **drug** [drʌg] 드러그
  명 약, 약품, 약제, 마약

- **drugstore** [drʌ́gstɔːr] 드럭스토-어
  명 약국

- **drum** [drʌm] 드럼
  명 북, 드럼 타자 북을 치다

- **drunk** [drʌŋk] 드렁크
  형 술취한 명 주정뱅이

- **dry** [drai] 드라이
  형 마른, 건조한 타자 마르다(↔wet 젖은)

- **duck** [dʌk] 덕
  명 오리

- **due** [dju:] 듀-
  형 당연한, 도착예정인, 지불할 때가 된

- **dull** [dʌl] 덜
  형 우둔한(↔clever), 무딘(↔sharp)

- **durable** [djúərəbəl] 듀어러블
  형 오래 견디는, 튼튼한

- **during** [djúəriŋ] 듀(어)링
  전 ~동안, ~사이에

- **dust** [dʌst] 더스트
  명 먼지, 티끌

- **duty** [djú:ti] 듀-티
  명 임무, 의무(=responsibility)

- **dwell** [dwel] 드웰
  자 살다, 거주하다(=inhabit)

- **dye** [dai] 다이
  명 물감, 염료 타 물들이다

- **dying** [dáiiŋ] 다이인
  형 죽어가는, 임종의 명 사망, 죽음

- **dynasty** [dáinəsti] 다이너스티
  명 왕조, 왕가

E

ENGLISH KOREAN WORDS DICTIONARY

- **each**
  [i:tʃ] 이-치
  형 각각의, 각자의 대 각자, 각각

- **eager**
  [í:gər] 이-거
  형 열망하는, 간절히 바라는

- **ear**
  [iər] 이어
  명 귀

- **earlier**
  [ə́:rliər] 어-리어-
  부 이전에, 보다 빨리 형 보다 빠른

- **early**
  [ə́:rli] 어-리
  형 이른, 빠른 부 일찍이

- **earn**
  [ə:rn] 언-
  타 벌다, 획득하다, 얻다

- **earnest**
  [ə́:rnist] 어-니스트
  형 열심인, 진지한 명 진심

- **earth**
  [ə:rθ] 어-스
  명 지구, 땅(↔heaven 하늘)

- **earthquake**
  [ə́:rθkwèik] 어-스퀘이크
  명 지진

□ ease	[i:z] 이-즈 명 안락, 편안함, 용이, 쉬움
□ easily	[í:zəli] 이-절리 부 쉽게, 수월하게
■ east	[i:st] 이-스트 명 동쪽, 동양 형 동쪽의 부 동쪽으로
□ eastern	[í:stərn] 이-스턴 형 동쪽의, 동부의, 동양의
■ easy	[í:zi] 이-지 형 안락한, 쉬운(↔difficult) 부 쉽게
□ eat	[i:t] 이-트 타 먹다
□ eccentric	[ikséntrik] 익센트릭 형 별난, 괴벽스러운 명 괴짜
□ echo	[ékou] 에코우 명 메아리, 반향 타자 반향하다
□ economic	[èkənámik] 에거나믹 형 경제의, 경제상의
■ economy	[ikánəmi] 이카너미 명 경제, 절약 형 경제적인

영한 단어 | **129**

□ **ecstasy**	[ékstəsi] 엑스터시 명 무아의 경지, 황홀	
■ **edge**	[edʒ] 에지 명 날, 가장자리	
□ **edition**	[edíʃən] 에디션 명 (책·신문 등의) 판	
□ **editor**	[édətər] 에더터 명 편집자	
■ **educate**	[édʒukèit] 에쥬케이트 타 교육하다, 양성하다, 기르다	
□ **education**	[èdʒukéiʃən] 에쥬케이션 명 교육	
■ **effect**	[ifékt] 이펙트 명 결과(↔cause), 효과 타 초래하다	
□ **effective**	[iféktiv] 이펙티브 형 유효한, 효과적인	
□ **effectively**	[iféktivli] 이펙티블리 부 유효하게, 효과적으로	
□ **efficiency**	[ifíʃənsi] 이피션시 명 능률, 효력	

- **efficient** [ifíʃənt] 이피션트
  형 유능한, 효과가 있는

- **effort** [éfərt] 에퍼트
  명 노력, 수고

- egg [eg] 에그
  명 계란, 달걀

- **either** [íːðər] 이-더
  형 어느 하나의 대 어느 한 쪽

- elastic [ilǽstik] 일래스틱
  형 탄력있는, 신축성이 있는(=flexible)

- **elbow** [élbou] 엘보우
  명 팔꿈치

- elder [éldər] 엘더
  형 손위의, 연상의

- eldest [éldist] 엘디스트
  형 가장 나이 많은, 제일 손위의

- **elect** [ilékt] 일렉드
  타 선거하다, 뽑다, 택하다

- election [ilékʃən] 일렉션
  명 선거

- **electric** [iléktrik] 일렉트릭
  형 전기의, 전력에 의한

- **electricity** [ilèktrísəti] 일렉트리서티
  명 전기

- **elegance** [éligəns] 엘리건스
  명 고상함, 우아함

- **elegy** [élədʒi] 엘러지
  명 애가, 비가

- **element** [éləmənt] 엘러먼트
  명 요소, 원소

- **elementary** [èləméntəri] 엘러멘터리
  형 초보의, 기본의

- **elementary-school** [èləméntərisku:l] 엘러멘터리스쿨-
  명 초등학교

- **elephant** [éləfənt] 엘러펀트
  명 코끼리

- **elevator** [éləvèitər] 엘러베이터
  명 엘리베이터, 승강기

- **eliminate** [ilímənèit] 일리머네이트
  타 제거하다

□ **eloquence**	[éləkwəns] 엘러퀀스	명 웅변, 능변
■ **else**	[els] 엘스	부 그 밖에, 그렇지 않으면
□ **elsewhere**	[elshwɛ̀ər] 엘스훼어/엘스웨어	부 다른 곳에서[으로]
□ **emancipate**	[imǽnsəpèit] 이맨서페이트	타 해방하다
□ **embark**	[imbá:rk] 임바-크	타 배를 타다, 탑승하다, 착수하다
■ **embarrass**	[imbǽrəs] 임배러스	타 난처하게 하다, 당혹하게 하다
□ **embassy**	[émbəsi] 엠버시	명 대사관
□ **embody**	[embádi] 엠바디	자 구체화하다
□ **embrace**	[embréis] 엠브레이스	타 ~을 껴안다, 포옹하다 명 포용
□ **emerge**	[imə́:rdʒ] 이머-지	자 나타나다, 나오다

□ **emergency**	[imə́ːrdʒənsi] 이머-전시 명 비상시, 긴급 사태, 응급
□ **emigrant**	[émәgrәnt] 에머그런트 명 (타국으로의)이주자 형 이주하는
□ **eminent**	[émәnәnt] 에머넌트 형 저명한, 뛰어난
■ **emotion**	[imóuʃən] 이모우션 명 정서, 감정
□ **emotional**	[imóuʃәnəl] 이모우셔널 형 감정의, 감정적인, 정에 약한
□ **emphasis**	[émfәsis] 엠퍼시스 명 강조, 역설
■ **emphasize**	[émfәsàiz] 엠퍼사이즈 타 ~을 강조하다
■ **employ**	[emplɔ́i] 엠플로이 타 쓰다, 고용하다, ~에 종사하다
□ **employee**	[emplɔ́iiː] 엠플로이이- 명 고용인, 종업원(↔ employer)
□ **employer**	[emplɔ́iәr] 엠플로이어 명 고용주, 사용자

□ **employment**	[emplɔ́imənt] 엠플로이먼트 명 고용, 일, 직업
■ **empty**	[émpti] 엠(프)티 형 텅 빈(↔full), 결여된 타 비우다
■ **enable**	[enéibəl] 이네이블 타 ~에게 힘[능력]을 주다
□ **enchant**	[entʃǽnt] 엔챈트 타 매혹시키다, 황홀케 하다
□ **encounter**	[enkáuntər] 엔카운터 자 ~에 맞서다, 부딪치다 명 우연한 만남
■ **encourage**	[enkə́:ridʒ] 엔커-리지 타 용기를 돋우다, 격려하다, 권하다
□ **end**	[end] 엔드 명 끝, 최후 타 끝나다
□ **endeavor**	[endévər] 엔데버 명 노력 타 노력하다
□ **endow**	[endáu] 엔다우 타 증여하다, 부여하다
□ **endure**	[endjúər] 엔쥬어 타 참다, 견디다 명 지구력, 인내

- **enemy** [énəmi] 에너미
  명 적, 적군

- **energy** [énərdʒi] 에너지
  명 정력, 활기

- **enforce** [enfɔ́ːrs] 엔포-스
  타 실시하다, 강제하다

- **engage** [engéidʒ] 엔게이지
  타 고용하다, 약속하다

- **engagement** [engéidʒmənt] 엔게이지먼트
  명 약혼, 약속

- **engaging** [engéidʒiŋ] 엔게이징
  형 매력있는, 애교있는

- **engine** [éndʒən] 엔전
  명 발동기, 기계, 엔진, 기관차

- **engineer** [éndʒəníər] 엔저니어
  명 기사, 공학자

- **enjoy** [endʒɔ́i] 엔조이
  타 즐기다, 누리다

- **enlighten** [enláitn] 엔라이튼
  타 계몽하다, 교화하다, 설명하다

□ **enormous**	[inɔ́ːrməs] 이**노**-머스 형 엄청난, 거대한	
■ **enough**	[inʌ́f] 이너프 형 충분한 부 충분히	
■ **enter**	[éntər] 엔터 타 자 들어가다, 입학하다, 들다	
□ **enterprise**	[éntərpràiz] 엔터프라이즈 명 기업, 진취적 기상	
■ **entertain**	[èntərtéin] 엔터테인 타 즐겁게 하다, 마음에 품다	
□ **entertainment**	[èntərtéinmənt] 엔터테인먼트 명 접대, 오락, 연예	
■ **enthusiasm**	[enθúːziæ̀zəm] 엔슈-지애즘 명 열심, 열중, 열광	
□ **enthusiastic**	[enθúːziæ̀stik] 엔슈-지애스틱 형 열렬한, 열광적인, 열심인	
■ **entire**	[entáiər] 엔타이어 형 전체의(=whole), 완전한	
□ **entirely**	[entáiərli] 엔타이어리 부 아주, 완전히	

□ entitle	[entáitl] 엔타이틀
	타 권리(자격)를 주다

□ entrance	[éntrəns] 엔트런스
	명 입구(↔exit 출구), 입학, 입장

□ entreat	[entríːt] 엔트리-트
	타 간청하다, 탄원하다

□ entrust	[entrʌ́st] 엔트러스트
	타 위임하다, 맡기다

□ entry	[éntri] 엔트리
	명 들어가기, 입장, 참가

■ envelope	[énvəlòup] 엔벌로우프
	명 봉투, 씌우개

■ environment	[inváiərənmənt] 인바이(어)런먼트
	명 환경

■ envy	[énvi] 엔비
	명 질투, 시기, 부러움 타 부러워하다

□ epidemic	[èpədémik] 에퍼데믹
	명 유행병 형 전염병의

□ epoch	[épək] 에퍼크
	명 신기원, 신시대

- **equal** [íːkwəl] 이-퀄
  - 형 같은, 균등한, 동등한 타 ~와 같다

- **equally** [íːkwəli] 이-퀄리
  - 부 똑같이, 평등하게

- **equator** [ikwéitər] 익퀘이터
  - 명 적도

- **equip** [ikwíp] 이퀴프
  - 타 갖추다, 장비하다

- **equipment** [ikwípmənt] 이퀴프먼트
  - 명 설비, 비품, 장비

- **equivalent** [ikwívələnt] 이퀴벌런트
  - 형 같은, 동등한 명 동등한 것

- **erase** [iréis] 이레이스
  - 타 지우다

- **eraser** [iréisər] 이레이서
  - 명 지우개

- **erect** [irékt] 이렉트
  - 형 똑바로 선 타 똑바로 세우다

- **errand** [érənd] 에런드
  - 명 심부름, 용건

□ erroneous	[iróuniəs] 이로우니어스 형 틀린, 잘못된
□ error	[érər] 에러 명 잘못, 실수, 과오
■ escalator	[éskəlèitər] 에스컬레이터 명 에스컬레이터, 자동계단
■ escape	[iskéip] 이스케이프 자 도망하다, 모면하다 명 도망
■ especially	[ispéʃəli] 이스페셜리 부 특별히, 유달리
□ essay	[ései] 에세이 명 수필, 시도 타 해보다
□ essential	[isénʃəl] 이센셜 형 본질적인, 중요한, 근본적인(=key)
□ establish	[istǽbliʃ] 이스태블리시 타 설립하다, 확립하다
□ establishment	[istǽbliʃmənt] 이스태블리시먼트 명 설립, 확립
□ estate	[istéit] 이스테이트 명 재산, 지위

□ esteem	[istíːm] 이스팀- 🖹 존중하다, 간주하다 명 존경, 존중
□ estimate	[éstəmèit] 에스터메이트 🖹 어림잡다, 평가하다 명 견적, 평가
□ eternal	[itə́ːrnəl] 이터-널 형 영원한
□ ethical	[éθikəl] 에식컬 형 도덕상의, 윤리상의
□ ethics	[éθiks] 에식스 명 윤리, 윤리학
□ ethnic	[éθnik] 에스닉 형 민족 특유의
□ eve	[iːv] 이-브 명 전날 밤, 전날
■ even	[íːvən] 이-번 부 한층 형 평평한, 짝수의(↔odd 홀수의)
■ evening	[íːvniŋ] 이-브닝 명 저녁, 해질녘, 밤
■ event	[ivént] 이벤트 명 사건, 종목, 행사, 경기

- **eventual** [ivéntʃuəl] 이벤추얼
  형 결과로 일어나는, 결국의

- **ever** [évər] 에버
  부 일찍이, 언젠가, 도대체, 언제나

- **every** [évri:] 에브리-
  형 모든, 온갖, ~마다

- **everybody** [évribàdi] 에브리바디
  대 각자 모두, 누구나, 모두

- **everyone** [évriwλn] 에브리원
  대 모든 사람, 누구나

- **everything** [évriθiŋ] 에브리싱
  명 가장 중요한 것, 모든 것

- **everywhere** [évrihwɛ̀ər] 에브리훼어/에브리웨어
  부 어디에나, 도처에, 어디에 ~라도

- **evidence** [évidəns] 에비던스
  명 증거(=proof), 증언 타 증언하다

- **evident** [évidənt] 에비던트
  형 명백한

- **evil** [íːvəl] 이-벌
  형 나쁜, 불길한 명 악

□ evolution	[èvəlúːʃən] 에벌루-션 명 진화, 발전
■ exact	[igzǽkt] 이그잭트 형 정확한
□ exactly	[igzǽktli] 이그잭(틀)리 부 정확히(=correctly), 바로
□ exaggerate	[igzǽdʒərèit] .이그재저레이트 타 과장하다, 침소봉대하다
■ exam	[igzǽm] 이그잼 명 시험 (examination의 단축형)
□ examination	[igzæ̀mənéiʃən] 이그재머네이션 명 시험(=exam), 조사
■ examine	[igzǽmin] 이그재민 타 시험하다, 검사하다, 진찰하다
■ example	[igzǽmpəl] 이그잼플 명 예, 보기
□ exceed	[iksíːd] 익시-드 타 넘다, 초과하다
□ excel	[iksél] 익셀 자 능가하다, 빼어나다

- **excellent** [éksələnt] 엑설런트
  형 우수한, 뛰어난

- **except** [iksépt] 익셉트
  타 제외하다 전 ~을 제외하고는

- **exception** [iksépʃən] 익셉션
  명 예외, 제외

- **excess** [iksés] 익세스
  명 초과, 과잉 형 초과의

- **exchange** [ikstʃéindʒ] 익스체인지
  타 교환하다, 바꾸다 명 교환

- **excite** [iksáit] 익사이트
  타 흥분하다, 자극하다

- **excitement** [iksáitmənt] 익사이트먼트
  명 흥분, 동요, 자극

- **exciting** [iksáitiŋ] 익사이팅
  형 흥분시키는, 조마조마하게 하는

- **exclude** [iksklú:d] 익스클루-드
  타 제외하다(↔include), 배척하다

- **excuse** [ikskjú:z] 익스큐-즈
  타 용서하다, 변명을 대다 명 변명

□ execute	[éksikjùːt] 엑시큐-트 타 실시하다, 성취하다
□ executive	[igzékjətiv] 이그제큐티브 명 임원, 관리직 형 관리[경영]의
□ exempt	[igzémpt] 이그젬프트 타 면제하다 형 면제된
■ exercise	[éksərsàiz] 엑서사이즈 명 운동, 연습 타 연습하다
□ exertion	[igzə́ːrʃən] 이그저-션 명 노력, 전력
□ exhaust	[igzɔ́ːst] 이그조-스트 타 다 써버리다 명 배출, 배기관
□ exhibit	[igzíbit] 이그지비트 타 전람하다, 전시하다, 보이다 명 전시
■ exist	[igzíst] 이그지스트 자 존재하다, 생존하다 명 생존, 실존
□ existence	[igzístəns] 이그지스턴스 명 존재, 생존
■ exit	[égzit] 에그짓 명 출구(↔entrance 입구), 퇴장

□ **exotic**	[igzɔ́tik] 이그조틱 형 외국의, 이국풍의 명 외래품
□ **expand**	[ikspǽnd] 익스팬드 자 타 퍼지다, 넓어지다, 팽창하다
□ **expansion**	[ikspǽnʃən] 익스팬션 명 확장, 팽창
■ **expect**	[ikspékt] 익스펙트 타 예상하다, 기대하다
□ **expectation**	[èkspektéiʃən] 엑스펙테이션 명 예상, 기대
□ **expedition**	[èkspədíʃən] 엑스퍼디션 명 탐험대
□ **expense**	[ikspéns] 익스펜스 명 지출(=expenditure), 비용, 희생
■ **expensive**	[ikspénsiv] 익스펜시브 형 값비싼(↔inexpensive 값싼)
□ **experience**	[ikspíəriəns] 익스피(어)리언스 명 경험, 체험 타 경험하다, 체험하다
■ **experiment**	[ikspérəmənt] 익스페러먼트 명 실험 타 실험하다

□ **expert**	[ékspə:rt] 엑스퍼-트	명 전문가(=specialist, ↔amateur)
■ **explain**	[ikspléin] 익스플레인	타 설명하다, 변명하다
□ **explanation**	[èksplənéiʃən] 엑스플러네이션	명 설명
□ **explode**	[iksplóud] 익스플로우드	타 폭발시키다, 파열하다
■ **explore**	[ikspló:r] 익스플로-	타 탐험하다, 답사하다
□ **explosion**	[iksplóuʒən] 익스플로우전	명 폭발, 급격한 증가
■ **export**	[ikspó:rt] 익스포-트	타 수출하다(↔import) 명 수출, 수출품
□ **expose**	[ikspóuz] 익스포우즈	타 드러내다, 폭로하다 명 노출, 폭로
■ **express**	[iksprés] 익스프레스	타 표현하다 형 급행의 명 급행 열차
□ **expression**	[ikspréʃən] 익스프레션	명 (감정의) 표현, 표정

□ **expressway**	[ikspréswèi] 익스프레스웨이 명 고속도로
□ **exquisite**	[ékskwizit] 엑스퀴지트 형 정교한, 우아한
■ **extend**	[iksténd] 익스텐드 타 자 넓히다, 뻗치다, ~에 이르다
□ **extension**	[iksténʃən] 익스텐션 명 신장, 확장, 구내전화 형 내선의
□ **extent**	[ikstént] 익스텐트 명 범위, 정도
□ **exterior**	[ikstíəriər] 익스티어리어 형 외부의, 바깥의 명 외부, 외관
□ **external**	[ikstə́:rnəl] 익스터-널 형 외부의 명 외면
□ **extinction**	[ikstíŋkʃən] 익스팅션 명 사멸, 절멸
□ **extinguish**	[ikstíŋgwiʃ] 익스팅귀쉬 타 끄다, 진화하다
■ **extra**	[ékstrə] 엑스트러 형 여분의, 특별한 부 여분으로

□ **extract**	[ikstrǽkt] 익스트랙트 타 뽑다 명 추출물, 발췌
□ **extraordinary**	[ikstrɔ́:rdənèri] 익스트로-더네리 형 이상한, 비상한, 임시의, 특명의
□ **extravagance**	[ikstrǽvəgəns] 익스트래버건스 명 사치, 방종, 낭비
□ **extravagant**	[ikstrǽvəgənt] 익스트래버건트 형 사치스러운, 터무니없는
■ **extreme**	[ikstrí:m] 익스트림- 형 극도의(=excessive), 맨끝의 명 극도
□ **extremely**	[ikstrí:mli] 익스트림-리 부 극단적으로, 극도로, 대단히
□ **eye**	[ai] 아이 명 눈, 눈동자
■ **eyebrow**	[áibràu] 아이브라우 명 눈썹
□ **eyelash**	[áilæ̀ʃ] 아일래쉬 명 속눈썹
□ **eyewater**	[áiwɔ̀:tər] 아이워-터 명 안약, 눈물

영한 단어 | **149**

F

ENGLISH KOREAN WORDS DICTIONARY

- **fable**
  [féibəl] 페이블
  명 우화, 꾸며낸 이야기

- **face**
  [feis] 페이스
  명 얼굴, 표정, 체면 타 ~을 향하다

- **facility**
  [fəsíləti] 퍼실러티
  명 설비, 시설

- **fact**
  [fækt] 팩트
  명 사실, 진상

- **factor**
  [fǽktər] 팩터
  명 요인, 인자, 요소(=element)

- **factory**
  [fǽktəri] 팩터리
  명 공장, 제조소

- **faculty**
  [fǽkəlti] 팩컬티
  명 능력, 재능, 학부

- **fade**
  [feid] 페이드
  자 (색이)바래다, 시들다

- **fail**
  [feil] 페일
  자 실패하다(↔succeed), 낙방하다

☐ **failure**	[féiljər] 페일리어 명 실패(↔success 성공), 낙제	
■ **faint**	[feint] 페인트 형 희미한, 약한 자 기절하다	
■ **fair**	[fɛər] 페어 형 공평한, 아름다운 명 박람회	
☐ **fairly**	[fɛ́ərli] 페어리 부 공평하게, 상당히	
■ **faith**	[feiθ] 페이스 명 신앙(=belief), 신용, 성실	
■ **fall**	[fɔ:l] 폴- 활 fall-fell-fallen 자 떨어지다 명 가을, 폭포	
☐ **fallacy**	[fǽləsi] 팰러시 명 오류, 잘못된 생각	
☐ **fallen**	[fɔ́:lən] 폴-런 형 떨어진, 타락한, 쓰러진	
■ **false**	[fɔ:ls] 폴-스 형 잘못된, 거짓의, 인공의, 인조의	
☐ **fame**	[feim] 페임 명 명성, 명예 타 평판하다	

- **familiar** [fəmíljər] 퍼밀리어
  형 익숙한, 친숙한

- **family** [fǽməli] 패멀리
  명 가족, 아이들 형 가족[가정]의

- **famine** [fǽmin] 패민
  명 기아, 굶주림

- **famous** [féiməs] 페이머스
  형 유명한, 이름 난

- **fan** [fæn] 팬
  명 부채, 선풍기, 팬, 열렬한 애호가

- **fanatical** [fənǽtikəl] 퍼내티컬
  형 광신적인, 열광적인

- **fancy** [fǽnsi] 팬시
  명 공상, 좋아함, 별난 타 생각하다

- **fantasy** [fǽntəsi] 팬터시
  명 공상, 환상

- **far** [fɑːr] 파-
  부 멀리(에), 훨씬 형 먼, 저쪽의

- **fare** [fɛər] 페어
  명 요금, 운임

■ farm	[fɑːrm] 팜- 명 농장, 농원, 사육장
□ farmer	[fɑ́ːrmər] 파-머 명 농부, 농장주인
□ fascinate	[fǽsənèit] 패서네이트 타 황홀케하다, 매혹시키다
■ fashion	[fǽʃən] 패션 명 유행, 하는 식, 방법
■ fast	[fǽst] 패스트 형 빠른, 민첩한 부 빨리, 단단히
■ fasten	[fǽsn] 패슨 타 묶다, 잠그다 자 닫히다, 붙잡다
■ fat	[fǽt] 팻 형 살찐(↔thin 마른), 비만한 명 비만
□ fatal	[féitl] 페이틀 형 숙명적인, 치명적인(=mortal)
□ fate	[feit] 페이트 명 운명, 숙명
□ father	[fɑ́ːðər] 파-더 명 아버지

- **fatigue** [fətíːg] 퍼티-그
  명 피로, 피곤

- **faucet** [fɔ́ːsit] 포-싯
  명 수도꼭지, 마개

- **fault** [fɔːlt] 폴-트
  명 결점, 과실

- **favo(u)rable** [féivərəbəl] 페이버러블
  형 호의를 보이는, 찬성하는, 승낙의

- **favor** [féivər] 페이버
  명 호의, 찬성 타 호의를 보이다

- **favorite** [féivərit] 페이버리트
  형 아주 좋아하는 명 마음에 드는 것

- **fear** [fiər] 피어
  명 무서움, 근심 타 두려워하다

- **feast** [fiːst] 피-스트
  명 축연, 잔치, (종교적인) 축제

- **feat** [fiːt] 피-트
  명 공적, 위업

- **feather** [féðər] 페더
  명 깃털, 깃

- **feature** [fíːtʃər] 피-처
  자 특징으로 하다 명 특징, 용모

- **February** [fébruèri] 페브루에리
  명 2월

- **federal** [fédərəl] 페더럴
  형 연방의, 연방 정부의

- **fee** [fiː] 피-
  명 요금, 보수, 사례금

- **feed** [fiːd] 피-드
  타 자 먹을 것을 주다, 기르다

- **feel** [fiːl] 필-
  타 느끼다, 만지다 자 감각이 있다

- **feeling** [fíːliŋ] 필-링
  명 촉감, 감각, 감정, 기분

- **fellow** [félou] 펠로우
  명 친구, 동료 형 동아리[동료]의

- **female** [fíːmeil] 피-메일
  명 여성, 암컷 형 여성의, 암컷의

- **feminine** [fémənin] 페머닌
  형 여성의(↔masculine), 연약한

영한 단어 | 155

- **fence** [fens] 펜스
  명 울타리, 담 타 울타리를 두르다

- **fertile** [fə́ːrtail] 퍼-타일
  형 비옥한(↔barren), 다산의

- **festival** [féstəvəl] 페스터벌
  명 축제(일)

- **feudal** [fjúːdl] 퓨-들
  형 봉건적인

- **fever** [fíːvər] 피-버
  명 열, 발열, 열병

- **few** [fjuː] 퓨-
  형 거의 없는(↔many), 소수의 대 소수

- **fiction** [fíkʃən] 픽션
  명 소설, 허구, 상상, 가설

- **field** [fiːld] 필-드
  명 벌판, 들, 분야, 경기장

- **fierce** [fiərs] 피어스
  형 사나운, 맹렬한

- **fight** [fait] 파이트 활 fight-fought-fought
  타 자 싸우다 명 싸움

□ **fighting**	[fáitiŋ] 파이팅 명 전투, 싸움 형 전투의, 투지가 있는
□ **figurative**	[fígjərətiv] 피겨러티브 형 비유적인, 화려한
■ **figure**	[fígjər] 피겨 명 숫자, 도형, 모양, 인물
□ **file**	[fail] 파일 명 서류철, 파일 타 철하다, 정리하다
■ **fill**	[fil] 필 타 자 가득 차다, 넘치다, 채우다
□ **film**	[film] 필름 명 필름, 영화
■ **final**	[fáinəl] 파이늘 명 결승전 형 마지막의, 결정적인
□ **finally**	[fáinəli] 파이널리 부 최후로, 마침내, 최종적으로
□ **finance**	[finǽns] 피낸스 명 재정, 재무
■ **financial**	[finǽnʃəl] 피낸셜 형 재정적인, 금융의

- **find**
  [faind] 파인드　⚝ find-found-found
  타 찾아내다, 발견하다

- **fine**
  [fain] 파인
  형 훌륭한, 더할 나위 없는, 맑은

- **finger**
  [fíŋɡər] 핑거
  명 손가락

- **finish**
  [fíniʃ] 피니시
  타 자 끝내다, 완성하다　형 우수한

- **fire**
  [faiər] 파이어
  명 불, 화재, 사격　타 자 발포하다

- **firm**
  [fəːrm] 펌-
  형 굳은, 단단한(↔soft)　명 회사

- □ **first**
  [fəːrst] 퍼-스트
  명 제1, 첫 번째　형 제1의, 첫 번째의

- **fish**
  [fiʃ] 피시
  명 물고기, 생선　타 낚시질하다

- **fist**
  [fist] 피스트
  명 주먹　타 주먹으로 치대[때리다]

- **fit**
  [fit] 핏
  형 (꼭) 맞는, 알맞은　자 ~에 맞다

☐ **fit-in**	[fit-in] 피트 인 자 들어맞다, 조화하다	
■ **fix**	[fiks] 픽스 타 고치다(=repair), 고정시키다	
■ **flag**	[flæg] 플래그 명 (국가 · 조직 · 단체의)기	
■ **flame**	[fleim] 플레임 명 불꽃, 화염 타 타오르다	
■ **flash**	[flæʃ] 플래시 명 섬광, 번득임 자타 번쩍이다, 비추다	
■ **flashlight**	[flǽʃlàit] 플래시라이트 명 플래시, 회중 전등	
■ **flat**	[flæt] 플랫 명 (영)아파트, 맨션 형 평평한, 납작한 부 평평하게	
☐ **flatter**	[flǽtər] 플랫터 타 아첨하다	
■ **flavor**	[fléivər] 플레이버 명 맛(=savor), 향기	
☐ **flaw**	[flɔː] 플로- 명 결점, 흠	

- **flesh** [fleʃ] 플레시
  명 살, 과육, 육체

- **flexible** [fléksəbəl] 플렉서블
  형 구부리기 쉬운, 유연한

- **flight** [flait] 플라이트
  명 날기, 비행, (정기 항공로의)편

- **float** [flout] 플로우트
  자 뜨다, 떠오르다(↔sink)

- **flood** [flʌd] 플러드
  명 홍수 타 침수시키다

- **floor** [flɔːr] 플로-
  명 마루, 층

- **flour** [flauər] 플라우어
  명 밀가루

- **flourish** [flə́ːriʃ] 플러-리쉬
  자 번창하다(=thrive), 과시하다 명 화려함

- **flow** [flou] 플로우
  자 흐르다(=stream) 명 밀물(↔ebb)

- **flower** [fláuər] 플라우어
  명 꽃 자 꽃이 피다, 번창하다

□ **flu**	[flu:] 플루- (influenza의 단축형) 명 독감, 유행성 감기	
□ **fluent**	[flú:ənt] 플**루**-언트 형 유창한, 거침없는	
□ **fluently**	[flú:əntli] 플**루**-언틀리 부 유창하게	
□ **fluid**	[flú:id] 플**루**-이드 명 액체 형 유동성의	
□ **flute**	[flu:t] 플루-트 명 플룻, 피리	
■ **fly**	[flai] 플라이 활용 fly-flew-flown 자타 날다, 띄우다 명 파리	
■ **focus**	[fóukəs] **포**우커스 명 초점, 중심 타 집중시키다, 집중하다	
■ **fog**	[fɔ(:)g] 포-그 명 안개	
■ **fold**	[tould] 포울드 타 접다, 접어 포개다, 끼다	
□ **foliage**	[fóuliidʒ] **포**울리지 명 (무성한)나뭇잎	

영한 단어 | **161**

- **folk** [fouk] 포우크
  명 사람들, 가족 형 민간의

- **follow** [fálou] 팔로우
  타 따르다, 쫓다

- **following** [fálouiŋ] 팔로우잉
  형 다음의, 그 뒤에 오는

- **folly** [fɔ́li] 폴리
  명 어리석음, 어리석은짓

- **fond** [fɑnd] 판드
  형 ~을 좋아하는, ~이 좋은

- **food** [fu:d] 푸―드
  명 식품, 먹을 것, 식량

- **fool** [fu:l] 풀―
  명 바보, 어리석은 사람 타 놀리다, 속이다

- **foolish** [fú:liʃ] 풀―리시
  형 어리석은(↔wise 현명한), 바보 같은

- **foot** [fut] 풋
  명 발, (사물의) 밑부분, (산)기슭

- **football** [fútbɔ̀:l] 풋볼―
  명 풋볼, 축구

□ **footprint**	[fútprìnt] 풋프린트 명 발자국	
□ **footstep**	[fútstèp] 풋스텝 명 걸음걸이, 발소리, 발자국	
□ **for**	[fɔːr] 포- 전 ~를 위하여, ~동안	
□ **forbear**	[fɔːrbɛ́ər] 포-베어 타 참고 견디다, 삼가다	
■ **forbid**	[fərbíd] 퍼비드 타 금하다	
■ **force**	[fɔːrs] 포-스 명 힘, 폭력 타 강요하다	
■ **forecast**	[fɔ́ːrkæ̀st] 포-캐스트 명 예상, 예보 타 예상[예보]하다	
■ **foreign**	[fɔ́(ː)rin] 포-린 형 외국의(↔domestic 국내의), 외국풍의	
□ **foreigner**	[fɔ́(ː)rinər] 포-리너 명 외국사람, 외국인	
■ **forest**	[fɔ́(ː)rist] 포-리스트 명 숲, 삼림	

□ **forever**	[fərévər] 퍼레버 부 영원[영구]히, 언제나
■ **forget**	[fərgét] 퍼겟 활 forget-forgot-forgotten 타 잊다, 망각하다
■ **forgive**	[fərgív] 퍼기브 활 forgive-forgave-forgiven 타 용서하다, 면제하다
□ **forgiveness**	[fərgívnis] 퍼기브니스 명 용서, 관대함
□ **fork**	[fɔːrk] 포-크 명 포크
□ **forlorn**	[fərlɔ́ːrn] 퍼론- 형 고독한, 쓸쓸한, 버림받은
■ **form**	[fɔːrm] 폼- 명 모양, 형식, 양식 자 형성하다
□ **formal**	[fɔ́ːrməl] 포-멀 형 정식의, 형식적인, 딱딱한
■ **former**	[fɔ́ːrmər] 포-머 형 이전의, 전자의(↔latter) 대 전자
□ **formerly**	[fɔ́ːrmərli] 포-머리 부 이전에, 옛날에

☐ **forsake**	[fərséik] 퍼세이크 囲 버리다, 떠나다
☐ **fortitude**	[fɔ́ːrtətjùːd] 포-터튜-드 몡 인내, 용기
☐ **fortunate**	[fɔ́ːrtʃənit] 포-추닛 혱 운이 좋은, 행운의
☐ **fortunately**	[fɔ́ːrtʃənətli] 포-추너틀리 囝 운 좋게, 다행히(↔unfortunately)
■ **fortune**	[fɔ́ːrtʃən] 포-춘 몡 부, 재산, 재물
■ **forward**	[fɔ́ːrwərd] 포-워드 囝 앞으로(↔backward), 혱 전방의
☐ **foster**	[fɔ́(ː)stər] 포스터 囲 기르다, (성장을)촉진하다 혱 양육하는
☐ **found**	[faund] 파운드 囲 ~의 기초를 마련하다, 설립하다
■ **foundation**	[faundéiʃən] 파운데이션 몡 기초, 토대, 설립
■ **fountain**	[fáuntin] 파운틴 몡 분수, 샘, 원천, 근원

□ **fountain-pen**	[fáuntin-pen] 파운틴 펜 명 만년필	
□ **fox**	[fɔks] 폭스 명 여우	
■ **frame**	[freim] 프레임 명 구조, 골격, 틀 타 형성하다	
□ **frank**	[fræŋk] 프랭크 형 솔직한, 숨김없는	
□ **frankly**	[frǽŋkli] 프랭클리 부 솔직히, 숨김없이	
■ **free**	[fri:] 프리- 형 무료의, 면세의, 자유로운	
□ **freedom**	[frí:dəm] 프리-덤 명 자유, 해방	
□ **freely**	[frí:li] 프릴-리 부 자유롭게, 무료로	
■ **freeze**	[fri:z] 프리-즈 타 얼다 자 얼게 하다	
□ **freezer**	[frí:zər] 프리-저 명 냉동 장치, 냉동고, 냉장고, 아이스크림 제조기	

☐ **French**	[frentʃ] 프렌치	명 프랑스 사람, 프랑스어
■ **frequent**	[fríːkwənt] 프리-퀀트	형 자주 일어나는, 빈번한, 상습적인
☐ **frequently**	[fríːkwəntli] 프리-퀀틀리	부 자주, 빈번히
■ **fresh**	[freʃ] 프레시	형 새로운, 싱싱한, 맑은
☐ **friction**	[fríkʃən] 프릭션	명 마찰, 압력
■ **Friday**	[fráidei] 프라이데이	명 금요일
■ **friend**	[frend] 프렌드	명 벗, 친구, 동반자
☐ **friendly**	[fréndli] 프렌들리	형 친한, 친절한, 우호적인
☐ **friendship**	[fréndʃip] 프렌드십	명 우정, 친교
☐ **fright**	[frait] 프라이트	명 놀람, 공포

- **frighten**
  [fráitn] 프라이튼
  타 놀라게 하다, 두려워하게 하다

- **frivolous**
  [frívələs] 프리벌러스
  형 경박한, 경솔한

- **frog**
  [frɔːg] 프로-그
  명 개구리

- **front**
  [frʌnt] 프런트
  명 앞, 정면 형 앞의, 정면의

- **frontier**
  [frʌntíər] 프런티어
  명 국경, 국경 지방

- **frost**
  [frɔːst] 프로-스트
  명 서리

- **frugal**
  [frúːgəl] 프루-걸
  형 검소한, 알뜰한

- **fruit**
  [fruːt] 프루-트
  명 과일, 산물

- **frustration**
  [frʌstréiʃən] 프러스트레이션
  명 좌절, 차질

- **fry**
  [frai] 프라이
  타 튀기다, 프라이하다 명 튀김

■ **fuel**	[fjú:əl] 퓨-얼	명 연료 타 연료를 공급하다
□ **fulfill**	[fulfíl] 풀필	타 이행하다, 실행하다, 충족시키다
■ **full**	[ful] 풀	형 가득한(↔empty 비어있는), 충분한
□ **fully**	[fúli] 풀리	부 충분히, 꼬박
■ **fun**	[fʌn] 펀	명 놀이, 재미
■ **function**	[fʌ́ŋkʃən] 펑(크)션	명 기능, 작용, 함수 자 작용하다
□ **fund**	[fʌnd] 펀드	명 자금, 축적
□ **fundamental**	[fʌ̀ndəméntl] 펀더멘틀	형 근본적인 명 원리, 원칙
□ **funeral**	[fjú:mərəl] 퓨-너럴	명 장례식(=burial) 형 장례의
□ **funny**	[fʌ́ni] 퍼니	형 익살맞은, 재미있는

- **fur**
  [fəːr] 퍼-
  명 부드러운 털, 모피

- **furnish**
  [fə́ːrniʃ] 퍼-니시
  타 공급하다, 비치하다(=provide)

- **furniture**
  [fə́ːrnitʃər] 퍼-니처
  명 가구, 세간

- **further**
  [fə́ːrðər] 퍼-더
  부 그 위에, 게다가 형 그 이상의

- **fury**
  [fjúəri] 퓨어리
  명 격분, 격노

- **fuse**
  [fjuːz] 퓨-즈
  타 자 녹이다, 녹다

- **fusty**
  [fʌ́sti] 퍼스티
  형 고루한, 진부한

- **futile**
  [fjúːtail] 퓨-타일
  형 효과 없는, 헛된(↔useful)

- **future**
  [fjúːtʃər] 퓨-처
  명 미래, 장래 형 미래의, 장래의

- **fuzzy**
  [fʌ́zi] 퍼지
  명 우승후보 형 곱슬곱슬한

G

ENGLISH KOREAN WORDS DICTIONARY

- **gain**
  [gein] 게인
  타 자 얻다, 벌다 명 이익, 증진

- **gallant**
  [gǽlənt] 갤런트
  형 용감한, (여자에게)상냥한 명 호남자

- **gallery**
  [gǽləri] 갤러리
  명 화랑, 미술관

- **game**
  [geim] 게임
  명 경기, 시합, 게임 자 내기하다

- **gap**
  [gæp] 갭
  명 갈라진 틈, 격차, 큰 차이

- **garage**
  [gərá:ʒ] 거라-지
  명 차고, 수리공장

- **garbage**
  [gá:rbidʒ] 가-비지
  명 쓰레기, 찌꺼기

- **garden**
  [gá:rdn] 가-든
  명 정원, 뜰

- **garlic**
  [gá:rlik] 가-릭
  명 마늘

■ **gas**	[gæs] 개스 명 가스, 기체, 휘발유
□ **gasoline**	[gæsəlí:n] 개설린- 명 휘발유, 가솔린
■ **gate**	[geit] 게이트 명 대문, 출입문, (공항) 탑승구
■ **gather**	[gǽðər] 개더 타 모으다(=collect), 더하다
□ **gay**	[gei] 게이 형 명랑한, 화려한
□ **gaze**	[geiz] 게이즈 타 응시하다, 바라보다
■ **general**	[dʒénərəl] 제너럴 형 일반적인(↔special) 명 육군 대장
□ **generalization**	[dʒènərəlizéiʃən] 제너럴리제이션 명 일반화, 보편화
□ **generally**	[dʒénərəli] 제너럴리 부 일반적으로, 대개, 대체로
□ **generate**	[dʒénərèit] 제너레이트 타 낳다, 발생시키다(=produce, cause)

■ **generation**	[dʒènəréiʃən] 제너레이션	명 세대 타 발생시키다
□ **generosity**	[dʒènərɔ́səti] 제너로서티	명 관대, 너그러움
■ **generous**	[dʒénərəs] 제너러스	형 관대한, 후한, 풍부한, 비옥한
□ **genetically**	[dʒinétikəli] 지네티컬리	부 유전학적으로
□ **genial**	[dʒíːniəl] 지-니얼	형 따뜻한, 친절한
□ **genius**	[dʒíːniəs] 지-니어스	명 천재
■ **gentle**	[dʒéntl] 젠틀	형 온화한, 상냥한, 가문이 좋은
■ **gentleman**	[dʒéntlmən] 젠틀먼	명 신사, (경칭) 남자분
■ **genuine**	[dʒénjuin] 제뉴인	형 진짜의, 순수한
□ **geometry**	[dʒiɔ́mətri] 지오머트리	명 기하학

□ **germ**	[dʒəːrm] 점- 명 병균, 세균
□ **German**	[dʒə́ːrmən] 저-먼 명 독일사람, 독일어
■ **gesture**	[dʒéstʃər] 제스처 명 몸짓, 손짓 타 몸짓(손짓)으로 말하다
■ **get**	[get] 겟 활 get-got-got 타 얻다, 받다, 사다, 자 도착하다
□ **ghost**	[goust] 고우스트 명 유령, 망령
■ **giant**	[dʒáiənt] 자이언트 명 거인 형 거대한
■ **gift**	[gift] 기프트 명 선물(=present), 타고난 재능
□ **giraffe**	[dʒəráf] 저라프 명 기린
■ **girl**	[gəːrl] 걸- 명 여자아이, 소녀
□ **girlfriend**	[gəːrlfrend] 걸-프렌드 명 여자 친구

- **give** [giv] 기브 활 give-gave-given
  타 주다, 치르다, 말하다

- **give-up** [gívʌ̀p] 기브업
  타 ~을 단념하다, 포기하다

- **glacier** [gléiʃər] 글레이셔
  명 빙하

- **glad** [glæd] 글래드
  형 기쁜(↔sorrow 슬픈), 반가운

- **glance** [glæns] 글랜스
  명 반짝임, 섬광 자 얼핏보다

- **glass** [glæs] 글래스
  명 유리, 유리컵

- **glasses** [glǽsiːz] 글래시-즈
  명 안경

- **globe** [gloub] 글로우브
  명 지구

- **gloomy** [glúːmi] 글루-미
  형 어두운, 우울한

- **glory** [glɔ́ːri] 글로-리
  명 영광, 명예 형 영광스러운

- **glove** [glʌv] 글러브
  - 명 장갑, 글러브

- **glue** [gluː] 글루-
  - 명 접착제, 풀

- **go** [gou] 고우
  - 자 가다, 나아가다, 작동하다, 진행되다

- **goal** [goul] 고울
  - 명 목표, 골

- **goat** [gout] 고우트
  - 명 염소

- **god** [gɑd] 가드
  - 명 신, 하느님

- **gold** [gould] 고울드
  - 명 금, 금화, 금제품 형 금으로 만든

- □ **golden** [góuldən] 고울든
  - 형 금빛의, 귀중한, (기회) 절호의

- **golf** [gɑlf] 갈프
  - 명 골프

- **good** [gud] 굳
  - 형 뛰어난, 친절한 명 선, 이익, 상품

□ **goodby(e)**	[gùdbái] 굿바이 감 안녕 명 고별, 작별(인사)
□ **goods**	[gudz] 굿즈 명 물건, 상품, 재산
□ **gorgeous**	[gɔ́:rdʒəs] 고-저스 형 화려한, 멋진
■ **govern**	[gʌ́vərn] 거번 타 통치하다, 다스리다, 관리하다
□ **government**	[gʌ́vərnmənt] 거번먼트 명 정치, 정부
□ **governor**	[gʌ́vərnər] 거버너 명 주지사, 총독, 장관, 총재
□ **grab**	[græb] 그래브 타 움켜잡다, 붙잡다
■ **grade**	[greid] 그레이드 명 등급, 학년, 점수(=mark)
■ **gradual**	[grǽdʒuəl] 그래주얼 형 점진적인
□ **gradually**	[grǽdʒuəli] 그래주얼리 부 점차적으로, 서서히

- **graduate** [grǽdʒuèit] 그래주에잇
  명 졸업생 자타 졸업하다

- **graduation ceremony** [grædʒuéiʃənsérəməni] 그래주에이션세러머니
  명 졸업식

- **grain** [grein] 그레인
  명 곡물, 낟알

- **gram** [græm] 그램
  명 그램 (무게 단위)

- **grammar** [grǽmər] 그래머
  명 문법, 문법책

- **grand** [grænd] 그랜드
  형 웅장한, 화려한

- **grandfather** [grǽndfɑ̀:ðər] 그랜드파-더
  명 할아버지, 조부 (=grandpa)

- **grandmother** [grǽndmʌ̀ðər] 그랜드머더
  명 할머니, 조모 (=grandma)

- **grandparent** [grǽndpɛ̀ərənt] 그랜드페어런트
  명 조부모

- **grant** [grænt] 그랜트
  타 들어주다, 허락[인정]하다, 수여하다

■ **grape**	[greip] 그레이프 명 포도, 포도나무	
□ **grasp**	[græsp] 그래스프 타 자 붙잡다, 이해하다 명 파악, 이해	
■ **grass**	[græs] 그래스 명 풀, 초원, 잔디	
■ **grateful**	[gréitfəl] 그레이트펄 형 감사하고 있는, 고마워하는	
□ **gratitude**	[grǽtətjùːd] 그래터튜-드 명 감사	
□ **grave**	[greiv] 그레이브 형 중대한, 근엄한 명 무덤, 묘비	
□ **gravitation**	[grævətéiʃən] 그래버테이션 명 중력, 인력	
□ **gravity**	[grǽvəti] 그래버티 명 진지함, 인력, 중력	
■ **gray**	[grei] 그레이 형 회색의 명 회색	
■ **great**	[greit] 그레이트 형 위대한, 훌륭한, 큰, 중요한	

영한 단어 | **179**

□ **greatly**	[gréitli] 그레이틀리 튀 크게, 대단히, 위대하게
□ **greed**	[gri:d] 그리-드 명 탐욕, 욕심
□ **greedy**	[grí:di] 그리-디 형 욕심 많은, 탐욕스러운
■ **green**	[gri:n] 그린- 형 녹색의, 익지 않은 명 녹색, 잔디밭
□ **greenhouse**	[grí:nhàus] 그린-하우스 명 온실
■ **greet**	[gri:t] 그리-트 타 인사하다, 들리다
□ **greeting**	[grí:tiŋ] 그리-팅 명 인사, 축하
□ **grew**	[gru:] 그루- 타 grow의 과거형
□ **grief**	[gri:f] 그리-프 명 큰 슬픔(=sorrow), 비탄
□ **grip**	[grip] 그립 타 단단히 붙잡다 명 꽉 쥐기, 손잡이

☐ **grocer**	[gróusər] 그로우서	몡 식료품 상인, 식료 잡화상
■ **grocery**	[gróusəri] 그로우서리	몡 식료 잡화류, 식품점
■ **ground**	[graund] 그라운드	몡 땅, 운동장
☐ **group**	[gru:p] 그루-프	몡 그룹, 무리 타 자 모으다
■ **grow**	[grou] 그로우 ❀ grow-grew-grown	타 자 성장하다, 기르다, ~이 되다
☐ **growth**	[grouθ] 그로우스	몡 성장, 발전
☐ **grudge**	[grʌdʒ] 그러지	타 아까워하다, ~하기를 싫어하다
☐ **grumble**	[grʌ́mbəl] 그럼블	타 불평하다, 투덜대다
☐ **guarantee**	[gæ̀rəntíː] 개런티-	타 보증하다 몡 보증
■ **guard**	[ga:rd] 가-드	몡 수위, 경호인 타 보호하다

■ **guess**	[ges] 게스 타 추측하다, 생각하다 명 추측
■ **guest**	[gest] 게스트 명 손님, 내빈
□ **guidance**	[gáidns] 가이든스 명 안내, 지도
■ **guide**	[gaid] 가이드 명 안내자 (=lead) 타 안내하다
□ **guilt**	[gilt] 길트 명 유죄(↔innocence 무죄)
■ **guilty**	[gílti] 길티 형 유죄의(↔innocent 무죄의), 간악한
■ **guitar**	[gitá:r] 기타- 명 기타 [guitarist 기타 연주가]
■ **gun**	[gʌn] 건 명 대포, 총
□ **guy**	[gai] 가이 명 남자, 사람, 녀석, 놈
■ **gym**	[dʒim] 짐 명 체육관(=gymnasium), 체육

ENGLISH KOREAN WORDS DICTIONARY

- **habit**
  [hǽbit] 해빗
  명 습관, 버릇, 기질

- **hair**
  [hɛər] 헤어
  명 털, 머리카락

- **half**
  [hæf] 해프
  명 절반, 30분 형 절반의 부 반쯤

- **hall**
  [hɔ:l] 홀-
  명 집회장, 회관, 현관

- **halt**
  [hɔ:lt] 홀-트
  자 정지하다, 멈춰서다(=stop) 명 정지

- **hamburger**
  [hǽmbə̀:rgər] 햄버-거
  명 햄버거

- **hammer**
  [hǽmər] 해머
  명 해머, (쇠)망치

- **hand**
  [hænd] 핸드
  명 손, 일손 타 건네주다, 주다(=give)

- **handbag**
  [hǽndbæ̀g] 핸드배그
  명 핸드백, (여성용) 손가방

☐ **handicap**	[hǽndikæ̀p] 핸디캡 명 핸디캡, 불리한 조건	
■ **handkerchief**	[hǽŋkərtʃif] 행커치프 명 손수건	
■ **handle**	[hǽndl] 핸들 명 손잡이, 핸들 타 다루다	
☐ **handshake**	[hǽndʃèik] 핸드셰이크 명 악수 자 악수하다	
■ **handsome**	[hǽnsəm] 핸섬 형 잘생긴, 멋진, 미남인	
☐ **handy**	[hǽndi] 핸디 형 다루기 쉬운, 편리한, 솜씨 좋은	
■ **hang**	[hæŋ] 행 활 hang-hung-hung 타 자 걸다, 매달다	
■ **happen**	[hǽpən] 해편 자 일어나다, 생기다, 마침 ~하다	
☐ **happily**	[hǽpili] 해필리 부 행복하게, 즐겁게, 운 좋게	
☐ **happiness**	[hǽpinis] 해피니스 명 행복, 행운	

- **happy** [hǽpi] 해피
  형 행복한, 행운의, 기쁜

- **harbor** [háːrbər] 하-버
  명 항구

- **hard** [haːrd] 하-드
  형 굳은, 어려운 부 열심히, 몹시

- **hardly** [háːrdili] 하-딜리
  부 거의 ~않다

- **hardship** [háːrdʃip] 하-드쉽
  명 고난(=suffering), 곤경(=distress)

- **hardy** [háːrdi] 하-디
  형 튼튼한, 강건한

- **harm** [haːrm] 함-
  명 해악, 손해 타 해치다

- **harmful** [háːrmfəl] 함-펄
  형 해로운

- **harmony** [háːrməni] 하-머니
  명 조화, 화합, 일치

- **harsh** [haːrʃ] 하-시
  형 거친, 가혹한, 귀에 거슬리는

- **harvest** [háːrvist] 하-비스트
  명 수확물 타 거두어들이다

- **haste** [heist] 헤이스트
  명 급함, 서두름

- **hasten** [héisn] 헤이슨
  타 재촉하다 자 서두르다

- **hastily** [héistili] 헤이스틸리
  부 급히, 서둘러서, 바삐

- **hat** [hæt] 햇
  명 모자

- **hate** [heit] 헤이트
  타 미워하다, 증오하다 명 미움, 증오

- **hatred** [héitrid] 헤이트리드
  명 증오, 몹시 싫음

- **haughty** [hɔ́ːti] 호-티
  형 거만한, 건방진

- **haunt** [hɔːnt] 혼-트
  타 자주가다, 늘 따라다니다

- **have** [hæv] 해브
  타 가지고 있다, 먹다, 얻다, 받다

□ **haven**	[héivən] 헤이븐 명 항구, 피난처, 안식처	
□ **hawk**	[hɔ:k] 호-크 명 매	
□ **hay**	[hei] 헤이 명 건초, 풀	
□ **hazard**	[hǽzərd] 해저드 명 위험, 우연 타 위험을 무릅쓰다	
□ **he**	[hi:] 하- 대 그는, 그가	
■ **head**	[hed] 헤드 자 앞장서다, 나아가다 명 우두머리, 머리수	
□ **headache**	[hédèik] 헤데이크 명 두통, 고민	
□ **headline**	[hédlàin] 헤드라인 명 표제	
□ **headquarters**	[hédkwɔ̀:rtərz] 헤드쿼-터즈 명 본부, (군대) 사령부, 본사	
□ **heal**	[hi:l] 힐- 타 치유하다, 낫다, 고치다	

- **health** [helθ] 헬스
  명 건강, 보건

- **healthy** [hélθi] 헬시
  형 건강한, 건강에 좋은

- **heap** [hi:p] 히-프
  명 (쌓아올린) 더미, 다수, 다량

- **hear** [hiər] 히어 활 hear-heard-heard
  타 듣다, 들리다

- **hearing** [híəriŋ] 히(어)링
  명 청각, 청력, 듣기, 청취(력)

- **heart** [ha:rt] 하-트
  명 심장, 마음

- **heat** [hi:t] 히-트
  명 열, 더위, 열기 타 가열하다

- **heathen** [hí:ðən] 히-던
  명 이교도, 이방인 형 이교의

- **heaven** [hévən] 헤번
  명 하늘, 천국(↔hell 지옥)

- **heavily** [hévili] 헤빌리
  부 무겁게, 힘겹게, 몹시, 짙게

■ heavy	[hévi] 헤비	형 무거운, 대량의, 격렬한
□ heed	[hi:d] 히-드	명 주의 타 주의하다
■ heel	[hi:l] 힐-	명 뒤꿈치, 뒤축
■ height	[hait] 하이트	명 높이, 신장, 고지, 절정
□ heir	[εər] 에어	명 상속인, 후계자
■ helicopter	[hélikàptər] 헬리캅터	명 헬리콥터
■ hell	[hel] 헬	명 지옥(↔heaven 천국)
■ hello	[helóu] 헬로우	감 안녕하세요, 여보세요 명 인사말
■ helmet	[hélmit] 헬밋	명 헬멧, 철모, 투구, 안전모
■ help	[help] 헬프	타자 삼가다, 돕다 명 도움

□ **helpful**	[hélpfəl] 헬프펄 형 도움이 되는, 유용한
□ **helpless**	[hélplis] 헬플리스 형 무력한, 도움이 없는
■ **hen**	[hen] 헨 명 암탉
■ **here**	[hiər] 히어 부 여기에, 여기서, 자
□ **heredity**	[hirédəti] 히레더티 명 유전
□ **heritage**	[héritidʒ] 헤리티지 명 유산
■ **hero**	[híːrou] 히-로우 명 영웅, 용사, (소설·극 등의) 주인공
□ **heroic**	[hiróuik] 히로우익 형 영웅의, 용맹스러운
■ **hesitate**	[hézətèit] 헤저테이트 타 주저하다, 망설이다
■ **hi**	[hai] 하이 감 야아(주의를 끄는 말), 안녕

□ **hibernate**	[háibərnèit] 하이버네이트 타 동면하다, 겨울을 지내다	
□ **hidden**	[hídn] 히든 형 감추어진, 숨겨진, 비밀의	
■ **hide**	[haid] 하이드　활 hide-hid-hidden 타 자 감추다, 숨기다, 숨다	
□ **hideous**	[hídiəs] 히디어스 형 무서운, 섬뜩한	
■ **high**	[hai] 하이 형 높은, 높이가 ~인　부 높이, 높게	
□ **higher**	[háiər] 하이어 형 고등한, 보다 높은　부 보다 높게	
□ **highly**	[háili] 하일리 부 높이, 대단히, (평가가) 높게	
□ **highschool**	[haiskuːl] 하이스쿨- 명 하이스쿨, 고등학교	
□ **highway**	[háiwèi] 하이웨이 명 간선도로, 공도, 하이웨이	
□ **hike**	[haik] 하이크 자 도보 여행하다　명 도보 여행	

영한 단어 | **191**

□ **hiking**	[háikiŋ] 하이킹 명 하이킹, 도보 여행	
■ **hill**	[hil] 힐 명 언덕, 고개	
□ **hindrance**	[híndrəns] 힌드런스 명 방해	
□ **hint**	[hint] 힌트 명 힌트, 암시	
■ **hip**	[hip] 힙 명 엉덩이, 히프	
■ **hire**	[háiər] 하이어 명 고용, 사용료 타 고용하다, 임대하다	
□ **historian**	[histɔ́:riən] 히스**토**-리언 명 역사가	
□ **historical**	[histɔ́(:)rikəl] 히스**토**-리컬 형 역사(상)의, 역사적인	
■ **history**	[hístəri] **히**스터리 명 역사, 경력	
■ **hit**	[hit] 힛 활 hit-hit-hit 타 자 치다, 때리다 명 타격, 적중	

- **hobby**
  [hábi] 하비
  명 취미

- **hockey**
  [háki] 하키
  명 하키

- **hold**
  [hould] 호울드   활 hold-held-held
  타 쥐다, 개최하다

- **hole**
  [houl] 호울
  명 구멍, 구덩이

- **holiday**
  [hálədèi] 할러데이
  명 휴일, 휴가

- **hollow**
  [hálou] 할로우
  형 속이 빈, 우묵한

- **holy**
  [hóuli] 호울리
  형 신성한

- **homage**
  [hɔ́midʒ] 호미지
  명 경의

- **home**
  [houm] 호움
  명 가정, 중심지

- **homesick**
  [hóumsìk] 호움식
  형 고향을 그리워하는, 향수병의

□ **hometown**	[hóumtàun] 호움타운 명 고향, 출생지
□ **homework**	[hóumwə̀ːrk] 호움워-크 명 숙제
■ **honest**	[ánist] 아니스트 형 정직한(↔dishonest), 성실한
□ **honesty**	[ɔ́nisti] 오니스티 명 정직, 성실
■ **honey**	[hʌ́ni] 허니 명 벌꿀, 꿀, 귀여운 사람
■ **honor**	[ánər] 아너 명 명예, 경의 타 존경하다
□ **honorable**	[ánərəbəl] 아너러블 형 명예로운, 존경할 만한, 훌륭한
■ **hook**	[huk] 훅 명 갈고리, 걸쇠 타 갈고리로 걸다
■ **hop**	[hap] 합 타 뛰다, 깡충 뛰다 명 한 발로 뛰기
■ **hope**	[houp] 호우프 자 바라다, 희망하다 명 희망, 기대

□ hopeful	[hóupfəl] 호우프펄 형 희망이 있는, 전도유망한
□ hopeless	[hóuplis] 호우플리스 형 희망 없는, 가망 없는, 절망적인
■ horizon	[həráizən] 허라이즌 명 수평선, 지평선
■ horn	[hɔːrn] 혼- 명 뿔나팔, 경적
■ horrible	[hɔ́ːrəbəl] 호-러블 형 무서운, 끔찍한
□ horror	[hɔ́ːrər] 호-러 명 공포
■ horse	[hɔːrs] 호-스 명 말, (성장한) 수말
■ hose	[houz] 호우즈 명 (수도의) 호스
■ hospital	[háspitl] 하스피틀 명 병원
□ hospitality	[hàspitǽləti] 하스피탤러티 명 환대

■ **host**	[houst] 호우스트 명 주인(↔hostess 여주인), 호스트
□ **hostess**	[hóustis] 호우스티스 명 여주인, 호스티스
■ **hostile**	[hástil] 하스틸 형 적의, 적국의, 적의 있는, 적대하는
□ **hostility**	[hástíləti] 하스틸러티 명 적의, 적개심
■ **hot**	[hɑt] 핫 형 더운, 뜨거운, 매운
□ **hotel**	[houtél] 호우텔 명 호텔, 여관
■ **hour**	[áuər] 아우어 명 시간, 시각
■ **house**	[haus] 하우스 명 집, (특정의) 건물, 의원, 의사당
□ **houseboat**	[háusbòut] 하우스보우트 명 집배, (숙박 설비가 된) 요트
□ **housekeeping**	[háuskì:piŋ] 하우스키-핑 명 가사, 살림살이, 가정 형 가정의

□ **housewife**	[háuswàif] 하우스와이프 명 주부
■ **how**	[hau] 하우 부 어떻게, 얼마만큼, 어떤 상태로
■ **however**	[hauévər] 하우에버 부 아무리 ~하더라도 접 그렇지만
□ **howl**	[haul] 하울 자 짖다, 울부짖다 명 짖는 소리
■ **huge**	[hju:dʒ] 휴-지 형 거대한(↔tiny 작은), 막대한
■ **human**	[hjú:mən] 휴-먼 형 인간의, 인간다운
□ **humanity**	[hju:mǽnəti] 휴-매너티 명 인간성, 인류, 인간
□ **humble**	[hʌ́mbəl] 험블 형 겸손한, 하찮은
□ **humld**	[hjú:mid] 휴-미드 형 습기 있는, 눅눅한(=wet)
□ **humidity**	[hju:mídəti] 휴-미더티 명 습기, 습도, 습도가 높아 불쾌한 상태

□ **humiliate**	[hju:mílièit] 휴-밀리에이트 타 창피를 주다, 모욕하다
■ **humor**	[hjú:mər] 휴-머/유-머 명 유머, 익살, 기분, 기질
□ **hundred**	[hʌ́ndrəd] 헌드러드 명 100, 100명[개] 형 100의
□ **hunger**	[hʌ́ŋgər] 헝거 명 공복, 배고픔
■ **hungry**	[hʌ́ŋgri] 헝그리 형 갈망하는, 배고픈(↔full), 굶주림
□ **hunt**	[hʌnt] 헌트 자 사냥하다, 추적하다, 수렵하다
□ **hunter**	[hʌ́ntər] 헌터 명 사냥꾼
□ **hurrah**	[hərɔ́:] 허로- 감 만세
■ **hurry**	[hə́:ri] 허-리 자타 서두르다, 재촉하다 명 서두름
■ **hurt**	[hə:rt] 허-트 활 hurt-hurt-hurt 타자 상처를 입히다 명 상처, 고통

■ **husband**	[hʌ́zbənd] 허즈번드 명 남편	
□ **hut**	[hʌt] 허트 명 오두막집	
□ **hydrogen**	[háidrədʒən] 하이드러전 명 수소	
□ **hygiene**	[háidʒiːn] 하이-진 명 위생	
□ **hygrometer**	[haigrάmitər] 하이그라미터 명 습도계	
□ **hymnary**	[hímnəri] 힘너리 명 찬송가집, 성가집	
□ **hypocrisy**	[hipɔ́krəsi] 히포크러시 명 위선	
□ **hypothesis**	[haipɔ́θəsis] 하이포서시스 명 가설	
□ **hysteria**	[histíəriə] 히스티어리어 명 히스테리, 병적 흥분	
□ **hysterical**	[histérikəl] 하이포서시스 형 히스테리의, 히스테리에 걸린	

I

ENGLISH KOREAN WORDS DICTIONARY

- □ **I**
  [ai] 아이
  대 나는, 내가

- ■ **ice**
  [ais] 아이스
  명 얼음, 빙판 타 얼리다

- □ **iceberg**
  [áisbə:rg] 아이스버-그
  명 빙산

- □ **icy**
  [áisi] 아이시
  형 얼음의, 얼음 같은, 쌀쌀한

- □ **idea**
  [aidí:ə] 아이디-어
  명 생각, 이념 형 이상주의의

- □ **idealist**
  [aidí:əlist] 아이디-얼리스트
  형 이상주의적인, 관념론적인

- □ **identify**
  [aidéntəfài] 아이덴터파이
  타 확인하다, 분별하다, 동일시하다

- ■ **identity**
  [aidéntəti] 아이덴터티
  명 정체, 주체성

- □ **idiom**
  [ídiəm] 이디엄
  명 관용구, 숙어

■ **idle**	[áidl] 아이들 형 게으른(↔diligent) 자 빈둥대다.	
□ **if**	[if] 이프 접 만약~이라면, ~인지(아닌지)	
□ **ignoble**	[ignóubəl] 이그노블 형 천한, 비열한	
□ **ignorance**	[ígnərəns] 이그너런스 명 무지	
■ **ignore**	[ignɔ́ːr] 이그노- 타 무시하다, 묵살하다	
■ **ill**	[il] 일 형 병든(↔well), 나쁜 부 나쁘게	
□ **illness**	[ílnis] 일니스 명 병, 앓음 (=sickness)	
□ **illustrate**	[íləstrèit] 일러스트레이트 타 예증하다, 설명하다, 그림(삽화)을 넣다	
■ **image**	[ímidʒ] 이미지 명 상, 형태, 영상, 인상, 이미지	
□ **imagination**	[imædʒənéiʃən] 이매저네이션 명 상상(력), 상상의 산물	

영한 단어 | **201**

- **imagine** [imǽdʒin] 이매진
  타 상상하다, 생각하다

- **imitation** [ìmitéiʃən] 이미테이션
  명 모방, 모조품(=fake)

- **immediate** [imíːdiit] 이미-디잇
  형 즉각의, 직접의, 당면한, 인접한

- **immediately** [imíːdiitli] 이미-디이틀리
  부 곧, 즉시

- **immemorial** [ìmimɔ́ːriəl] 이미모-리얼
  형 태고의, 먼 옛날의

- **immense** [iméns] 이멘스
  형 막대한

- **immigrant** [ímigrənt] 이미그런트
  명 이민(↔emigrant), 이주자, 외래 동물

- **impatient** [impéiʃənt] 임페이션트
  형 성급한, 참을성 없는

- **imperative** [impérətiv] 임페러티브
  형 명령적인, 긴급한

- **imperial** [impíəriəl] 임피어리얼
  형 제국의, 황제의, 훌륭한

□ **implement**	[ímpləmənt] 임플러먼트	명 기구, 도구
□ **implore**	[implɔ́ːr] 임플로-	타 애원하다, 탄원하다
□ **imply**	[implái] 임플라이	타 의미하다, 암시하다
■ **import**	[impɔ́ːrt] 임포-트	타 수입하다 명 수입(↔export 수출)
□ **importance**	[impɔ́ːrtəns] 임포-튼스	명 중요성, 중대성
■ **important**	[impɔ́ːrtənt] 임포-턴트	형 중요한, 유력한
□ **impose**	[impóuz] 임포우즈	타 부과하다, 강요하다
□ **impossible**	[impásəbəl] 임파서블	형 불가능한(↔possible)
□ **impoverish**	[impávəriʃ] 임포버리쉬	타 가난하게 하다, 쇠약하게 하다, 피폐하게 하다
■ **impress**	[imprés] 임프레스	타 ~에게 감명을 주다, 인상을 주다

□ **impression**	[impréʃən] 임프레션 명 인상, 감명, (막연한)느낌
□ **impressive**	[imprésiv] 임프레시브 형 인상에 남는, 감동적인
■ **improve**	[imprúːv] 임프루-브 타 자 개선하다, 진보하다
□ **improvement**	[imprúːvmənt] 임프루-브먼트 명 개량, 개선, 향상, 진보
□ **imprudent**	[imprúːdənt] 임프루-던트 형 뻔뻔스러운, 염치없는, 경솔한
□ **impulse**	[ímpʌls] 임펄스 명 충동, 충격, 추진력
□ **in**	[in] 인 전 ~안에서, ~안으로
□ **inability**	[ìnəbíləti] 이너빌러티 명 무능, 무력
□ **inborn**	[ínbɔ́ːrn] 인본- 형 타고난, 선천적인
□ **incessant**	[insésənt] 인세슨트 형 끊임없는, 간단없는

□ **incident**	[ínsədənt] 인서던트 명 사건, 일
□ **incline**	[inkláin] 인클라인 타자 내키게 하다, 기울이다, 기울다
■ **include**	[inklú:d] 인클루-드 타 포함하다(↔exclude), 계산하다
□ **including**	[inklú:diŋ] 인클루-딩 전 ~을 포함하여, ~을 넣어서
■ **income**	[ínkʌm] 인컴 명 수입(↔outgo), 소득(↔expenditure)
□ **inconvenient**	[ìnkənví:njənt] 인컨비-니언트 형 불편한, 부자유스러운
■ **increase**	[inkrí:s] 인크리-스 타자 늘다, 증가하다(↔decrease) 명 증가
□ **increasing**	[inkrí:siŋ] 인크리-싱 형 점점 증가하는
□ **incurable**	[inkjúərəbəl] 인큐어러블 형 고칠수 없는, 불치의
□ **indebted**	[indétid] 인데티드 형 은혜를 입고 있는, 부채가 있는

■ **indeed**	[indíːd] 인디-드 튀 실로, 참으로, 과연 갑 저런, 설마
□ **independence**	[ìndipéndəns] 인디펜던스 명 독립심
■ **independent**	[ìndipéndənt] 인디펜던트 형 독립한(↔dependent 의지하는)
■ **index**	[índeks] 인덱스 명 색인, 찾아보기 타 색인을 달다
■ **indicate**	[índikèit] 인디케이트 타 가리키다, 지적하다
□ **indifference**	[indífərəns] 인디퍼런스 명 무관심, 냉담(↔ interest 관심)
□ **indifferent**	[indífərənt] 인디퍼런트 형 무관심한 명 무관심한 사람
□ **indignation**	[ìndignéiʃən] 인디그네이션 명 분개, 분노
□ **indirect**	[ìndirékt] 인디렉트 형 간접의, 우회적인, 에두른
□ **indispensable**	[ìndispénsəbəl] 인디스펜서블 형 없어서는 안 되는(=necessary)

□ **individual**	[ìndəvídʒuəl] 인더비주얼 형 개인적인, 개개의 명 개인
■ **indolent**	[índələnt] 인덜런트 형 게으른, 나태한
■ **indoor**	[índɔ:r] 인도- 형 실내의(↔outdoor 실외의)
□ **induce**	[indjú:s] 인듀-스 타 권유하다(↔deduce), 야기하다
□ **indulge**	[indʌ́ldʒ] 인덜지 타 탐닉하다, 만족시키다
□ **industrial**	[indʌ́striəl] 인더스트리얼 형 공업의, 산업의
■ **industry**	[índəstri] 인더스트리 명 산업, 근로, 근면 형 산업의
□ **inevitable**	[inévitəbəl] 이네비터블 형 피할수 없는, 필연적인
□ **infancy**	[ínfənsi] 인펀시 명 유년시대, 초기
□ **infect**	[infékt] 인펙트 타 전염시키다, 감염시키다

■ **inferior**	[infíəriər] 인**피**어리어	
	형 하급의(↔superior), 열등한 명 하급자	
□ **infinite**	[ínfənit] **인**퍼니트	
	형 무한의	
□ **inflict**	[inflíkt] 인플**릭**트	
	타 (형벌, 고통, 손해를)주다, 입히다	
■ **influence**	[ínfluəns] **인**플루언스	
	타 영향을 끼치다(=affect) 명 영향, 세력	
■ **inform**	[infɔ́ːrm] 인**폼**-	
	타 알리다, 통지하다, 고하다	
■ **informal**	[infɔ́ːrməl] 인**포**-멀	
	형 비공식의, 격식 없는, 스스럼없는	
□ **information**	[ìnfərméiʃən] **인**퍼**메**이션	
	명 정보, 지식, 통지	
□ **ingenious**	[indʒíːnjəs] 인**자**-니어스	
	형 교묘한, 발명의 재능이 있는	
□ **inhabit**	[inhǽbit] 인**해**비트	
	타 ~에 살다, 거주하다(=dwell in)	
□ **inhabitant**	[inhǽbətənt] 인**해**버턴트	
	명 주민, 거주자	

□ **inherent**	[inhíərənt] 인히어런트 형 타고난, 고유의
□ **inherit**	[inhérit] 인헤리트 타 자 상속하다, 유전하다
□ **initial**	[iníʃəl] 이니셜 명 머리글자 형 처음의, 최초의
□ **injection**	[indʒékʃən] 인젝션 명 주사(액)
■ **injure**	[índʒər] 인저 타 상처를 입히다, (감정 등을) 해치다
□ **injury**	[índʒəri] 인저리 명 부상, 상처, 손해
■ **inn**	[in] 인 명 여인숙, 여관
□ **inner**	[ínər] 이너 형 안의(↔outer 밖의), 내부의
□ **inning**	[íniŋ] 이닝 명 회(回), 차례
□ **innocent**	[ínəsnt] 이너슨트 형 순결한, 결백한(=pure), 무죄의

☐ **innumerable**	[injúːmərəbəl] 이뉴-머러블 형 무수한
☐ **inquire**	[inkwáiər] 인콰이어 타 묻다, 문의하다
■ **insect**	[ínsekt] 인섹트 명 곤충, 벌레 형 곤충(용)의
■ **inside**	[insáid] 인사이드 명 안쪽(↔outside) 형 내부의 부 안쪽에
☐ **insight**	[ínsàit] 인사이트 명 통찰, 통찰력
☐ **insignificant**	[ìnsignífikənt] 인시그니픽컨트 형 무의미한, 하찮은(↔ significant)
■ **insist**	[insíst] 인시스트 타 자 주장하다, 요구하다, 우기다
☐ **insolent**	[ínsələnt] 인설런트 형 오만한, 무례한
☐ **inspect**	[inspékt] 인스펙트 타 검사하다, 조사하다
☐ **inspiration**	[ìnspəréiʃən] 인스퍼레이션 명 영감, 고취

- **install** [instɔ́ːl] 인스톨-
  티 장치하다, 취임하다, 임명하다

- **instance** [ínstəns] 인스턴스
  명 사례, 예증, 실례(=example)

- **instant** [ínstənt] 인스턴트
  명 순간, 즉시 형 즉시의, 긴급한

- **instead** [instéd] 인스테드
  부 그 대신에

- **instinct** [ínstiŋkt] 인스팅(크)트
  명 본능, 직감 형 넘치는, 가득찬

- **institute** [ínstətjùːt] 인스터튜-트
  명 회, 학회, 협회, 연구소

- **institution** [ìnstətjúːʃən] 인스터튜-션
  명 학회, 공공시설, 제도, 관례

- **instruction** [instrʌ́kʃən] 인스트럭션
  명 가르침, 교훈, 훈령, 지시

- **instructIve** [instrʌ́ktiv] 인스트럭티브
  형 교훈적인, 유익한

- **instrument** [ínstrəmənt] 인스트러먼트
  명 기구, 도구, 기계, 악기

■ insult	[insʌlt] 인설트 卧 모욕하다, 창피를 주다 명 모욕
□ insurance	[inʃúərəns] 인슈어런스 명 보험, 보증
□ integrity	[intégrəti] 인테그러티 명 성실, 정직
□ intellect	[íntəlèkt] 인털렉트 명 지성, 지능
□ intellectual	[intəléktʃuəl] 인털렉추얼 형 지성의, 지적인 명 지식인
□ intelligence	[intélədʒəns] 인텔러전스 명 지능, 이해력, 정보, 정보기관
■ intelligent	[intélədʒənt] 인텔러전트 형 지능이 높은, 머리가 좋은
■ intend	[inténd] 인텐드 卧 ~할 작정이다, 의도하다
□ intense	[inténs] 인텐스 형 강렬한, 격렬한, 맹렬한
■ intensive	[inténsiv] 인텐시브 형 집중적인, 철저한, 강한

☐ **intent**	[intént] 인텐트 형 열중한 명 의지
☐ **intention**	[inténʃən] 인텐션 명 의향, 의지, 의도
☐ **intercourse**	[íntərkɔ́ːrs] 인터코-스 명 교제, 왕래
■ **interest**	[íntərist] 인터리스트 명 이익, 흥미 타 흥미를 일으키다
☐ **interested**	[íntəristid] 인터리스티드 형 흥미를 가지고 있는, 관심이 있는
☐ **interesting**	[íntəristiŋ] 인터리스팅 형 재미있는, 흥미진진한
☐ **interfere**	[ìntərfíər] 인터피어 자 간섭하다 타 방해하다
☐ **interior**	[intíəriər] 인티어리어 형 내부의(↔exterior), 실내의 명 내부
■ **international**	[ìntərnǽʃənəl] 인터내셔널 형 국제적인, 국가간의
■ **Internet**	[íntərnèt] 인터넷 명 인터넷

☐ **interpret**	[intə́ːrprit] 인터-프릿 타 해석하다, 통역하다 자 통역하다	
■ **interrupt**	[ìntərʌ́pt] 인터럽트 타 방해하다, 중단하다 명 일시정지	
■ **interval**	[íntərvəl] 인터벌 명 간격, 거리	
☐ **interview**	[íntərvjùː] 인터뷰- 명 회견, 면담, 면접 타 회견[면접]하다	
☐ **intimate**	[íntəmit] 인터미트 형 친밀한(=familiar), 자세한	
☐ **intoxicate**	[intɔ́ksikèit] 인톡시케이트 타 취하게 하다	
☐ **intricate**	[íntrəkit] 인트리키트 형 뒤얽힌, 복잡한	
■ **introduce**	[ìntrədjúːs] 인트러듀-스 타 소개하다, 도입하다	
☐ **introduction**	[ìntrədʌ́kʃən] 인트러덕션 명 소개, 서론, 머리말, 입문(서)	
☐ **intrude**	[intrúːd] 인트루-드 자 침입하다, 밀어넣다, 끼어들다	

□ **invade**	[invéid] 인베이드 타 침략하다, 침해하다	
□ **invader**	[invéidər] 인베이더 명 침입자	
□ **invalid**	[ínvəli:d] 인벌리-드 형 허약한 명 병자	
■ **invent**	[invént] 인벤트 타 발명하다, 고안하다 명 발명	
□ **invention**	[invénʃən] 인벤션 명 발명, 발명품	
□ **invert**	[invə́:rt] 인버-트 타 ~을 거꾸로 하다, 뒤집다	
□ **invest**	[invést] 인베스트 타 투자하다, 부여하다	
■ **investigate**	[invéstəgèit] 인베스터게이트 타 조사하다, 수사하다(=examine)	
□ **investigation**	[invèstəgéiʃən] 인베스터게이션 명 조사, 연구	
□ **invitation**	[ìnvətéiʃən] 인버테이션 명 초대, 안내, 초대장	

■ **invite**	[inváit] 인**바**이트 타 초청하다, 초대하다
■ **involve**	[inválv] 인**발**브 타 포함하다, 감싸다
■ **iron**	[áiərn] 아**이**언 명 철, 다리미 형 철의, 강한 타 다림질하다
□ **irregular**	[irégjələr] 이**레**귤러 형 불규칙한, 부정기의
□ **irresistible**	[ìrizístəbəl] 이리**지**스터블 형 억제할 수 없는
□ **irrigation**	[ìrəgéiʃən] 이러**게**이션 명 관개, 물을 끌어들임
■ **irritate**	[irəteit] 이러**테**이트 타 화나게 하다, 안달나게 하다
□ **Islam**	[íslɑːm] 이슬람- 명 이슬람교, 이슬람교도, 이슬람 문화
■ **island**	[áilənd] 아**일**런드 명 섬 형 섬의
□ **isolate**	[áisəlèit] 아이설**레**이트 타 격리시키다, 고립시키다

□ isolation	[àisəléiʃən] 아이설레이션	명 고립, 격리, 분리
■ issue	[íʃuː] 이슈—	명 논쟁 논점 문제 타 발행하다
□ it	[it] 이트	대 그것이, 그것은, 그것을
■ item	[áitəm] 아이텀	명 항목, 조항, 품목
□ iterant	[ítərənt] 이터런트	형 되풀이하는
□ iterative	[ítərèitiv] 이터레이티브	형 반복되는
■ itinerary	[aitínərèri] 아이티너레리	명 여정, 여로
□ itinerate	[aitínərèit] 아이티너레이트	자 순회하다
□ ivory	[áivəri] 아이버리	명 상아, 상아색 형 상아로 된[만든]
□ ivy	[áivi] 아이비	명 담쟁이덩굴

J

ENGLISH KOREAN WORDS DICTIONARY

- **jacket**
  [dʒǽkit] 재킷
  명 웃옷, 재킷, (책·레코드의)재킷

- **jail**
  [dʒeil] 제일
  명 교도소, 감옥, 구치소

- **jailer**
  [dʒéilər] 제일러
  명 교도관

- **jam**
  [dʒæm] 잼
  명 잼 타 잼으로 만들다, 잼을 바르다

- **janitor**
  [dʒǽnətər] 재너터
  명 문지기, 관리인, 청소부

- **January**
  [dʒǽnjuèri] 재뉴에리
  명 1월

- **Japan**
  [dʒəpǽn] 저팬
  명 일본

- **Japanese**
  [dʒæ̀pəníːz] 재퍼니-즈
  형 일본(사람, 말)의 명 일본어[사람]

- **jar**
  [dʒɑːr] 자-
  명 병, 항아리

□ **jazz**	[dʒæz] 재즈 명 재즈, 재즈댄스 형 재즈의
□ **jealousy**	[dʒéləsi] 젤러시 명 질투, 시샘
■ **jean**	[dʒiːn] 진- 명 진, 진[데님] 바지
□ **jest**	[dʒest] 제스트 명 농담, 익살 자 농담을 하다
■ **jet**	[dʒet] 젯 명 분출, 분사, 제트비행기
□ **jewel**	[dʒúːəl] 주-얼 명 보석류, 장신구
■ **jewelry**	[dʒúːəlri] 주-얼리 명 보석류, 보석세공
■ **job**	[dʒɑb] 자브 명 직업, 일
■ **join**	[dʒɔin] 조인 타 결합하다, 자 참가하다
□ **joint**	[dʒɔint] 조인트 명 관절, 마디 형 합동의, 공동의

- **joke** [dʒouk] 조우크
  명 농담 자 농담하다

- **journal** [dʒə́:rnəl] 저-늘
  명 신문, 잡지, 일지, 일기

- **journalist** [dʒə́:rnəlist] 저-널리스트
  명 저널리스트

- **journey** [dʒə́:rni] 저-니
  명 여행(=travel), 여정

- **joy** [dʒɔi] 조이
  명 기쁨, 환희, 즐거움

- **joyful** [dʒɔ́ifəl] 조이펄
  형 기쁜, 기쁨에 찬, 반가운, 즐거운

- **judge** [dʒʌdʒ] 저지
  명 재판관, 판사, 심판 타 재판하다

- **judgment** [dʒʌ́dʒmənt] 저지먼트
  명 재판, 판결, 판단, 판단력

- **juice** [dʒu:s] 주-스
  명 주스, 즙, 액

- **July** [dʒu:lái] 줄-라이
  명 7월

- **jump** [dʒʌmp] 점프
  타 자 뛰(어오르)다, 뛰어넘다 명 도약

- **June** [dʒu:n] 준-
  명 6월

- **jungle** [dʒʌŋgl] 정글
  명 정글, 밀림(지대)

- junior [dʒúːnjər] 주-니어
  명 손아랫사람,, 후배 형 손아래의

- jury [dʒúəri] 주어리
  명 배심, 배심원단

- **just** [dʒʌst] 저스(트)
  부 바로, 틀림없이 형 올바른, 정당한

- justice [dʒʌ́stis] 저스티스
  명 정의, 공정, 공평

- justification [dʒʌ̀stəfikéiʃən] 저스터피케이션
  명 정당화, (정당하다고 하는)변명

- justify [dʒʌ́stəfài] 저스터파이
  타 정당화하다, 변명하다

- jut [dʒʌt] 저트
  명 돌출 타 자 돌출하다

K

ENGLISH KOREAN WORDS DICTIONARY

- **kangaroo**
  [kæ̀ŋgərúː] 캥거루-
  명 캥거루

- **keep**
  [kiːp] 키-프
  타 자 보유하다, 지키다, 두다, 계속하다

- **keeper**
  [kíːpər] 키-퍼
  명 지키는 사람, 파수꾼, (경기) 키퍼

- **keeping**
  [kíːpiŋ] 키-핑
  명 조화, 일치, 보유, 보관

- **kettle**
  [kétl] 케틀
  명 주전자

- **key**
  [kiː] 키-
  명 열쇠, 관문, 실마리, (음악의) 키, 조

- **kick**
  [kik] 킥
  타 차다, 걷어차다 명 차기, 킥

- **kid**
  [kid] 키드
  명 새끼 염소, (구어)아이 자 놀리다

- **kill**
  [kil] 킬
  타 죽이다, 죽다, 헛되이 보내다

- **kind** [kaind] 카인드
  혱 친절한, 상냥한, 인정 있는

- **kindergarten** [kíndərgà:rtn] 킨더가-튼
  몡 유치원

- **kindle** [kíndl] 킨들
  타 불을 붙이다

- **kindly** [káindli] 카인들리
  부 친절하게, 상냥하게

- **kindness** [káindnis] 카인드니스
  몡 친절, 친절한 행위

- **king** [kiŋ] 킹
  몡 왕, 국왕, (~의) 왕

- **kingdom** [kíŋdəm] 킹덤
  몡 왕국, (학문 등의) 분야, ~계

- **kiss** [kis] 키스
  몡 키스, 입맞춤 자 키스하다

- **kitchen** [kítʃən] 키첸
  몡 부엌, 주방, (호텔 등의) 조리부

- **kite** [kait] 카이트
  몡 연, 솔개 자 솔개처럼 빠르게 날다

영한 단어 | **223**

■ **knee**	[ni:] 니- 명 무릎	
□ **kneel**	[ni:l] 닐- 자 무릎 꿇다, 굴복하다	
■ **knife**	[naif] 나이프 명 나이프, 칼, 창칼	
□ **knight**	[nait] 나이트 타 ~에게 기사 작위를 수여하다 명 기사	
□ **knit**	[nit] 닛 타 짜다, 뜨다 자 뜨개질하다	
■ **knock**	[nɑk] 낙 타자 두드리다, 부딪치다 명 노크	
□ **knot**	[nɑt] 낫 명 매듭, 매는 끈, 무리[집단] 타 매다	
■ **know**	[nou] 노우 활 know-knew-known 타자 알다, 분별하다	
□ **knowledge**	[nάlidʒ] 날리지 명 지식, 아는 바, 학식, 이해	
■ **Korean**	[kərí:ən] 커리-언 형 한국의 명 한국어, 한국사람	

L

ENGLISH KOREAN WORDS DICTIONARY

- **label**
  [léibəl] 레이벌
  명 라벨, 꼬리표 타 라벨을 붙이다

- **labor**
  [léibər] 레이버
  명 노동, 노력, 출산 자 일하다

- **laboratory/lab**
  [lǽbərətɔ́:ri/læb] 래버러토-리/랩
  명 실험실, 연습실

- **lack**
  [læk] 랙
  명 부족, 결핍 자 없다, 부족하다

- **lad**
  [læd] 래드
  명 젊은이, 소년, 청년

- **ladder**
  [lǽdər] 래더
  명 사닥다리 자 출세하다

- **lade**
  [leid] 레이드
  타 싣다, 적재하다

- **lady**
  [léidi] 레이디
  명 숙녀

- **lake**
  [leik] 레이크
  명 호수, 연못

■ **lamb**	[læm] 램 명 (동물) 어린양, 유순한 사람
□ **lament**	[ləmént] 러멘트 자 한탄하다, 슬퍼하다
■ **lamp**	[læmp] 램프 명 등불, 램프
□ **land**	[lænd] 랜드 자 하차하다(↔take off), 착륙하다 명 육지
■ **landscape**	[lǽndskèip] 랜드스케이프 명 풍경(=scenery), 경치
□ **language**	[lǽŋgwidʒ] 랭귀지 명 언어
□ **languish**	[lǽŋgwiʃ] 랭귀쉬 자 원기가 없어지다, 시들다
□ **lantern**	[lǽntərn] 랜턴 명 랜턴, 제등
■ **large**	[lɑːrdʒ] 라-지 형 큰, 넓은, (수·양이) 많은
□ **largely**	[lɑ́ːrdʒli] 라-질리 부 대부분, 주로

■ last	[læst] 래스트 형 최후의 부 최후에 자 지속되다 명 최후
□ lasting	[lǽstiŋ] 래스팅 형 영속하는, 영구의
■ late	[leit] 레이트 형 늦은, 지각한, 최근의 부 뒤늦게
□ lately	[léitli] 레이틀리 부 최근, 요즘
□ later	[léitər] 레이터- 형 더 늦은, 더 뒤의 부 뒤에, 나중에
□ latter	[lǽtər] 래터- 형 후자의(↔ former 전자의)
■ laugh	[læf] 래프 자 웃다, 비웃다 명 웃음, 웃음소리
□ laughter	[lǽftər] 래프터- 명 웃음, 웃음소리
□ launch	[lɔːntʃ] 론-치 타 내보내다, 진수하다, 발사하다
■ laundry	[lɑ́ːndri] 란-드리 명 세탁소, 세탁물

영한 단어 | **227**

■ law	[lɔː] 로- 명 법률, 법칙, 규칙
□ lawn	[lɔːn] 론- 명 잔디, 잔디밭
□ lawyer	[lɔ́ːjər] 로-여 명 법률가, 변호사
■ lay	[lei] 레이 타 눕히다, 놓다
□ layer	[léiər] 레이어 명 층
■ lazy	[léizi] 레이지 형 게으른, 나태한, 게으름뱅이의
■ lead	[liːd] 리-드 타|자 인도하다(=guide) 명 선도
□ leader	[líːdər] 리-더 명 지도자
□ leadership	[líːdərʃip] 리-더십 명 지도력, 통솔력
□ leading	[líːdiŋ] 리-딩 형 주요한, 주된, 일류의

□ **leaf**	[liːf] 리-프	명 잎
■ **leak**	[liːk] 리-크	타자 새다, 새어나오다 명 새는 구멍
■ **lean**	[liːn] 린-	자 기대다, 의지하다
□ **leap**	[liːp] 리-프	자 뛰어오르다 타 뛰어넘다 명 도약
■ **learn**	[ləːrn] 런-	타자 배우다, 익히다, 알다, 듣다
□ **learned**	[lə́ːrnid] 러-니드	형 학문이 있는, 박식한
■ **least**	[liːst] 리-스트	형 가장 작은 부 가장 적게 명 최소
□ **leather**	[léðər] 레더	명 (무두질한) 가죽, 가죽제품
■ **leave**	[liːv] 리-브	타자 떠나다, 출발하다, 그만두다 명 휴가
□ **lecture**	[léktʃər] 렉처	명 강의, 설교 타 강의[강연]하다

- **ledge** [ledʒ] 레지
  명 좁은 선반, 바위턱, 암초

- **left** [left] 레프트
  형 왼쪽의 부 왼쪽에 명 왼쪽

- **leg** [leg] 레그
  명 (신체의)다리

- **legacy** [légəsi] 레거시
  명 유산

- **legal** [líɡəl] 리-걸
  형 법률상의(↔illegal 불법의), 합법적인

- **legend** [lédʒənd] 레전드
  명 전설

- **legislation** [lèdʒisléiʃən] 레지슬레이션
  명 법률 제정, 입법행위

- **legitimate** [lidʒítəmit] 리지터미트
  형 합법적인, 정당한

- **leisure** [líːʒər] 리-저
  명 틈, 여가, 한가

- **lemon** [lémən] 레먼
  명 레몬, 레몬나무, 레몬색

- **lend** [lend] 렌드 lend-lent-lent
  타 빌려주다(↔borrow 빌리다), 제공하다

- **length** [leŋkθ] 렝(크)스
  명 길이, 세로

- **lenience** [líːniəns] 리-니언스
  명 관대함, 인자함

- **less** [les] 레스
  형 보다 적은[작은] 부 보다 적게

- **lesson** [lésn] 레슨
  명 학과, 수업, (교과서의)과, 교훈

- **let** [let] 렛
  타 ~시키다, ~하게 하다, 세놓다

- **let** [let] 렛 let-let-let
  타 시키다, 빌리다, 세놓다

- **letter** [létər] 레터
  명 편지, 문자, 글자, 문학, 학문

- **lettuce** [létis] 레티스
  명 상추, 양상추

- **level** [lévəl] 레벌
  명 수준, 수평 형 평평한, 동등한

- **liability** [làiəbíliti] 라이어빌리티
  명 책임, 부담, 의무

- **liable** [láiəbəl] 라이어블
  형 책임이 있는, ~하기 쉬운

- **liberal** [líbərəl] 리버럴
  형 후한, 관대한, 많은, 자유주의의

- **liberty** [líbərti] 리버티
  명 자유(=freedom), 해방

- **library** [láibrèri] 라이브레리
  명 도서관[실], 장서, 서재

- **license** [láisəns] 라이슨스
  명 면허(증), 허가, 인가

- **lick** [lik] 릭
  타 핥다 자 날름거리다 명 핥기

- **lid** [lid] 리드
  명 뚜껑, 눈꺼풀

- **lie** [lai] 라이
  자 눕다, 드러눕다, 놓여 있다, 위치하다

- **life** [laif] 라이프
  명 생명, 일생, 인생, 생활

■ **lift**	[lift] 리프트 타 들어올리다, 들다 명 (들어)올리기	
■ **light**	[lait] 라이트 명 빛, 불빛 타 밝게 하다 형 밝은	
□ **lightly**	[láitli] 라이틀리 부 가볍게, 살짝, 경솔하게	
□ **like**	[laik] 라이크 타 좋아하다 전 ~같이, ~처럼	
□ **likely**	[láikli] 라이클리 형 있음직한, ~할 것 같은 부 아마	
■ **limit**	[límit] 리밋 명 한계, 범위 타 한정[제한]하다	
□ **line**	[lain] 라인 명 선, 열, 줄	
■ **link**	[liŋk] 링크 명 고리, 연결 타 잇다 자 연결되다	
□ **lion**	[láiən] 라이언 명 사자	
■ **lip**	[lip] 립 명 입술	

- **liquid**
  [líkwid] 리퀴드
  명 액체 형 액체의(↔solid), 투명한

- liquor
  [líkər] 리커
  명 주류, 술, 알코올 음료

- **list**
  [list] 리스트
  명 목록, 명부

- **listen**
  [lísən] 리슨
  자 귀를 기울이다, 듣다

- listener
  [lísnər] 리스너
  명 경청자, (라디오의)청취자

- literary
  [lítərèri] 리터레리
  형 문학의, 문예의, 문어의

- literate
  [lítərit] 리터리트 명 글을 읽고 쓸줄 아는 (사람), (특정 분야에 관해)지식이 있는

- **literature**
  [lítərətʃər] 리터러처
  명 문학, 문헌

- **little**
  [lítl] 리틀
  형 작은[적은], 어린 부 조금, 거의

- **live**
  [liv] 리브
  타 자 살다, 생활하다 형 살아 있는

☐ **livelihood**	[láivlihùd] 라이블리후드 명 생계, 살림	
☐ **lively**	[láivli] 라이블리 형 생기있는, 활기찬, 활발한	
☐ **living**	[líviŋ] 리빙 형 살아있는, 생활의 명 생활, 생계	
☐ **livingroom**	[líviŋruːm] 리빙룸- 명 거실	
■ **load**	[loud] 로우드 명 짐, 부담 타 짐을 싣다	
☐ **loaf**	[louf] 로우프 명 빵 한 덩어리	
☐ **loan**	[loun] 로운 명 대출, 대여, 대출금, 융자	
■ **lobby**	[lábi] 라비 명 (호텔·극장 등의)로비, 홀	
☐ **local**	[lóukəl] 로우컬 형 지방의, 근거리의	
☐ **local authority**	[lóukələθɔ́ːriti] 로우컬어소-리티 명 지방정부	

□ **locate**	[loukéit] 로우**케**이트	

타 (사무실 등을)~에 두다, 위치하다

■ **lock** [lɑk] 락
명 자물쇠 타 잠그다 타 잠기다

■ **lodge** [lɑdʒ] 라지
명 산장, 오두막집 타자 숙박하다

□ **lofty** [lɔ́ːfti] 로-프티
형 매우 높은, 거만한

□ **log** [lɔ(ː)g] 로-그
명 통나무, 무기력한 것, 항해일지

□ **logic** [lɑ́dʒik] 로직
명 논리학

■ **lonely** [lóunli] 로운리
형 외로운, 고독한, 쓸쓸한

■ **long** [lɔːŋ] 롱-
형 긴, 길이가 ~인 부 오랫동안

■ **look** [luk] 룩
타자 보다, 응시하다 명 표정, 용모

■ **loose** [luːs] 루-스
형 매지 않은(↔tight), 풀린, 헐거운

■ **lorry**	[lɔ́(:)ri] 로-리	명 트럭, 화물자동차
■ **lose**	[lu:z] 루-즈	타자 잃다(↔gain 얻다), 지다
□ **loss**	[lɔ(:)s] 로-스	명 잃어버림, 상실, 분실, 손해
■ **lost**	[lɔ(:)st] 로-스트	형 잃어버린, 길을 잃은, (승부에)진
■ **lot**	[lɑt] 랏	명 많음, 매우, 제비, 운명
■ **loud**	[laud] 라우드	형 목소리가 큰, 시끄러운(↔quiet)
□ **lovely**	[lʌ́vli] 러블리	형 사랑스러운, 귀여운, 아름다운
□ **lover**	[lʌ́vər] 러버	명 연인, 애인
■ **low**	[lou] 로우	형 낮은, (값이) 싼 부 낮게, 값싸게
□ **lower**	[lóuər] 로우어	형 더 낮은 타 낮추다 타 낮아지다

□ **lowland**	[lóulənd] 로우랜드 명 낮은 곳 형 저지대의
□ **lowly**	[lóuli] 로울리 형 신분이 낮은, 미천한
■ **loyal**	[lɔ́iəl] 로이얼 형 충성스러운, 성실한
□ **luck**	[lʌk] 럭 명 운, 운명, 행운, 성공
□ **luckless**	[lʌ́klis] 러크리스 형 불운한, 불행의, 재수없는
□ **luggage**	[lʌ́gidʒ] 러기지 명 수화물
■ **lump**	[lʌmp] 럼프 명 덩어리, 집합체, 모임
■ **lunch**	[lʌntʃ] 런치 명 점심, 가벼운 식사, 도시락
■ **lung**	[lʌŋ] 렁 명 폐, 허파
□ **lure**	[luər] 루어 명 유혹, 미끼 자 유혹하다(=attract)

■ **lurid**	[lúːrid] 루-리드	형 (눈빛이)번득이는
□ **lurk**	[ləːrk] 러-크	자 숨어있다, 잠복하다
□ **luster**	[lʌ́stər] 러스터	타 광택을 내다 명 광택 (=gloss)
■ **luxurious**	[lʌgʒúəriəs] 럭쥬어리어스	형 사치스러운, 호화스러운
□ **luxury**	[lʌ́kʃəri] 럭셔리	명 사치, 호사, 사치품, 고급품
□ **lynch**	[lintʃ] 린취	타 린치를 가하다, 격렬히 비방하다
□ **lyric**	[lírik] 리릭	형 서정(시)의, 서정적인 명 서정시
□ **lyricist**	[lírəsist] 리러시스트	명 서정 시인, 작사가
□ **lyse**	[laiε] 라이스	타 용해하다, 분리하다
□ **lysin**	[láisn] 라이슨	명 리신, 세포 용해소

M — ENGLISH KOREAN WORDS DICTIONARY

- **machine** [məʃíːn] 머신-
  명 기계, 기계장치

- **machinery** [məʃíːnəri] 머시-너리
  명 기계류

- **mad** [mæd] 매드
  형 미친, 열광적인, 무모한, 성난

- **made** [meid] 메이드
  형 만든, 꾸며낸, 메운, ~제의

- **magazine** [mæ̀gəzíːn] 매거진-
  명 잡지, (군사)탄약고

- **magic** [mǽdʒik] 매직
  명 마술, 마법, 요술   형 마법[요술]의

- **magnificent** [mægnífəsənt] 매그니퍼슨트
  형 장대한, 웅장한, 당당한, 고상한

- **maid** [meid] 메이드
  명 소녀, 미혼 여성, 하녀, 가정부

- **mail** [meil] 메일
  명 우편, 우편물   타 우송하다

□ **mailbox**	[méilbàks] 메일박스 명 우체통, (개인용)우편함
□ **mailman**	[méilmən] 메일먼 명 (미)우편 집배원
■ **main**	[mein] 메인 형 주요한, 주된
□ **maintain**	[meintéin] 메인테인 타 유지하다, 부양하다, 주장하다
□ **maintenance**	[méintənəns] 메인터넌스 명 유지, 보전, 부양
□ **majesty**	[mǽdʒisti] 매지스티 명 존엄, 권위
■ **major**	[méidʒər] 메이저 형 대부분의(↔minor), 큰 쪽의, 주요한
□ **majority**	[mədʒɔ́(:)rəti] 머조-러티 명 대다수, 대부분 형 대다수의, 주요한
■ **make**	[meik] 메이크 타 만들다, ~이 되다 명 제작, 모형
■ **male**	[meil] 메일 형 남자의, 수컷의 명 남성(↔female)

□ malice	[mǽlis] 맬리스 몡 악의, 원한
□ mammal	[mǽməl] 매멀 몡 포유동물
□ man	[mæn] 맨 몡 남자, 사람
■ manage	[mǽnidʒ] 매니지 타 관리하다, 이럭저럭 ~하다
□ management	[mǽnidʒmənt] 매니지먼트 몡 경영, 운영, 관리
□ manager	[mǽnidʒər] 매니저 몡 지배인, 감독
□ manifest	[mǽnəfèst] 매너페스트 혱 명백한 타 명시하다
□ mankind	[mæ̀nkáind] 맨카인드 몡 인간, 인류
■ manner	[mǽnər] 매너 몡 방법, 태도, 예의, 예절, 풍습
□ manufacture	[mæ̀njəfǽktʃər] 매뉴팩처 타 제조하다(=make) 몡 제조, 제품

□ **manuscript**	[mǽnjəskrìpt] 매뉴스크립트	명 필사본, 원고
■ **many**	[méni] 메니	형 많은, 다수의 대 많은 것[사람, 일]
■ **map**	[mæp] 맵	명 지도, 지도식의 도표, 도해
□ **mar**	[maːr] 마-	타 상하게 하다
□ **marble**	[máːrbəl] 마-블	명 대리석
■ **march**	[maːrtʃ] 마-치	명 행진, 행군, 행진곡 자 행진하다
■ **March**	[maːrtʃ] 마-치	명 3월
■ **mark**	[maːrk] 마-크	명 표, 기호, 점수 타 기호를 붙이다
■ **market**	[máːrkit] 마-킷	명 시장, 거래처
□ **marriage**	[mǽridʒ] 매리지	명 결혼(↔divorce 이혼), 결혼식

■ marry	[mǽri] 매리 타 자 결혼하다, 결혼시키다
□ mars	[mɑːrz] 마-즈 명 화성
□ marvel	[mɑ́ːrvəl] 마-벌 타 놀라다 명 경탄(할 만한일)
■ mass	[mæs] 매스 명 덩어리, 모임, 집단, 다수, 대량
■ master	[mǽstər] 매스터 명 주인(↔servant 하인) 타 정복하다
□ masterpiece	[mǽstərpìːs] 매-스터피-스 명 명작, 걸작
■ mat	[mæt] 맷 명 매트, 돗자리
■ match	[mætʃ] 매치 명 시합, 경기(=game) 타 자 필적하다
■ material	[mətíəriəl] 머티어리얼 명 물질, 재료(=substance) 형 물질적인
■ mathematics	[mæ̀θəmǽtiks] 매서매틱스 명 수학(약자 math)

■ **matter**	[mǽtər] 매터 명 일, 사항, 사정, 지장　타 중요하다	
□ **mature**	[mətjúər] 머추어 타 성숙시키다　형 성숙한(↔immature)	
□ **maxim**	[mǽksim] 맥심 명 격언, 금언	
□ **maximum**	[mǽksəməm] 맥서멈 형 최대의(↔minimum)　명 최대, 최대량	
■ **May**	[mei] 메이 명 5월	
■ **maybe**	[méibi:] 메이비- 부 아마(=perhaps), 어쩌면	
□ **mayor**	[méiər] 메이어 명 시장, 지방 자치 단체의 장	
□ **meadow**	[médou] 메도우 명 목초지, 풀밭	
□ **meager**	[míːgər] 미-거 형 여윈, 빈약한	
■ **meal**	[miːl] 밀- 명 식사, 식사시간	

■ mean	[miːn] 민- 타 의미하다, ~할 작정이다 형 비열한, 치사한, 심술궂은
□ meaning	[míːniŋ] 미-닝 명 의미, 뜻, 중요성, 의의, 의도
□ means	[miːnz] 민-즈 명 수단, 방법
□ meantime	[míːntàim] 민-타임 명 그동안, 중간 시간 부 그동안에
□ meanwhile	[míːnhwàil] 민-화일/민-와일 부 그동안에, 한편으로는
■ measure	[méʒər] 메저 명 수단, 방책 타 (치수)재다, 조정하다
□ measurement	[méʒərmənt] 메저먼트 명 측량, 측정, 양, 치수
■ meat	[miːt] 미-트 명 고기, 육류
□ mechanical	[məkǽnikəl] 머캐니컬 형 기계(상)의, 기계적인
□ mechanism	[mékənìzəm] 메커니즘 명 기계(장치), 기구

□ **medal**	[médl] 메들 명 메달, 기장, 훈장
□ **media**	[míːdiə] 미-디어 명 (신문·TV 등)대중전달매체
■ **medical**	[médikəl] 메디컬 형 의학의, 의술[의료]의
■ **medicine**	[médəsən] 메더슨 명 약(↔poison 독약), 내복약
□ **medieval**	[mèːdíːvəl] 메-디-벌 형 중세의
□ **meditate**	[médətèit] 메더테이트 자 숙고하다, 묵상하다
■ **medium**	[míːdiəm] 미-디엄 명 중간, 매개 형 중간의, 보통의
■ **meet**	[miːt] 미-트 타 만나다, 마중하다 명 회합
□ **meeting**	[míːtiŋ] 미-팅 명 모임, 회합, 집회
□ **melancholy**	[mélənkɔ̀li] 멜런콜리 명 우울 형 우울한(=dismal)

영한 단어 | **247**

□ **melody**	[mélədi] 멜러디 명 멜로디, 선율
■ **melt**	[melt] 멜트 타자 녹다, 누그러지다, 누그러뜨리다
■ **member**	[mémbər] 멤버 명 (단체의)일원, 회원, 사원
□ **membership**	[mémbərʃip] 멤버쉽 명 회원[사원, 의원]임, (총)회원수
■ **memory**	[méməri] 메머리 명 기억, 회상, 추억
□ **menace**	[ménəs] 메너스 명 협박 타 위협하다
■ **mend**	[mend] 멘드 타 수리[수선]하다, (행실 등을) 고치다
■ **mental**	[méntl] 멘틀 형 마음의, 정신의, 지능의
■ **mention**	[ménʃən] 멘션 타 말하다, 언급하다 명 언급, 진술
■ **menu**	[ménju:] 메뉴- 명 메뉴, 식단표

☐ **merchandise**	[mə́ːrtʃəndàiz] 머-천다이즈 명 상품	
■ **merchant**	[mə́ːrtʃənt] 머-천트 명 상인 형 무역의, 상인의	
■ **mercy**	[mə́ːrsi] 머-시 명 자비, 연민, 행운 형 자비로운	
☐ **mere**	[miər] 미어 형 단순한, ~에 불과한	
☐ **merely**	[míərli] 미얼리 부 단지, 그저, 다만	
☐ **merit**	[mérit] 메리트 명 장점, 공적	
☐ **merry**	[méri] 메리 형 즐거운, 유쾌한, 명랑한	
■ **message**	[mésidʒ] 메시지 명 전갈, 전언, 통신(문)	
■ **metal**	[métl] 메틀 명 금속 타 금속을 입히다	
■ **meter**	[míːtər] 미-터 명 (자동)계량기 타 계량하다	

영한 단어 | **249**

■ **method**	[méθəd] 메서드 명 방법, 방식, 순서
□ **Metro**	[métrou] 메트로 명 지하철
□ **metropolis**	[mitrɔ́pəlis] 미트**로**펄리스 명 수도, 중심지
■ **middle**	[mídl] 미들 형 한가운데의, 중간의 명 중앙
■ **midnight**	[mídnàit] 미드나이트 명 한밤중
□ **might**	[mait] 마이트 명 힘, 세력
■ **mild**	[maild] 마일드 형 온순한, 온화한(↔wild 거친), 상냥한
□ **mile**	[mail] 마일 명 마일(약 1,609미터)
■ **military**	[mílitèri] 밀리테리 형 군대의, 육군의
■ **million**	[míljən] 밀리언 명 백만, 다수 형 백만의, 무수한

■ **mind**	[maind] 마인드 명 마음, 지성, 기억 타자 주의하다
□ **mine**	[main] 마인 명 광산, 나의 것 타 채굴하다
□ **mineral**	[mínərəl] 미너럴 명 광물, 광석 형 광물의
□ **mingle**	[míŋgəl] 밍글 타 섞다, 혼합하다(=mix)
□ **miniature**	[míniətʃər] 미니어처 명 축소지도, 축소모형 형 소형의
□ **minimum**	[mínəməm] 미너멈 명 최소(↔maximum), 최소량 형 최소의
■ **minister**	[mínistər] 미니스터 명 성직자, 목사, 장관
■ **minor**	[máinər] 마이너 형 보다 작은, 중요치 않은, 적은(↔major)
■ **minus**	[máinəs] 마이너스 형 마이너스의, ~을 뺀 명 마이너스
■ **minute**	[mínit] 미닛 명 (시간의)분, 잠깐, 잠시

□ **miracle**	[mírəkəl] 미러클 명 기적, 경이
■ **mirror**	[mírər] 미러 명 거울, 반사경
□ **mischief**	[místʃif] 미스치프 명 장난, 손해
□ **miser**	[máizər] 마이저 명 구두쇠, 수전노
□ **misery**	[mízəri] 미저리 명 비참, 불행
□ **misplace**	[mispléis] 미스플레이스 타 잘못 두다, 둔 곳을 잊다, 잘못 주다
■ **miss**	[mis] 미스 타 놓치다, 못 맞히다, 타지 못하다
■ **missile**	[mísəl] 미설 명 미사일, 유도탄
■ **mist**	[mist] 미스트 명 안개
■ **mistake**	[mistéik] 미스테이크 타 틀리다, 오해하다 명 잘못, 틀림

□ **mistaken**	[mistéikən] 미스테이컨 형 틀린, 잘못된, 오해한	
■ **misunderstand**	[mìsʌndərstǽnd] 미스언더스탠드 타 오해하다, 잘못 생각하다	
■ **mix**	[miks] 믹스 타자 섞다, 섞이다, 혼합하다	
□ **mixture**	[míkstʃər] 믹스처 명 혼합, 혼합물	
□ **moan**	[moun] 모운 자 신음하다	
□ **mob**	[mɑb] 마브 명 군중, 폭도	
□ **mock**	[mɔ(:)k] 모크 타 비웃다 명 조롱 형 모의의	
□ **mode**	[moud] 모우드 명 방법, 양식	
■ **model**	[mɑ́dl] 마들 명 모형, 모델, 본보기	
□ **moderate**	[mɑ́dərət] 마더럿 형 적당한, 온화한(=mild), 중용의	

- **modern** [mάdərn] 마던
  - 형 근대의, 현대의(↔ancient 옛날의)

- **modest** [mάdist] 모디스트
  - 형 겸손한, 알맞은, 온당한

- **modesty** [mάdisti] 모디스티
  - 명 겸손, 겸양

- **modify** [mάdəfài] 모더파이
  - 타 변경하다, 수정하다, 완화하다

- **moist** [mɔist] 모이스트
  - 형 축축한, 습기 있는

- **moisture** [mɔ́istʃər] 모이스처
  - 명 습기

- **mold** [mould] 모울드
  - 타 틀에 넣어 만들다 명 틀, 성질

- **moment** [móumənt] 모우먼트
  - 명 순간, 찰나, 기회

- **Monday** [mʌ́n-dei] 먼데이
  - 명 월요일

- **money** [mʌ́ni] 머니
  - 명 돈, 금전, 통화, 화폐

☐ **monk**	[mʌŋk] 멍크	명 승려, 수도사
■ **monkey**	[mʌ́ŋki] 멍키	명 원숭이
☐ **monolingual**	[mànəlíŋgwəl] 마널링궐	형 단일 국어를 사용하는
☐ **monopoly**	[mənɔ́pəli] 머노펄리	명 독점, 전매
☐ **monotonous**	[mənɔ́tənəs] 머노터너스	형 단조로운, 변화 없는, 지루한
☐ **monotony**	[mənɑ́təni] 머나터니	명 단조로움
■ **month**	[mʌnθ] 먼스	명 달, 월
■ **monthly**	[mʌ́nθli] 먼슬리	형 매달의 명 월간지
☐ **monument**	[mɑ́njəmənt] 마뉴먼트	명 기념비, 기념물
■ **mood**	[muːd] 무-드	명 기분, 분위기

- **moon** [muːn] 문-
  명 (천체)달

- **moral** [mɔ́(ː)rəl] 모-럴
  형 도덕적인, 정신적인, 교훈

- **moreover** [mɔːróuvər] 모-로우버
  부 게다가, 더욱이, 또한

- **morning** [mɔ́ːrniŋ] 모-닝
  명 아침, 오전

- **mortal** [mɔ́ːrtl] 모-틀
  명 인간 형 치명적인, 필멸의

- **mosquito** [məskíːtou] 머스키-토우
  명 모기

- **moss** [mɔ(ː)s] 모스
  명 이끼

- **most** [moust] 모우스트
  형 가장 많은, 대개의 부 가장, 매우

- **mostly** [móustli] 모우스틀리
  부 주로(=mainly), 대개, 보통

- **mother** [mʌ́ðər] 머더-
  명 어머니

□ **motion**	[móuʃən] 모우션	몡 운동, 동작, 동의 탄 동작으로 알리다
□ **motionless**	[móuʃənlis] 모션리스	혱 부동의, 정지한
□ **motivate**	[móutəvèit] 모우터베이트	탄 동기를 주다, 자극하다
□ **motive**	[móutiv] 모우티브	몡 동기, (행동의)진의
■ **motor**	[móutər] 모우터	몡 모터, 발동기, 자동차
□ **mount**	[maunt] 마운트	탄 (산 등에)오르다, (말 등에)타다
■ **mountain**	[máuntən] 마운턴	몡 산, 산맥
□ **mourn**	[mɔːrn] 몬-	탄 자 슬퍼하다, 애도하다
■ **mouse**	[maus] 마우스	몡 생쥐
■ **mouth**	[mauθ] 마우스	몡 입, 입 모양의 것

■ **move**	[muːv] 무-브 타자 움직이다, 이동하다, 감동시키다
□ **movement**	[múːvmənt] 무-브먼트 명 움직임, (정치사회적) 운동
■ **movie**	[múːvi] 무-비 명 영화, 영화관
□ **much**	[mʌtʃ] 머취 형 (양이)많은 부 크게, 매우, 훨씬
■ **mud**	[mʌd] 머드 명 진흙, 진창
■ **multiply**	[mʌ́ltəplài] 멀터플라이 타 증가시키다, 곱하다, 늘리다
□ **multitude**	[mʌ́ltitjùːd] 멀티튜-드 명 다수, 군중
□ **murder**	[mə́ːrdər] 머-더 명 살인, 살인사건 타 살해하다
■ **muscle**	[mʌ́səl] 머슬 명 근육, 근력, 완력
□ **muse**	[mjuːz] 뮤-즈 타 명상하다, 곰곰이 생각하다

■ museum	[mjuːzíːəm] 뮤-지-엄 명 박물관, 미술관
■ music	[mjúːzik] 뮤-직 명 음악
□ musical	[mjúːzikəl] 뮤-지컬 형 음악의, 음악적인 명 뮤지컬
□ musician	[mjuːzíʃən] 뮤-지션 명 음악가
■ must	[mʌst] 머스트 조 ~해야 한다, 반드시 ~일 것이다
□ mutual	[mjúːtʃuəl] 뮤-추얼 형 상호의(=reciprocal), 공동의
□ mutuality	[mjùːtʃuǽləti] 뮤-추앨러티 명 상호관계
□ myriad	[míriəd] 미리어드 형 무수한 명 무수
□ mysterious	[mistíəriəs] 미스티어리어스 형 신비한, 신비적인, 불가사의한
■ mystery	[místəri] 미스터리 명 신비, 불가사의, 추리소설

N — ENGLISH KOREAN WORDS DICTIONARY

- **nail**
  [neil] 네일
  명 손톱, 발톱, 못

- **naked**
  [néikid] 네이키드
  형 나체의, 벌거벗은

- **name**
  [neim] 네임
  명 이름 타 이름을 붙이다

- **napkin**
  [nǽpkin] 냅킨
  명 (식탁용) 냅킨

- **narrate**
  [nǽreit] 내레이트
  타 이야기하다, 서술하다

- **narrator**
  [næréitər] 내레이터
  명 나레이터, 이야기하는 사람

- **narrow**
  [nǽrou] 내로우
  형 (폭·마음이)좁은, (범위가)한정된

- **nation**
  [néiʃən] 네이션
  명 국민, 국가

- **national**
  [nǽʃənəl] 내셔널
  형 국민의, 국가의, 국립의 명 동포

□ **nationality**	[næ̀ʃənǽləti] 내셔낼러티 명 국적, 국민성
■ **native**	[néitiv] 네이티브 형 출생의, 토착의, 타고난
□ **natural**	[nǽtʃərəl] 내추럴 형 자연의(↔artificial), 타고난, 당연한
□ **naturally**	[nǽtʃərəli] 내추럴리 부 자연히, 본래, 물론, 당연히
■ **nature**	[néitʃər] 네이처 명 자연, 천성, 성질
□ **naughty**	[nɔ́ːti] 노-티 형 장난꾸러기인, 행실이 나쁜
□ **navigation**	[næ̀vəgéiʃən] 내버게이션 명 항해(술), 항공(술)
■ **navy**	[néivi] 네이비 명 해군(↔army 육군)
■ **near**	[niər] 니어 부 가까이 형 가까운 전 ~의 가까이에
□ **nearby**	[níərbài] 니어바이 형 가까운 부 가까이

□ **nearly**	[níərli] 니어리	旦 거의(=almost), 간신히
□ **near-sighted**	[níərsáitid] 니어사이트	형 근시(안)의
■ **neat**	[ni:t] 니-트	형 산뜻한, 단정한, 정돈된
■ **necessarily**	[nésisərili] 네시서릴리	旦 반드시, 필연적으로
□ **necessity**	[nisésəti] 니세서티	명 필요, 필요한 것, 필수품, 필연
■ **neck**	[nek] 넥	명 목, 옷깃
■ **need**	[ni:d] 니-드	명 필요 타 필요로 하다
■ **needle**	[ní:dl] 니-들	명 바늘 타 바늘로 꿰매다
■ **negative**	[négətiv] 네거티브	형 부정의(↔positive), 소극적인 명 부정, 거부
□ **neglect**	[niglékt] 니글렉트	타 게을리하다, 무시하다 명 태만

■ **neighbor**	[néibər] 네이버 명 이웃 사람, 이웃 나라 타 이웃하다	
■ **neither**	[níːðər] 니-더 부 ~도 아니고 ~도 아니다[않다]	
■ **nephew**	[néfjuː] 네퓨- 명 조카(↔niece 조카딸), 생질	
□ **nerve**	[nəːrv] 너-브 명 신경, 용기	
■ **nervous**	[nə́ːrvəs] 너-버스 형 신경질의, 초조해 하는	
■ **nest**	[nest] 네스트 명 둥지, 보금자리	
■ **net**	[net] 넷 형 정미(正味)의 명 그물	
□ **network**	[nétwəːrk] 넷워-크 명 방송망, 망상조직	
□ **neutral**	[njúːtrəl] 뉴-트럴 형 중립의, 중성의	
■ **never**	[névər] 네버 부 결코 ~하지 않다, 일찍이 ~없다	

□ **nevertheless**	[nèvərðəlés] 네버덜레스 및 그럼에도 불구하고, 그렇지만	
■ **new**	[nju:] 뉴- 형 새로운, 신형의	
■ **news**	[nju:z] 뉴-즈 명 뉴스, 보도, 기사, 소식	
■ **newspaper**	[njú:zpèipər] 뉴-즈페이퍼 명 신문, 신문지	
■ **next**	[nekst] 넥스트 형 다음의, 오는~ 부 다음에	
■ **nice**	[nais] 나이스 형 좋은, 유쾌한, 친절한	
□ **nickname**	[níknèim] 닉네임 명 별명, 애칭	
■ **niece**	[ni:s] 니-스 명 조카딸(↔nephew 조카)	
■ **night**	[nait] 나이트 명 밤, 야간	
□ **nightmare**	[náitmɛ̀ər] 나이트메어 명 악몽, 공포감	

□ noble	[nóubəl] 노우블 형 고귀한, 고결한, 귀족의
■ nobody	[nóubàdi] 노우바디 대 아무도 ~않다 명 하찮은 사람
■ nod	[nɑd] 나드 자 끄덕이다, 졸다 명 끄덕임, 묵례
■ noise	[nɔiz] 노이즈 명 (불쾌한)소리, 소음, 잡음
□ noisy	[nɔ́izi] 노이지 형 시끄러운(↔quiet 조용한)
■ none	[nʌn] 넌 대 아무도 ~않다, 조금도 ~않다
□ nonsense	[nɑ́nsens] 난센스 명 무의미한 말, 난센스, 바보 같은 짓
■ noon	[nuːn] 눈- 명 정오, 한낮
■ normal	[nɔ́ːrməl] 노-멀 형 표준의, 보통의
■ north	[nɔːrθ] 노-스 명 북(쪽), 북부 형 북쪽의 부 북으로

☐ **northern**	[nɔ́ːrðərn] 노-던	형 북쪽의, 북부의
■ **nose**	[nouz] 노우즈	명 코
☐ **notable**	[nóutəbəl] 노우터블	형 주목할 만한, 유명한
■ **note**	[nout] 노우트	명 문서, 주의 타 적어두다
☐ **notebook**	[nóutbùk] 노우트북	명 노트, 공책, 수첩, 노트북컴퓨터
■ **notice**	[nóutis] 노우티스	명 통지, 주의, 게시 타 주의하다
■ **noticeable**	[nóutisəbəl] 노우티서블	형 눈에 띄는, 두드러진, 현저한
☐ **notion**	[nóuʃən] 노우션	명 생각, 개념
☐ **nourish**	[nə́ːriʃ] 너-리쉬	타 기르다, 영양분을 주다
■ **novel**	[nάvəl] 나벌	명 (장편)소설

- **November** [nouvémbər] 노우벰버
  명 11월

- **now** [nau] 나우
  부 지금, 방금, 그런데 명 지금, 현재

- **nowhere** [nóuhwɛ̀ər] 노우훼어/노우웨어
  부 아무데도 ~없다

- **nuclear** [njú:kliər] 뉴-클리어
  형 핵의, 원자력의 명 핵무기

- **nuisance** [njú:səns] 뉴-슨스
  명 방해물, 성가신것

- **number** [nʌ́mbər] 넘버
  명 수, 숫자, 번호(No.)

- **numerous** [njú:mərəs] 뉴-머러스
  형 다수의, 수많은

- **nurse** [nəːrs] 너-스
  명 유모, 보모, 간호사 타 간호하다

- **nut** [nʌt] 넛
  명 나무열매, (호두·밤 등) 견과

- **nutrition** [nju:tríʃən] 뉴-트리션
  명 영양섭취(↔malnutrition 영양실조)

O

ENGLISH KOREAN WORDS DICTIONARY

☐ **oath**
[ouθ] 오우스
명 맹세, 선서

■ **obey**
[oubéi] 오우베이
타 복종하다, ~의 말에 따르다

☐ **object**
[άbdʒikt] 아브직트
명 물건, 목적, 객관 자 타 반대하다

☐ **obligation**
[ɔ̀bləɡéiʃən] 오블러게이션
명 책임, 은혜

☐ **oblige**
[əbláidʒ] 어블라이지
타 강요하다

☐ **oblivion**
[əblíviən] 어블리비언
명 망각, 건망상태

☐ **obscure**
[əbskjúər] 업스큐어
형 분명치 않은, 흐릿한(=vague)

☐ **observation**
[ɑ̀bzərvéiʃən] 아브저베이션
명 관찰, 관측, 의견

■ **observe**
[əbzə́ːrv] 어브저–브
타 관찰하다, 알다, 준수하다

□ **obstacle**	[ɔ́bstəkəl] 옵스터클 명 장애물, 방해물
□ **obstinate**	[ɔ́bstənit] 옵스터니트 형 완고한(=stubborn), 고집센
■ **obtain**	[əbtéin] 어브테인 타 획득하다, 손에 넣다
■ **obvious**	[ɔ́bviəs] 아브비어스 형 명백한, 명료한(=clear, obvious)
□ **obviously**	[ɔ́bviəsli] 아브비어슬리 부 명백히
■ **occasion**	[əkéiʒən] 어케이전 명 (특정한)경우, 때, 기회
□ **occasionally**	[əkéiʒənəli] 어케이저널리 부 이따금, 가끔
■ **occupation**	[àkjəpéiʃən] 아큐페이션 명 직업, 업무, 점유, 점령
□ **occupy**	[ákjəpài] 아큐파이 타 차지하다, 점령하다
■ **occur**	[əkə́ːr] 어커- 자 일어나다, 생기다, (생각이)떠오르다

- **ocean** [óuʃən] 오우션
  명 대양, 해양

- **October** [ɑktóubər] 악토우버
  명 10월

- **odd** [ɑd] 아드
  형 기수[홀수]의(↔even 짝수의), 이상한

- **off** [ɔːf] 오-프
  부 떨어져서

- **offend** [əfénd] 어펜드
  자 성나게 하다 타 죄를 범하다

- **offer** [ɔ́(ː)fər] 오-퍼
  타 제공하다, 제안하다 명 제공, 제안

- **office** [ɔ́(ː)fis] 오-피스
  명 사무소, 회사, 관공서

- **officer** [ɔ́(ː)fisər] 오-피서
  명 장교, 공무원, 경찰관

- **official** [əfíʃəl] 어피셜
  형 공식의, 공무상의 명 공무원, 관리

- **often** [ɔ́(ː)ftən] 오-프턴
  부 자주, 종종, 흔히

■ **oil**	[ɔil] 오일 명 기름, 석유, 유화 그림물감, 유화	
■ **old**	[ould] 오울드 형 늙은, ~살의, 연상의, 낡은	
■ **Olympic**	[əlímpik] 얼림픽 형 국제 올림픽 경기의	
□ **omen**	[óumən] 오우먼 명 전조, 조짐	
□ **on**	[ɔn] 온 전 ~(접촉)위에(=upon)	
■ **once**	[wʌns] 원스 부 한번, 한때(=formerly)	
□ **one**	[wʌn] 원 대 한 사람, 하나, 일반적인 사람	
□ **oneself**	[wɔnsélf] 원셀프 대 자기 자신, 자기 스스로	
■ **onion**	[ʌ́njən] 어니언 명 양파	
■ **only**	[óunli] 오운리 형 단 하나의, 유일한 부 오직, 겨우	

□ **onto**	[ántu:] 안투-	젠 ~의 위로, ~위에
■ **open**	[óupən] 오우펀	혱 열린, 공개된 타 열다, 공개하다
□ **opening**	[óupəniŋ] 오우퍼닝	몡 열기, 개방, 개시 혱 시작[개시]의
■ **opera**	[ápərə] 아퍼러	몡 오페라, 가극
■ **operate**	[ápərèit] 아퍼레이트	타 자 작동하다, 수술하다, 운전하다
□ **operation**	[àpəréiʃən] 아퍼레이션	몡 작용, 운전, 시행, 조작, 수술
□ **operator**	[ɔ́pərèitər] 오퍼레이터	몡 교환수, 조작자
■ **opinion**	[əpínjən] 어피니언	몡 의견, 생각, 평가, 여론
■ **opponent**	[əpóunənt] 어포우넌트	몡 (경기 등의)적수, 반대자
■ **opportunity**	[àpərtjú:nəti] 아퍼튜-너티	몡 기회(=chance), 행운

□ **oppose**	[əpóuz] 어**포**우즈 타 ~에 반대하다, 대항하다
■ **opposite**	[ápəzit] 아퍼짓 형 맞은편의, 정반대의 명 반대의 것
□ **oppress**	[əprés] 어프레스 타 압박하다
□ **or**	[ɔːr] 오-어 접 또는, 혹은
□ **oracle**	[ɔ́(ː)rəkəl] 오러클 명 신탁(神託)
□ **oral**	[ɔ́ːrəl] 오-럴 형 구두의, 구술의, 입의 부 구두로
□ **orange**	[ɔ́(ː)rindʒ] 오-린지 명 오렌지(나무), 오렌지색
□ **orator**	[ɔ́(ː)rətər] 오러터 명 웅변가
□ **orbit**	[ɔ́ːrbit] 오-빗 명 (인공위성의)궤도
■ **orchestra**	[ɔ́ːrkəstrə] 오-커스트러 명 오케스트라, 관현악단

영한 단어 | 273

□ **ordain**	[ɔːrdéin] 오-데인 ㉠ 명하다, 성직을 주다
■ **order**	[ɔ́ːrdər] 오-더 ㉠ 명령하다, 주문하다 ㊎ 명령, 주문
■ **ordinary**	[ɔ́ːrdənèri] 오-더네리 ㊀ 평범한(↔extraordinary), 정규의
■ **organ**	[ɔ́ːrgən] 오-건 ㊎ 기관, 장기 ㊎ 오르간
□ **organic**	[ɔːrgǽnik] 오-개닉 ㊀ 유기체의
□ **organization**	[ɔ̀ːrgənəzéiʃən] 오-거너제이션 ㊎ 조직, 구성, 단체, 협의
■ **organize**	[ɔ́ːrgənàiz] 오-거나이즈 ㉠ 조직하다, 편성하다, 결성하다
□ **Orient**	[ɔ́ːriənt] 오-리언트 ㊎ 동양
□ **orientation**	[ɔ̀ːrientéiʃən] 오-리엔테이션 ㊎ 동쪽으로 향함, 지도, 안내
□ **origin**	[ɔ́ːrədʒin] 오-러진 ㊎ 기원, 발단, 유래, 태생

■ **original**	[ərídʒənəl] 어리저널 형 최초의, 본래의, 독창적인 명 원형	
□ **originally**	[ərídʒənəli] 어리저널리 부 본래, 처음에, 독창적으로	
■ **ornament**	[ɔ́ːrnəmənt] 오-너먼트 타 장식하다 명 장식	
□ **ostrich**	[ástritʃ] 아스트리치 명 타조, 방관자	
■ **other**	[ʌ́ðər] 어더 형 다른, 그 밖의 대 다른 것	
□ **otherwise**	[ʌ́ðərwàiz] 어더와이즈 부 다른 방법으로, 그렇지 않으면	
□ **ought**	[ɔːt] 오-트 조 (to)~해야 한다, ~임에 틀림없다	
■ **out**	[aut] 아웃 부 밖에, 밖으로, 없어져, 끝까지	
□ **outcome**	[áutkʌm] 아우컴 명 결과, 성과	
□ **outdoor**	[áutdɔ̀ːr] 아웃도- 형 집 밖의, 야외의	

영한 단어 | 275

□ **outdoors**	[áutdɔ́ːrz] 아웃도-즈 명 야외, 옥외(↔ indoors)
□ **outer**	[áutər] 아우터 형 바깥(쪽)의, 외부의
■ **outline**	[áutlàin] 아웃라인 명 윤곽, 외형, 개요, 대강
□ **outlook**	[áutlùk] 아웃룩 명 전망, ~관(觀)
□ **output**	[áutpùt] 아웃풋 명 생산고, 산출량
■ **outside**	[àutsáid] 아웃사이드 명 바깥쪽, 외부 형 외부의 부 밖에
□ **outstanding**	[àutstǽndiŋ] 아웃스탠딩 형 눈에 띄는, 우수한(=excellent)
■ **oval**	[óuvəl] 오우벌 형 달걀 모양의, 타원형의
■ **oven**	[ʌ́vən] 어번 명 오븐, 솥, 가마
□ **over**	[óuvər] 오우버 전 ~이상, ~위에

□ overcoat	[òuvərkòut] 오우버코우트 명 오버코트, 외투
■ overcome	[òuvərkʌ́m] 오우버컴 타 이겨내다, 극복하다(=defeat)
□ overhear	[òuvərhíər] 오우버히어 타 엿듣다, 도청하다
□ overlook	[òuvərlúk] 오우버룩 타 간과하다
□ overtake	[òuvərtéik] 오우버테이크 타 ~을 뒤따라잡다, 덮치다
■ owe	[ou] 오우 타 빚지고 있다, ~의 은혜를 입고 있다
■ own	[oun] 오운 형 자기 자신의, 고유한 타 소유하다
□ owner	[óunər] 오우너 명 소유(권)자, 임자, 선주
□ ownership	[óunərʃip] 오우너쉽 명 소유권, 주인의식, 주인정신
□ oxygen	[áksidʒən] 악시전 명 산소

영한 단어 | **277**

□ **pace**	[peis] 페이스 명 걸음, 걷는 속도 타 보조를 맞추어 걷다
□ **pacific**	[pəsífik] 퍼시픽 형 평화스러운, 온순한, 태평한
■ **pack**	[pæk] 팩 명 꾸러미, 팩, 한 상자 자타 꾸리다
□ **package**	[pǽkidʒ] 패키지 명 꾸러미, 소포, 일괄 형 포괄적인
■ **page**	[peidʒ] 페이지 명 (책의)면, 쪽, 페이지(p.)
■ **pain**	[pein] 페인 명 아픔, 고통, 괴로움, 노력, 수고
□ **painful**	[péinfəl] 페인펄 형 아픈, 괴로운, 힘드는
■ **paint**	[peint] 페인트 명 페인트 타 자 (그림을)그리다
□ **painter**	[péintər] 페인터 명 화가, 화공, 페인트공, 도장공

□ **painting**	[péintiŋ] 페인팅 명 그림, 회화, 그림 그리기
■ **pair**	[pɛər] 페어 명 한 쌍, 한 벌, 부부, 연인, 2인조
□ **pal**	[pæl] 팰 명 친구(=friend), 동료
■ **palace**	[pǽləs] 팰러스 명 궁전, 왕궁, 대저택
■ **pale**	[peil] 페일 형 창백한, 핼쑥한, (색이)엷은
□ **palm**	[pɑːm] 팜- 명 손바닥 타 손안에 감추다
□ **pamphlet**	[pǽmflit] 팸플릿 명 팸플릿, 작은 책자
■ **pan**	[pæn] 팬 명 납작한 냄비, (오븐용)접시
□ **panel**	[pǽnl] 패늘 명 토론자단, 강사단, 해답자단, 패널
□ **pang**	[pæŋ] 팽 명 심한 고통, 양심의 가책

☐ **panic**	[pǽnik] 패닉 형 당황케 하는 타 공포를 일으키다
☐ **pant**	[pænt] 팬트 타 헐떡이다, 갈망하다
■ **pants**	[pænts] 팬츠 명 바지, 슬랙스, (남자용)팬츠
☐ **paper**	[péipər] 페이퍼 명 종이, 서류, 신문
☐ **parade**	[pəréid] 퍼레이드 명 행렬, 퍼레이드, 행진 자 행진하다
☐ **parallel**	[pǽrəlèl] 패러렐 형 평행의, 유사한
☐ **paralyze**	[pǽrəlàiz] 패러라이즈 타 마비시키다, 무력케 하다
■ **parcel**	[pɑ́:rsəl] 파—슬 명 꾸러미, 소포, 소화물, 짐
■ **pardon**	[pɑ́:rdn] 파—든 타 용서하다, 사면하다 명 용서
■ **parent**	[pɛ́ərənt] 페어런트 명 어버이, 양친, 부모님

■ **park**	[pɑːrk] 파-크	명 공원, 운동장, 주차장
□ **parking**	[páːrkiŋ] **파**-킹	명 주차, 주차장
■ **parliament**	[páːrləmənt] **팔**-러먼트	명 의회, 국회(=assembly)
■ **part**	[pɑːrt] 파-트	명 부분, (책의)부, 역할 타 나누다
□ **partake**	[pɑːrtéik] 파-테이크	타 같이하다, 참가하다
□ **partial**	[páːrʃəl] **파**-셜	형 부분적인, 불공평한
□ **participate**	[pɑːrtísəpèit] 파-**티**서페이트	자 참가하다, 관여[관계]하다
■ **particular**	[pərtíkjələr] 퍼**티**큘러	형 특정의, 개개의, 각별한, 까다로운
□ **particularly**	[pərtíkjələrli] 퍼**티**큘러리	부 특히, 각별히, 상세히
□ **partly**	[páːrtli] **파**-틀리	부 부분적으로, 얼마간

영한 단어 | **281**

- **partner** [páːrtnər] 파-트너
  명 동료, 상대

- **part-time** [páːrttáim] 파-트타임
  형 파트 타임의, 비상근의

- **party** [páːrti] 파-티
  명 당파, 일행, 당사자, 모임

- **partyism** [páːrtiìzəm] 파-티이즘
  명 당파심, 정당주의

- **pass** [pæs] 패스
  타 건네주다, 지나가다 명 통행, 통과

- **passage** [pǽsidʒ] 패시지
  명 통과, 한구절

- **passenger** [pǽsəndʒər] 패선저
  명 승객, 여객

- **passion** [pǽʃən] 패션
  명 정열

- **passport** [pǽspɔ̀ːrt] 패스포-트
  명 여권, 패스포트

- **past** [pæst] 패스트
  형 지나간, 과거의 전 지나서 명 과거

■ paste	[peist] 페이스트 명 풀, 반죽
□ pastime	[pǽstàim] 패스타임 명 오락, 기분전환
■ pastry	[péistri] 페이스트리 명 (밀가루 반죽으로 만든) 빵과자
□ pasture	[pǽstʃər] 패스쳐 명 목장, 목초지
□ patent	[péitənt] 페이턴트 명 특허, 명백 형 특허의, 명백한
■ path	[pæθ] 패스 명 길, 작은 길
□ pathetic	[pəθétik] 퍼세틱 형 측은한, 불쌍한
□ patience	[péiʃəns] 페이션스 명 인내(력), 참을성, 끈기
■ patient	[péiʃənt] 페이션트 형 인내심 강한, 참을성 있는 명 환자
□ patiently	[péiʃəntli] 페이션틀리 부 끈기있게

- **patriotism** [péitriətìzəm] 페이트리어티즘
  명 애국심

- **pattern** [pǽtərn] 패턴
  명 무늬, 도안, 형, 모범

- **pause** [pɔːz] 포-즈
  명 휴지, 중단 자 중단하다, 잠시 쉬다

- **pay** [pei] 페이
  타 지불하다, 수지 맞다 명 지불, 급료

- **payment** [péimənt] 페이먼트
  명 지불, 납입, 불입, 보상, 지불금액

- **pea** [piː] 피-
  명 완두(콩) 형 완두콩 비슷한

- **peace** [piːs] 피-스
  명 평화, 평온, 태평, 치안, 질서

- **peaceful** [píːsfəl] 피-스펄
  형 평화로운, 평화적인, 조용한

- **peach** [piːtʃ] 피-치
  명 복숭아, 복숭아나무

- **peak** [piːk] 피-크
  명 끝, 산꼭대기, 절정 형 최고의

■ **peanut**	[píːnʌt] 피-넛 몡 땅콩	
■ **pear**	[pɛər] 페어 몡 배, 배나무	
□ **pearl**	[pəːrl] 펄- 몡 진주 혱 진주의, 진주로 만든	
□ **peculiar**	[pikjúːljər] 피쿨-리어 혱 기묘한, 툭이한, 특유한, 고유의	
□ **peculiarity**	[pikjùːliǽrəti] 피쿨-리애러티 몡 특색, 버릇	
■ **peer**	[piər] 피어 몡 동등한 사람, 동료, 귀족(의 일원)	
■ **pencil**	[pénsəl] 펜슬 몡 연필	
□ **penetrate**	[pénətrèit] 페너트레이트 타 꿰뚫다, 간파하다	
■ **penguin**	[péŋgwin] 펭귄 몡 펭귄	
□ **pennant**	[pénənt] 페넌트 몡 우승기, 페넌트, 응원기	

□ **pensive**	[pénsiv] 펜시브 형 생각에 잠긴, 구슬픈
□ **people**	[píːpl] 피-플 명 사람들, 민족, 국민
■ **pepper**	[pépər] 페퍼 명 후추
□ **perceive**	[pərsíːv] 퍼시-브 타 지각하다, 감지하다
■ **percent**	[pərsént] 퍼센트 명 퍼센트(%), 백분율
■ **perfect**	[pə́ːrfikt] 퍼-픽트 형 결점 없는, 완전한, 정확한
□ **perfectly**	[pərféktli] 퍼펙틀리 부 완전하게, 완벽하게
■ **perform**	[pərfɔ́ːrm] 퍼폼- 자 타 실행하다, 수행하다, 연기[연주]하다
□ **performance**	[pərfɔ́ːrməns] 퍼포-먼스 명 실행, 이행, 공연, 연주, 상연, 연기
□ **perfume**	[pə́ːrfjuːm] 퍼-품- 명 향수, 향기(=fragrance)

■ **perhaps**	[pərhǽps] 퍼햅스	튀 아마(=probably), 어쩌면
□ **peril**	[pérəl] 페릴	명 위험, 모험
■ **period**	[pí∂riəd] 피어리어드	명 기간, 시대, (수업)시간, 마침표
□ **periodical**	[pìəriɔ́dikəl] 피어리오디컬	형 정기간행의, 정기간행물
□ **perish**	[périʃ] 페리쉬	자 없어지다, 죽다, 소멸하다(=die)
■ **permanent**	[pə́:rmənənt] 퍼-머넌트	형 영구한(=everlasting), 내구성의
□ **permission**	[pə:rmíʃən] 퍼-미션	명 허가, 허락, 승낙
■ **permit**	[pə:rmít] 퍼-밋	타 허가하다, 허락하다 명 허가, 면허
□ **perpendicular**	[pə̀:rpəndíkjələr] 퍼-펀디큘러	형 수직의
□ **perpetual**	[pərpétʃuəl] 퍼페추얼	형 영원한, 끊임없는

□ **perplex**	[pərpléks] 퍼플렉스 타 당황하게 하다
□ **persecute**	[pə́ːrsikjùːt] **퍼**-시큐-트 타 박해하다, 학대하다
□ **perseverance**	[pə̀ːrsivíːrəns] **퍼**-시비-어런스 명 인내, 버팀
□ **persist**	[pəːrsíst] 퍼-**시**스트 자 고집하다, 지속하다
■ **person**	[pə́ːrsən] **퍼**-슨 명 사람(개인), 인간, 인칭
□ **personal**	[pə́ːrsənəl] **퍼**-서널 형 개인의, 개인적인, 본인[자신]의
□ **personality**	[pə̀ːrsənǽləti] **퍼**-서낼러티 명 개성, 인격(=character)
□ **perspective**	[pəːrspéktiv] 퍼-스**펙**티브 명 원근, 견해, 시각(=view)
■ **persuade**	[pəːrswéid] 퍼-스**웨**이드 타 설득하다, 설득하여 ~시키다
□ **pertinent**	[pə́ːrtənənt] **퍼**-터넌트 형 적절한, 타당한

□ **pessimist**	[pésəmist] 페서미스트 명 비관론자
■ **pet**	[pet] 펫 명 애완 동물 형 귀여워하는 타 귀여워하다
□ **petal**	[pétl] 페틀 명 꽃잎
□ **petty**	[péti] 페티 형 작은
□ **pharmacy**	[fá:rməsi] 파-머시 명 (복수 pharmacyies) 명 약국, 조제술[학], 제약학, 제약업,
□ **phase**	[feiz] 페이즈 명 국면, 양상
□ **phenomenon**	[finɔ́minən] 피노미넌 명 현상, 사건
□ **philosophy**	[filɔ́səfi] 필로서피 명 철학, 사상
□ **phone number**	[founnʌ́mbər] 포운넘버 명 전화번호
□ **phone**	[foun] 포운 명 전화, 전화기 자 전화하다

■ **photograph**	[fóutəgræf] 포우터그래프 몡 사진　타자 사진을 찍다
□ **photographer**	[fətágrəfər] 퍼타그러퍼 몡 사진사, 카메라맨
□ **phrase**	[freiz] 프레이즈 몡 숙어, 관용구, (문법)구
■ **physical**	[fízikəl] 피지컬 혱 육체의, 물질적인　몡 신체검사
□ **physician**	[fizíʃən] 피지션 몡 내과 의사
□ **physics**	[fíziks] 피직스 몡 물리학
□ **piano**	[piǽnou] 피애노우 몡 피아노
■ **pick**	[pik] 픽 타자 따다, 뜯다, 쪼다, 골라잡다
□ **pickle**	[píkəl] 피클 몡 절인 것, 피클
■ **picnic**	[píknik] 피크닉 몡 피크닉, 소풍　타 소풍가다

- **picture** [píktʃər] 픽처
  명 그림, 사진, 영화, 영상, 화상

- **piece** [piːs] 피스
  명 조각, 하나, 한 개, 부분, (예술)작품

- **pierce** [piərs] 피어스
  타 꿰뚫다, 관통하다

- **piety** [páiəti] 파이어티
  명 경건, 신앙심

- **pigeon** [pídʒən] 피전
  명 비둘기

- **pile** [pail] 파일
  명 쌓아올린 것, 더미 타 쌓아 올리다

- **pilgrim** [pílgrim] 필그림
  명 순례자, 참배자

- **pill** [pil] 필
  명 환약, 알약

- **pillar** [pílər] 필러
  명 (건축)기둥, 지주, 주석

- **pillow** [pílou] 필로우
  명 베개

- **pilot** [páilət] 파일럿
  명 수로 안내인, 조종사, 파일럿

- **pinch** [pintʃ] 핀치
  타 자 꼬집다, 집다, 죄다 명 꼬집기

- **pine** [pain] 파인
  명 솔, 소나무

- **ping-pong** [píŋppàŋ] 핑팡
  명 탁구

- **pink** [piŋk] 핑크
  명 분홍색, 패랭이꽃 형 분홍색의

- **pioneer** [pàiəníər] 파이어니어
  명 개척자, 선구자

- **pipe** [paip] 파이프
  명 관, 파이프, (담배)파이프

- **pitch** [pitʃ] 피치
  명 던지기, 투구 타 자 던지다

- **pitcher** [pítʃər] 피처
  명 물주전자, 피처, (야구)투수

- **pity** [píti] 피티
  명 불쌍히 여김, 동정 타 동정하다

■ **place**	[pleis] 플레이스	몡 장소, 자리, 입장, 지위 타 두다
□ **plague**	[pleig] 플레이그	몡 전염병 타 전염병에 걸리다, 괴롭히다
■ **plain**	[plein] 플레인	혱 명백한, 검소한 몡 평원, 벌판
■ **plan**	[plæn] 플랜	몡 계획, 설계도, 도면 타 계획하다
□ **plane**	[plein] 플레인	몡 비행기(=airplane)
■ **planet**	[plǽnət] 플래넛	몡 행성, 유성
■ **plant**	[plænt] 플랜트	몡 식물, 공장 타 심다
■ **plastic**	[plǽstik] 플래스틱	몡 플라스틱(제품) 혱 플라스틱제의
■ **plate**	[pleit] 플레이트	몡 접시, 요리한 접시, 판금, 금속핀
■ **platform**	[plǽtfɔ:rm] 플랫폼	몡 단, 교단, 연단, 플랫폼, 승강장

영한 단어 | 293

□ **plausible**	[plɔ́:zəbəl] 플로-저블 형 그럴듯한
■ **play**	[plei] 플레이 타 자 놀다, 경기를 하다 명 놀이, 경기
□ **player**	[pléiər] 플레이어 명 경기자, 선수, 연주자, 배우
□ **playground**	[pléigràund] 플레이그라운드 명 운동장, 놀이터
□ **playwright**	[pléiràit] 플레이라이트 명 극작가, 각본가
□ **plea**	[pli:] 플리- 명 탄원, 구실, 신청
□ **pleasant**	[plézənt] 플레즌트 형 즐거운, 기분 좋은, 유쾌한
■ **please**	[pli:z] 플리-즈 타 기쁘게 하다 부 부디, 제발
■ **pleasure**	[pléʒər] 플레저 명 기쁨, 즐거움, 만족
■ **plenty**	[plénti] 플렌티 명 많음, 충분(↔lack) 형 많은, 충분한

☐ **plot**	[plɑt] 플랏	명 음모, 줄거리 타 몰래 꾸미다
☐ **plow**	[plau] 플라우	명 쟁기, 경작 타자 갈다, 경작하다
■ **plug**	[plʌg] 플러그	명 마개, 플러그 타 마개를 하다
☐ **plural**	[plúərəl] 플루어럴	명 복수, 복수형 형 복수의(↔singular)
■ **pocket**	[pákit] 파킷	명 호주머니 형 포켓용의, 소형의
■ **poem**	[póuim] 포우임	명 시(詩), 운문
■ **poet**	[póuit] 포우잇	명 시인
☐ **poetry**	[póuitri] 포우이트리	명 (문학의)시, 시가, 운문, 시집
■ **point**	[pɔint] 포인트	명 끝, 점, 점수, 요점 타자 가리키나
■ **poison**	[pɔ́izən] 포이즌	명 독(약), 독물 형 독 있는, 해로운

영한 단어 | **295**

■ **pole**	[poul] 포울 명 극, 극지, 막대기, 장대
■ **police**	[pəlíːs] 펄리-스 명 경찰
□ **policeman**	[pəlíːsmən] 펄리-스먼 명 경찰관, 순경
■ **policy**	[pάləsi] 팔러시 명 정책, 방침, 방책, 수단
□ **polish**	[pάliʃ] 팔리시 타 닦다, 윤을 내다 자 닦이다
■ **polite**	[pəláit] 펄라이트 형 공손한, 예의 바른
□ **politely**	[pəláitli] 펄라이틀리 부 공손히, 정중하게
■ **political**	[pəlítikəl] 폴리티컬 형 정치(상)의, 정치적인
□ **politician**	[pὰlitíʃən] 팔리티션 명 정치가
□ **politics**	[pάlitiks] 팔리틱스 명 정치, 정치학

■ **pollute**	[pəlúːt] 펄루-트 타 더럽히다, 오염시키다	
□ **pollution**	[pəlúːʃən] 펄루-션 명 오염, 공해 타 오염시키다	
□ **pomp**	[pɑmp] 팜프 명 화려	
□ **pond**	[pɑnd] 판드 명 못, 연못	
□ **ponder**	[pɑ́ndər] 폰더 자 생각하다, 숙고하다	
■ **pool**	[puːl] 풀- 명 물웅덩이, (수영용)풀	
■ **poor**	[puər] 푸어 형 가난한, 서투른, 불쌍한, 하찮은	
■ **pop**	[pɑp] 팝 형 대중적인 명 대중음악 타 탁 튀다	
■ **popular**	[pɑ́pjələr] 파퓰러 형 인기 있는, 유행의, 대중적인	
□ **popularity**	[pɑ̀pjəlǽrəti] 포퓰래러티 명 인기, 유행	

■ **population**	[pàpjəléiʃən] 파퓰레이션 명 인구, 주민	
■ **pork**	[pɔ:rk] 포크 명 돼지고기	
■ **port**	[pɔ:rt] 포트 명 항구, 항구마을	
□ **portable**	[pɔ́:rtəbl] 포터블 형 들고 다닐 수 있는, 휴대용의	
□ **porter**	[pɔ́:rtər] 포-터 명 (화물 등의)운반인, (역의)짐꾼	
□ **portrait**	[pɔ́:rtrit] 포-트릿 명 초상화	
□ **portray**	[pɔ:rtréi] 포-트레이 타 그리다, 묘사하다	
■ **position**	[pəzíʃən] 퍼지션 명 위치, 지위, 태도, 자세, 근무처	
□ **positive**	[pázətiv] 파저티브 형 적극적인, 긍정적인(↔negative)	
■ **possess**	[pəzés] 퍼제스 타 소유하다, 가지고 있다, 사로잡히다	

□ **possession**	[pəzéʃən] 퍼제션 몡 소유, 소유물, 재산	
□ **possibility**	[pàsəbíləti] 파서빌러티 몡 가능성, 장래성	
■ **possible**	[pásəbəl] 파서블 혱 가능한(↔impossible), 있음직한	
□ **possibly**	[pásəbli] 파서블리 뷔 어쩌면, 아마, 될 수 있는 한	
■ **post**	[poust] 포우스트 몡 우편(물), 우체국 타 우송하다	
□ **postage**	[póustidʒ] 포우스티지 몡 우편요금	
□ **postcard**	[póustkà:rd] 포우스트카―드 몡 우편엽서	
■ **poster**	[póustər] 포우스터 몡 포스터, 벽보, 광고전단	
□ **posterity**	[pɔstérəti] 포스테러티 몡 자손, 후세사람들	
□ **postpone**	[poustpóun] 포우스트포운 타 연기하다, 미루다	

■ **pot**	[pɑt] 팟 명 항아리, 단지, (깊은)냄비
■ **potato**	[pətéitou] 퍼테이토우 명 감자, (미)고구마
□ **potent**	[póutənt] 포우턴트 형 강력한, 유력한
□ **potential**	[pouténʃəl] 포우텐셜 형 잠재적인 명 잠재력, 가능성
■ **pour**	[pɔːr] 포- 타 자 따르다, 쏟다, 넘쳐흐르다
□ **poverty**	[pávərti] 파버티 명 가난(↔wealth), 빈곤
■ **powder**	[páudər] 파우더 명 가루, 분말
■ **power**	[páuər] 파우어 명 힘, 능력, 권력
□ **powerful**	[páuərfəl] 파우어펄 형 강한, 강력한
□ **practical**	[præktikəl] 프랙티컬 형 실제의, 현실적인, 실용적인

☐ **practically**	[prǽktikəli] 프랙티컬리	튀 거의, 실제로
■ **practice**	[prǽktis] 프랙티스	명 연습, 실행, 실제 타 연습하다
☐ **prairie**	[prɛ́əri] 프레어리	명 대초원
■ **praise**	[preiz] 프레이즈	타 칭찬하다, 찬미하다 명 칭찬, 찬양
■ **pray**	[prei] 프레이	자 빌다, 기도하다 명 기도
☐ **preach**	[pri:tʃ] 프리-치	타 자 설교하다, 전도하다
☐ **precede**	[pri:sí:d] 프리-시-드	타 ~에 앞서다, 능가하다
■ **precious**	[préʃəs] 프레셔스	형 비싼, 귀중한(=valuable)
■ **precise**	[prisáis] 프리사이스	형 정확한, 명확한, 꼼꼼한
☐ **predecessor**	[prédisèsər] 프레디세서	명 전임자, 선배, 선조

■ **predict**	[pridíkt] 프리딕트 타 자 예측하다(=foretell), 예언하다	
■ **predictable**	[pridíktəbəl] 프리딕터블 형 예언[예상, 예측]할 수 있는	
□ **predominant**	[pridámənənt] 프리다머넌트 형 뛰어난, 우세한	
□ **preface**	[préfis] 프레피스 명 머리말, 서문	
■ **prefer**	[prifə́:r] 프리퍼- 타 오히려 ~을 좋아하다 명 선호	
□ **preferable**	[préfərəbəl] 프레퍼러블 형 차라리 나은, 더 바람직한	
□ **prejudice**	[prédʒədis] 프레저디스 명 편견(=bias), 선입관	
□ **preoccupy**	[pri:ákjəpài] 프리-아큐파이 타 마음을 빼앗다, 먼저 차지하다	
□ **preparation**	[prèpəréiʃən] 프레퍼레이션 명 준비, 각오	
■ **prepare**	[pripέər] 프리페어 타 자 준비하다, 채비하다	

☐ **preposition**	[prèpəzíʃən] 프레퍼지션 명 (문법)전치사	
☐ **prescribe**	[priskráib] 프리스크라이브 타 규정하다, 명령하다, 처방하다	
☐ **prescription**	[priskrípʃən] 프리스크립션 명 법규, 명령, 처방	
☐ **presence**	[prézəns] 프레즌스 명 존재, 현존, 출석(↔absence), 면전	
■ **present**	[prézənt] 프레즌트 명 현재, 선물 형 현재의, 출석의 타 선물하다, 주다	
☐ **presently**	[prézəntli] 프레즌틀리 부 이내, 곧	
☐ **preserve**	[prizə́ːrv] 프리저-브 타 유지하다(=keep), 보존하다	
■ **president**	[prézidənt] 프레지던트 명 대통령, 사장, 총장	
■ **press**	[pres] 프레스 타 누르다, 압박하다 명 누르기, 출판물	
☐ **pressure**	[préʃər] 프레셔 명 압력, 기압, 억압, (정신적)압박	

□ **prestige**	[prestíːdʒ] 프레스**티**-지 몡 위신, 명성
□ **presume**	[prizúːm] 프리**줌**- 타 상상하다, 생각하다
■ **pretend**	[priténd] 프리**텐**드 타 ~인 체하다, 가장하다
□ **pretty**	[príti] **프리**티 혱 예쁜, 귀여운 튀 꽤, 상당히
□ **prevail**	[privéil] 프리**베**일 타 보급되다, 우세하다
■ **prevent**	[privént] 프리**벤**트 타 막다, 예방하다 몡 방지 예방
■ **previous**	[príːviəs] **프리**-비어스 혱 앞의, 이전의, 사전의
□ **prey**	[prei] 프**레**이 몡 먹이, 희생 타 잡아먹다
■ **price**	[prais] 프**라**이스 몡 가격, 물가, 대가, 희생
□ **pride**	[praid] 프**라**이드 몡 긍지, 만족, 자존심, 자랑

■ priest	[pri:st] 프리-스트	명 성직자, (카톨릭)사제
□ primarily	[praimérəli] 프라이메릴리	형 첫째로, 처음으로, 원래(는), 주로, 우선
■ primary	[práimèri] 프라이메리	형 첫째의, 초기의, 원시적인, 근본적인
□ prime	[praim] 프라임	형 최초의, 가장 중요한 명 전성기
□ primitive	[prímətiv] 프리머티브	형 원시의 명 원시인
□ prince	[prins] 프린스	명 왕자
■ principal	[prínsəpəl] 프린서펄	형 주된, 주요한 명 교장, 지배자, 사장
■ principle	[prínsəpl] 프린서플	명 원리, 원칙, 주의, 신조
■ print	[print] 프린트	명 인쇄(물), 자국 타 인쇄[출판]하다
□ priority	[praiɔ́(:)rəti] 프라이오-러티	명 우선 사항, 긴급 사항

■ **prison**	[prízn] 프리즌 명 교도소, 감옥	
□ **prisoner**	[príznər] 프리즈너 명 죄수, 포로	
■ **private**	[práivit] 프라이빗 형 개인의, 비밀의, 사적인(↔public)	
□ **privilege**	[prívəlidʒ] 프리벌리지 명 특권 타 특권을 주다	
■ **prize**	[praiz] 프라이즈 명 상, 상품, 상금	
□ **probable**	[prábəbl] 프라버블 형 있음직한, 예상되는, 거의 확실한	
□ **probably**	[prábəbli] 프라버블리 부 아마, 대개는, 필시, 십중팔구	
■ **problem**	[prábləm] 프라블럼 명 문제, 의문	
□ **procedure**	[prəsí:dʒər] 프러시-저 명 수속, 진행	
□ **proceed**	[prousí:d] 프로우시-드 자 나아가다, 계속하다, 진행하다	

■ **process**	[práses] 프라세스 명 과정, 진행, 경과, 공정
□ **procession**	[prəséʃən] 프러세션 명 행렬, 행진
□ **prodigal**	[prɔ́digəl] 프로디걸 형 낭비하는, 방탕한
■ **produce**	[prədjú:s] 프러듀-스 타 생산하다(↔consume) 명 생산물, 제품
□ **producer**	[prədjú:sər] 프러듀-서 명 생산자, 생산국, 제작자
□ **product**	[prɑ́dəkt] 프라덕트 명 산출물, 생산품, 소산, 결과, 성과
□ **production**	[prədʌ́kʃən] 프러덕션 명 생산(↔consumption), 생산물, 제작
□ **profess**	[prəfés] 프러페스 타 공언하다, 고백하다
■ **profession**	[prəféʃən] 프러페션 명 직업, 전문직
□ **professional**	[prəféʃənəl] 프러페셔널 형 직업의, 전문직의 명 전문가

□ **professionally**	[prəféʃənəlli] 프러페셔널리 🟦 전문적으로, 직업상
□ **professor**	[prəfésər] 프러페서 🟦 (대학)교수
□ **proficient**	[prəfíʃənt] 프러피션트 🟦 숙달한, 능숙한
■ **profit**	[práfit] 프라핏 🟦 이익 🟦 이익을 보다
□ **profound**	[prəfáund] 프러파운드 🟦 깊이가 있는, 심오한
□ **profoundly**	[prəfáundli] 프러파운들리 🟦 깊이, 심원하게
■ **program**	[próugræm] 프로우그램 🟦 프로그램, 계획, 예정
■ **progress**	[prágres] 프라그레스 🟦 진보하다, 진행하다 🟦 진보, 진행
□ **prohibit**	[prouhíbit] 프로우히비트 🟦 금지하다
■ **project**	[prədʒékt] 프러젝트 🟦 계획 🟦 계획하다

□ prolong	[proulɔ́:ŋ] 프로우롱-	타 연장하다, 연기하다
□ prominent	[prɔ́mənənt] 프로머넌트	형 눈에 띄는, 저명한
■ promise	[prɑ́mis] 프라미스	명 약속, 기대, 가망 타자 약속하다
□ promote	[prəmóut] 프러모우트	타 촉진하다, 승진시키다
□ promotion	[prəmóuʃən] 프러모우션	명 승진, 촉진
□ prompt	[prɔmpt] 프롬프트	형 신속한, 즉시의
□ prone	[proun] 프로운	형 납작해진, ~에 걸리기 쉬운
□ pronoun	[próunàun] 프로우나운	명 (문법)대명사
□ pronounce	[prənáuns] 프러나운스	타자 발음하다, 선언하다
□ pronunciation	[prənʌ̀nsiéiʃən] 프러넌시에이션	명 발음

■ **proof**	[pru:f] 프루-프 형 ~에 견디는 명 증명, 증거
□ **propaganda**	[prɔ̀pəgǽndə] 프로퍼**갠**더 명 선전, 주장
□ **propeller**	[prəpélər] 프러**펠**러 명 (비행기의)프로펠러
■ **proper**	[prápər] 프**라**퍼 형 적당한, 적절한, 예의바른, 고유의
■ **properly**	[prápərli] 프**라**퍼리 부 적절히, 올바르게
□ **property**	[prápərti] 프**라**퍼티 명 재산, 소유물(=possessions)
□ **prophecy**	[práfəsi] 프**라**퍼시 명 예언, 예언서
□ **proportion**	[prəpɔ́:rʃən] 프러**포**-션 명 비례, 비율
■ **proposal**	[prəpóuzəl] 프러**포**우절 명 신청, 제안, 청혼
□ **propose**	[prəpóuz] 프러**포**우즈 타 자 제안하다, 신청[청혼]하다

□ **proposition**	[prɔ̀pəzíʃən] 프로퍼지션 명 명제, 제의	
□ **propriety**	[prəpráiəti] 프러프라이어티 명 예의바름, 교양	
□ **prose**	[prouz] 프로우즈 명 산문(↔verse 운문), 평범	
□ **prosecution**	[prɔ̀səkjúːʃən] 프로서큐—션 명 실행, 수행, 기소, (the ~)검찰 당국	
□ **prospect**	[prɔ́spekt] 프로스펙트 명 기대, 예상, 가망	
□ **prosperity**	[prɔspérəti] 프로스페러티 명 번영, 번창	
■ **protect**	[prətékt] 프러텍트 타 보호하다, 수호하다, 막다	
□ **protection**	[prətékʃən] 프러텍션 명 보호, 보호하는 것[사람]	
■ **protest**	[prətést] 프러테스트 명 항의, 주장 자 항의하다, 주장하다	
□ **proud**	[praud] 프라우드 형 거만한, 잘난 체하는, 자랑할 만한	

- **prove** [pru:v] 프루-브
  타 증명하다, 판명되다 자 ~임을 알다

- **proverb** [právə:rb] 프라버-브
  명 속담, 격언

- **provide** [prəváid] 프러바이드
  타 자 공급하다, 준비[대비]하다

- **providence** [próvədəns] 프로버던스
  명 섭리, 신의 뜻, 신

- **provoke** [prəvóuk] 프러보우크
  타 화나게 하다, 도발하다

- **prudent** [prú:dənt] 프루-던트
  형 사려 깊은, 신중한

- **psychology** [saikálədʒi] 사이콜러지
  명 심리학, 심리

- **public** [pʌ́blik] 퍼블릭
  형 공공의(↔private) 명 공중, 대중

- **publish** [pʌ́bliʃ] 퍼블리시
  타 발표[공표]하다, 출판하다

- **publisher** [pʌ́bliʃər] 퍼블리셔
  명 출판업자, 발행인, 출판사

- **pull**
  [pul] 풀
  타|자 잡아당기다, 끌다(=draw)

- **pulse**
  [pʌls] 펄스
  명 맥박, 진동

- **pumpkin**
  [pʌ́mpkin] 펌프킨
  명 호박

- **punch**
  [pʌntʃ] 펀치
  명 구멍 뚫는 기구, 타격 타 구멍을 뚫다

- **punctual**
  [pʌ́ŋktʃuəl] 펑크추얼
  형 시간[기한]을 잘 지키는

- **punish**
  [pʌ́niʃ] 퍼니시
  타 벌하다, 응징하다

- **punishment**
  [pʌ́niʃmənt] 퍼니시먼트
  명 벌(↔reward 상), 형벌

- **pupil**
  [pjúːpəl] 퓨–펄
  명 (초등)학생

- **puppy**
  [pʌ́pi] 퍼피
  명 강아지

- **purchase**
  [pə́ːrtʃəs] 퍼–처스
  타 사다, 구입하다, 획득하다 명 구입

■ **pure**	[pjuər] 퓨어 형 순수한, 순결한, 맑은, 깨끗한
□ **purely**	[pjúərli] 퓨어리 부 전혀, 전적으로
□ **puritan**	[pjúərətən] 퓨어러턴 명 청교도
■ **purple**	[pə́ːrpəl] 퍼-플 명 자줏빛 형 자줏빛의
■ **purpose**	[pə́ːrpəs] 퍼-퍼스 명 목적(=aim), 목표, 용도
■ **purse**	[pəːrs] 퍼-스 명 돈지갑, 돈주머니
□ **pursue**	[pərsúː] 퍼수- 명 추구 타 추구하다, 쫓다
□ **pursuit**	[pərsúːt] 퍼수-트 명 추적, 추구
■ **push**	[puʃ] 푸시 타자 밀다, 밀고 나아가다 명 밀기
■ **put**	[put] 풋 타자 놓다, 두다, 넣다, 움직이다

Q

ENGLISH KOREAN WORDS DICTIONARY

□ **quadrangle**
[kwádræŋgəl] 콰드랭글
명 네모꼴, 사각형

□ **quaint**
[kweint] 퀘인트
형 기묘한, 기발한, 별스러워 흥미있는

□ **quake**
[kweik] 퀘이크
자 덜덜 떨다, 흔들리다 명 진동

■ **qualify**
[kwáləfài] 콸러파이
타 자 자격을 주다[얻다], 인정하다

■ **quality**
[kwáləti] 콸러티
명 질(↔quantity 양), 특질, 성질

■ **quantity**
[kwántəti] 콴터티
명 양(↔quality), 분량, 수량, 다량, 다수

■ **quarrel**
[kwɔ́:rəl] 쿼-럴
명 싸움, 말다툼 자 싸우다, 다투다

■ **quarter**
[kwɔ́:rtər] 쿼-터
명 4분의 1, 15분 타 4(등)분하다

□ **quarterly**
[kwɔ́:rtərli] 쿼-털리
형 부 한해 4번의[으로], 사계의

□ **quaver**	[kwéivər] 퀘이버 타 자 떨리다, 목소리를 떨다, 진동하다
□ **quay**	[ki:] 키- 명 방파제, 선창, 부두
■ **queen**	[kwi:n] 퀸- 명 여왕, 왕비
□ **queer**	[kwiər] 퀴어 형 기묘한, 수상한, 언짢은
□ **query**	[kwíəri] 퀴어리 명 질문, 의문, 물음표 타 질문하다
■ **question**	[kwéstʃən] 퀘스천 명 문제, 질문, 물음, 의문
□ **questionable**	[kwéstʃənəbəl] 퀘스처너블 형 의심나는, 미심쩍은, 수상쩍은
□ **queue**	[kju(:)] 큐- 명 줄, 열, 땋은 머리 자 줄을 짓다
■ **quick**	[kwik] 퀵 형 빠른, 잽싼, (이해)빠른
□ **quicken**	[kwíkən] 퀴컨 타 자 빠르게 하다, 활기 띠게 하다

- □ **quickly**　[kwíkli] 퀴클리
  - 툇 빨리, 급히, 곧

- □ **quicksilver**　[kwíksìlvər] 퀵실버
  - 명 수은 형 수은의, 변덕스러운

- ■ **quiet**　[kwáiət] 콰이엇
  - 형 조용한(↔noisy 시끄러운), 평온한

- □ **quietly**　[kwáiətli] 콰이어틀리
  - 툇 조용히, 은밀히, 살며시

- □ **quill**　[kwil] 퀴일
  - 명 깃대, 깃대로 만든 것, 침, 바늘

- □ **quilt**　[kwilt] 퀼트
  - 명 누비이불, 퀼트 제품

- ■ **quit**　[kwit] 큇
  - 타 떠나다, 그만두다

- ■ **quite**　[kwait] 콰이트
  - 툇 완전히, 꽤, 확실히

- ■ **quiz**　[kwiz] 퀴즈
  - 명 (간단한) 시험, 퀴즈

- □ **quotation**　[kwoutéiʃən] 쿼테이션
  - 명 인용, 인용구, 인용문

R

ENGLISH KOREAN WORDS DICTIONARY

- **race**
  [reis] 레이스
  명 인종, 민족 형 인종의 타 경주하다

- **radical**
  [rǽdikəl] 래디컬
  형 근본적인, 급진적인

- **radically**
  [rǽdikəli] 래디컬리
  부 급진적으로

- **radio**
  [réidiòu] 레이디오우
  명 라디오, 라디오 방송

- **rage**
  [reidʒ] 레이지
  명 격노, 대유행 타 격노하다

- **railroad**
  [réilròud] 레일로우드
  명 (미)철도, 선로 타 철도를 놓다

- **railway**
  [réilwèi] 레일웨이
  명 (영)철도, 선로

- **rain**
  [rein] 레인
  명 비, 강우 타 비가 오다

- **rainbow**
  [réinbòu] 레인보우
  명 무지개, 가지각색

□ **rainy**	[réini] 레이니 혱 비가 오는	
■ **raise**	[reiz] 레이즈 타 올리다, 기르다, 세우다, 모으다	
■ **random**	[rǽndəm] 랜덤 혱 닥치는 대로의, 되는 대로의	
■ **range**	[reindʒ] 레인지 명 열, 산맥 타 늘어놓다, 뻗다	
■ **rank**	[ræŋk] 랭크 명 열, 지휘, 계급, 사병 타 자리잡다	
■ **rapid**	[rǽpid] 래피드 혱 속도가 빠른, 신속한, 급속한(=fast)	
□ **rapidly**	[rǽpidli] 래피들리 부 재빨리, 신속히	
□ **rapture**	[rǽptʃər] 랩쳐 명 큰기쁨, 황홀	
□ **rare**	[rɔːr] 레어 혱 드문, 진기한, 설익은	
■ **rat**	[ræt] 랫 명 쥐, (속어)배신자 자 쥐를 잡다	

영한 단어 | **319**

■ rate	[reit] 레이트	명 비율, 율, 요금, 속도, 등급
■ rather	[rǽðər] 래더	부 오히려, 어느 쪽인가 하면, 얼마간
□ rational	[rǽʃənl] 래셔늘	형 합리적인, 이성적인
□ ravage	[rǽvidʒ] 래비지	명 황폐, 파괴, 타 황폐해지다
■ raw	[rɔː] 로-	형 생[날]것의, 가공하지 않은
□ ray	[rei] 레이	명 광선, 희망의 빛, 방사선
■ reach	[riːtʃ] 리-치	타 자 도착하다(=arrive), 닿다
■ react	[riːækt] 리-액트	타 반발하다, 반항하다
□ reaction	[riːækʃən] 리-액션	명 반응, 반작용
■ read	[riːd] 리-드	타 자 읽다, 소리내어 읽다, 독서하다

□ **readily**	[rédəli] 레덜리 튀 기꺼이, 자진하여, 곧, 바로
□ **reading**	[ríːdiŋ] 리-딩 명 읽기, 독서
■ **ready**	[rédi] 레디 형 준비가 된, 기꺼이 ~하는
■ **real**	[ríːəl] 리-얼 형 현실의, 실제의, 진짜의
□ **reality**	[riǽləti] 리앨러티 명 진실(성), 현실(성), 사실, 실제
□ **realization**	[rìːələzéiʃən] 리-얼러제이션 명 실현, 실감
■ **realize**	[ríːəlàiz] 리-얼라이즈 타 실현하다, 실감하다, 깨닫다
□ **really**	[ríːəli] 리-얼리 튀 참으로, 정말로, 실제로, 설마, 정말
□ **realm**	[relm] 렐름 명 영지, 왕국
□ **reap**	[riːp] 리-프 타 베어들이다, 거둬들이다, 수확하다

□ **rear**	[riər] 리어- 명 뒤쪽(=back), 배후	
■ **reason**	[ríːzən] 리-즌 명 이유(=cause), 이성, 도리, 이치	
□ **reasonable**	[ríːzənəbəl] 리-저너블 형 분별 있는, 온당한, 적당한, 알맞은	
□ **reawaken**	[rìːəwéikən] 리-어웨이컨 타 다시 각성하다	
□ **rebel**	[rébəl] 레블 자 반역하다 명 반역자	
□ **rebuke**	[ribjúːk] 리뷰-크 타 비난하다, 꾸짖다 명 비난	
□ **recall**	[rikɔ́ːl] 리콜- 타 소환하다, 생각해내다 명 회상, 소환	
□ **recede**	[riːsíːd] 리-시-드 타 물러가다, 멀어지다	
□ **receipt**	[risíːt] 리시-트 명 수령, 영수, 영수증	
■ **receive**	[risíːv] 리시-브 타 받다(=accept), 수령하다	

■ recent	[ríːsənt] 리-슨트 형 근래의, 최근의	
□ recently	[ríːsəntli] 리-슨틀리 부 최근에(=lately), 얼마전	
□ reception	[risépʃən] 리셉션 명 받아들임, 응접, 접대	
■ recipe	[résəpìː] 레서피- 명 조리법, 처방	
□ reckless	[réklis] 렉클리스 형 무모한, 분별없는	
□ reckon	[rékən] 레컨 타 세다, 판단하다	
□ recognition	[rèkəgníʃən] 레커그니션 명 알아봄, 인정하기, 승인	
■ recognize	[rékəgnàiz] 레커그나이즈 타 알아보다, 인정하다 명 인식, 인지	
□ recollect	[rèkəlékt] 레컬렉트 타 회상하다, 생각해내다	
■ recommend	[rèkəménd] 레커멘드 타 추천하다, 권하다	

영한 단어 | **323**

□ **reconcile**	[rékənsàil] 레컨사일	탄 화해시키다, 조정하다(=resolve)
■ **record**	[rékərd] 레커드	명 기록, 이력, 성적, 레코드[음반]
■ **record**	[rékɔ:rd] 레코-드	타 기록하다 명 기록
□ **recover**	[rikΛvər] 리커버	타 자 되찾다, 회복하다 명 회복
□ **recovery**	[rikΛvəri] 리커버리	명 회복, 부흥
□ **recreation**	[rèkriéiʃən] 레크리에이션	명 휴양, 보양
■ **rectangle**	[rétæŋgəl] 렉탱글	명 직사각형
□ **recycle**	[ri:sáikəl] 리-사이클	타 재생하다
■ **red**	[red] 레드	형 빨간, 적색의 명 빨강, 적색
■ **reduce**	[ridjú:s] 리듀-스	타 줄이다, 감소하다 명 축소, 감소

□ **reduction**	[ridʌ́kʃən] 리덕션 명 감소, 축소, 할인
■ **refer**	[rifə́:r] 리퍼- 자 조회하다, 참조하다
□ **reference**	[réfərəns] 레퍼런스 명 참고, 참조, 언급
□ **reflect**	[riflékt] 리플렉트 타자 반사하다, 비추다, 반영하다
□ **reform**	[ri:fɔ́:rm] 리-폼- 타 개혁하다, 개정하다 명 개혁
□ **refrain**	[rifréin] 리프레인 타 ~을 그만두다 명 (노래의)후렴
□ **refresh**	[rifréʃ] 리프레쉬 타 상쾌하게 하다, 새롭게 하다
■ **refrigerator**	[rifrídʒəréitər] 리프리저레이터 명 냉장고, 냉각[냉동] 장치
■ **refuse**	[rifjú:z] 리퓨-즈 타자 거절하다(↔accept), 사퇴하다
■ **regard**	[rigá:rd] 리가-드 타 간주하다, 주목하다 명 관심, 존경

■ **region**	[ríːdʒən] 리-전 명 지방, 지역, 지대, 영역	
□ **regional**	[ríːdʒənəl] 리-저널 형 지방의, 지역적인	
□ **register**	[rédʒəstər] 레저스터 타 등록하다, 가리키다	
■ **regret**	[rigrét] 리그렛 명 유감, 후회, 애도 타 후회하다	
■ **regular**	[régjələr] 레귤러 형 규칙적인, 정례의, 정규의	
□ **regulate**	[régjəlèit] 레귤레이트 타 규정하다, 조절하다	
□ **regulation**	[règjəléiʃən] 레귤레이션 명 규칙, 규정, 법규	
□ **reign**	[rein] 레인 명 통치, 군림 타 군림하다, 통치하다	
□ **reinforce**	[rìːinfɔ́ːrs] 리-인포-스 타 보강하다, 강화하다	
■ **reject**	[ridʒékt] 리젝트 타 거절하다, 버리다	

□ rejoice	[ridʒɔ́is] 리조이스 타 기쁘게 하다, 즐겁게 하다
■ relate	[riléit] 릴레이트 타 말하다, 관련시키다
■ relationship	[riléiʃənʃip] 릴레이션십 명 관련, 관계, 친척 관계
■ relative	[rélətiv] 렐러티브 명 친척, 인척 형 상대적인(↔absolute)
■ relatively	[rélətivli] 렐러티블리 부 비교적
■ relax	[rilǽks] 릴랙스 타자 긴장을 풀다(=rest, relieve), 늦추다
□ relay	[ríːlei] 릴-레이 명 교대 타 교대하다
□ release	[rilíːs] 릴리-스 타 석방하다, 풀어놓다 명 석방, 방면
□ relevant	[réləvənt] 렐러번트 형 관련 있는, 적절한, 상응하는
■ reliable	[riláiəbəl] 릴라이어블 형 신뢰할 수 있는, 확실한

□ **reliance**	[riláiəns] 릴라이언스 명 신뢰, 믿음
□ **relic**	[rélik] 렐릭 명 유물, 유적
□ **relief**	[rilíːf] 릴리-프 명 경감, 안심, 위안, 구조
■ **relieve**	[rilíːv] 릴리-브 타 완화하다, 누그러뜨리다, 구제하다
■ **religion**	[rilídʒən] 릴리전 명 종교, 종파, 신앙
□ **religious**	[rilídʒəs] 릴리저스 형 종교적인, 신앙심이 깊은
□ **relish**	[réliʃ] 렐리쉬 명 맛, 흥미
□ **reluctant**	[rilʌ́ktənt] 릭러턴트 형 달갑지 않은, 내키지 않는
□ **rely**	[rilái] 릴라이 자 의지하다, 신뢰하다
■ **remain**	[riméin] 리메인 자 남다, 머무르다, ~한 그대로다

■ **remark**	[rimá:rk] 리마―크	타 자 말하다, 주목하다 명 주의, 비평
□ **remarkable**	[rimá:rkəbəl] 리마―커블	형 현저한, 두드러진
□ **remedy**	[rémədi] 레머디	명 치료, 구제 자 치료하다, 구제하다
■ **remember**	[rimémbər] 리멤버	타 자 생각해내다, 기억하다(↔forget)
■ **remind**	[rimáind] 리마인드	타 생각나게 하다(↔forget), 상기시키다
□ **remote**	[rimóut] 리모우트	형 먼, 먼 곳의, 외딴
□ **removal**	[rimú:vəl] 리무―벌	명 이동, 이전, 제거
■ **remove**	[rimú:v] 리무―브	타 옮기다, 벗다 자 이동하다
□ **render**	[réndər] 렌더	자 ~이 되게 하다, 주다
□ **renounce**	[rináuns] 리나운스	타 버리다, 부인하다

□ **renown**	[rináun] 리나운 명 명성
■ **rent**	[rent] 렌트 명 집세, 방세, 임대료 타 임대하다
■ **repair**	[ripɛ́ər] 리페어 타 수선하다, 수리하다 명 수선 수리
■ **repeat**	[ripíːt] 리피-트 타 자 되풀이하다, 반복하다 명 반복
□ **repel**	[ripél] 리펠 타 쫓아버리다, 불쾌감을 주다
□ **repent**	[ripént] 리펜트 타 후회하다
■ **replace**	[ripléis] 리플레이스 타 제자리에 놓다, 바꾸다(=substitute)
■ **reply**	[riplái] 리플**라**이 타 자 대답하다 명 대답
■ **report**	[ripɔ́ːrt] 리포-트 타 자 보고[보도]하다 명 보고(서)
□ **repose**	[ripóuz] 리포우즈 타 휴식, 쉬다, 쉬게 하다

330 | Point Up 왕초보 영한+한영 단어 사전

■ **represent**	[rèprizént] 레프리젠트	타 나타내다, 묘사하다, 대표하다
□ **representative**	[rèprizentèitiv] 레프리젠테이티브	명 대표자 형 대표하는, 대표적인
□ **reproach**	[ripróutʃ] 리프로우치	타 비난하다
□ **reproduce**	[rì:prədjú:s] 리-프러듀-스	타 자 재생하다, 번식하다
□ **reprove**	[riprú:v] 리프루-브	타 비난하다, 꾸짖다
□ **republic**	[ripʌ́blik] 리퍼블릭	명 공화국
■ **reputation**	[rèpjətéiʃən] 레퓨테이션	명 평판, 명성
□ **request**	[rikwést] 리퀘스트	타 바라다, 부탁하다 명 요구, 부탁
■ **require**	[rikwáiər] 리콰이어	타 요구하다, 필요로 하다
□ **rescue**	[réskju:] 레스큐-	타 구조하다, 구출하다 명 구조, 구출

■ **research**	[risə́:rtʃ] 리서-치	타 연구하다, 조사하다 명 연구, 조사
□ **resemble**	[rizémbəl] 리젬블	타 ~와 닮다, 공통점이 있다
□ **resent**	[rizént] 리젠트	타 분개하다
■ **reserve**	[rizə́:rv] 리저-브	명 예비, 비축 타 예약하다
□ **reside**	[ri:sáid] 리-사이드	타 살다, 존재하다
□ **residence**	[rézidəns] 레지던스	명 주거, 저택, 거주
□ **resident**	[rézidənt] 레지던트	명 거주자, (미) 레지던트
□ **resign**	[rizáin] 리자인	타 사직하다(=quit), 단념하다
■ **resist**	[rizíst] 리지스트	타 저항[반항]하다, 참다, 억누르다
□ **resistance**	[rizístəns] 리지스턴스	명 저항, 반항

□ resolute	[rézəlùːt] 레절루-트 형 결심이 굳은, 단호한
□ resolution	[rèzəlúːʃən] 레절루-션 명 결심, 결의(안), 결단(력)
□ resolve	[rizálv] 리잘브 타 결심하다, 결의하다, 해결하다
□ resort	[rizɔ́ːrt] 리-소-트 명 피서지, 휴양지 타 의지하다
■ resource	[ríːsɔːrs] 리-소-스 명 자원, 물자
□ resources	[risɔ́ːrsiz] 리소-시즈 명 자원, 수단
■ respect	[rispékt] 리스펙트 타 존중하다, 존경하다 명 존경, 존중
□ respective	[rispéktiv] 리스펙티브 형 각각의, 각자의
□ respond	[rispánd] 리스판드 자 응답[대답]하다, 반응하다
□ response	[rispáns] 리스판스 명 응답, 반응

□ **responsibility**	[rispɑ̀nsəbíləti] 리스판서빌러티 명 책임, 의무
■ **responsible**	[rispɑ́nsəbəl] 리스판서블 형 책임이 있는, 신뢰할 수 있는
□ **rest room**	[restru:m] 레스트룸- 명 (호텔·극장)화장실, 세면실
■ **rest**	[rest] 레스트 자 휴식하다, 쉬다 명 휴식, 나머지
■ **restaurant**	[réstərənt] 레스터런트 명 레스토랑, 요리점, 음식점
□ **restore**	[ristɔ́:r] 리스토- 타 되돌려주다, 회복시키다
□ **restrain**	[ri:stréin] 리-스트레인 타 억제하다(=hold back), 제한하다
■ **restrict**	[ristríkt] 리스트릭트 타 제한하다, 한정하다
■ **result**	[rizʌ́lt] 리절트 명 결과, 성과 자 결과로서 생기다
□ **resume**	[rizú:m] 리줌- 타 다시 시작하다, 되찾다 명 이력서

□ **retain**	[ritéin] 리테인 타 보유하다, 간직하다
□ **retire**	[ritáiər] 리타이어 자 물러나다, 은퇴하다
□ **retort**	[ritɔ́ːrt] 리토-트 명 말대꾸 타 말대꾸하다
□ **retreat**	[riːtríːt] 리-트리,-트 타 물러가다 명 후퇴(↔advance), 피난처
■ **return**	[ritə́ːrn] 리턴- 자 되돌아가다 타 돌려주다 명 귀국
■ **reveal**	[rivíːl] 리빌- 타 드러내다(↔conceal), 보이다
□ **revenge**	[rivéndʒ] 리벤지 명 복수, 원한 타 복수하다
□ **revenue**	[révənjùː] 레버뉴- 명 소득(↔expenditure), 세입(=income)
□ **reverence**	[révərəns] 레버런스 명 존경 타 존경하다
□ **reverie**	[révəri] 레버리 명 환상(幻想), 공상

□ **reverse**	[rivə́ːrs] 리버-스 형 반대의, 거꾸로 된 타 역전시키다 명 반대
□ **review**	[rivjúː] 리뷰- 타 복습하다, 비평하다 명 비평, 평론
□ **revise**	[riváiz] 리바이즈 타 개정하다, 수정하다(=edit)
□ **revival**	[riváivəl] 리바이블 명 부활, 소생
□ **revolt**	[rivóult] 리보울트 명 반란, 혐오 타 반역하다, 불쾌감을 느끼다
□ **revolution**	[rèvəlúːʃn] 레벌루-션 명 혁명, 혁명적인 사건 타 회전하다
□ **reward**	[riwɔ́ːrd] 리워-드 명 보답, 보상 타 보답하다
□ **rhythm**	[ríðəm] 리듬 명 율동, 리듬
□ **rice**	[rais] 라이스 명 쌀, 벼
■ **rich**	[ritʃ] 리치 형 부자의, 부유한, 풍부한, 값진

□ rid	[rid] 리드 타 제거하다, 해방하다	
□ riddle	[rídl] 리들 명 수수께끼, 알아맞히기	
■ ride	[raid] 라이드 타자 타다, 타고 가다 명 탐, 태움	
□ ridicule	[rídikjùːl] 리디큘- 명 조롱, 조소 타 조소하다	
■ ridiculous	[ridíkjələs] 리디큘러스 형 우스운, 어리석은	
■ right	[rait] 라이트 형 올바른, 오른쪽(의) (↔left 왼쪽)	
□ righteous	[ráitʃəs] 라이처스 형 바른, 공정한	
□ rigid	[rídʒid] 리지드 형 단단한, 엄격한(=strict stiff)	
■ ring	[riŋ] 링 명 반지, 고리, (복싱의)링	
□ riot	[ráiət] 라이어트 명 폭동 타 폭동을 일으키다	

□ **ripe**	[raip] 라이프 형 익은, 숙성한(↔unripe 덜 익은)
□ **ripen**	[ráipən] 라이펀 타 익다, 기회가 무르익다, 원숙해지다 타 익히다, 원숙하게 하다
■ **rise**	[raiz] 라이즈 활 rise–rose–risen 자 오르다, 증가하다, 일어나다
■ **risk**	[risk] 리스크 명 위험(=danger) 타 위험을 무릅쓰다
■ **river**	[rívər] 리버 명 강
■ **road**	[roud] 로우드 명 도로, 길
□ **roam**	[roum] 로움 타 정처 없이 돌아다니다
□ **roar**	[rɔːr] 로- 타 으르렁거리다, 울부짖다
□ **roast**	[roust] 로우스트 타 굽다, 볶다 자 구워지다 형 구운
□ **robber**	[rɔ́bər] 로버- 명 강도, 도둑

□ **robot**	[róubɑt] 로우밧 명 로봇	
□ **robust**	[roubʌ́st] 로우버스트 형 건장한, 튼튼한	
■ **rock**	[rɑk] 라크 명 바위, 암석	
■ **rocket**	[rɑ́kit] 라킷 명 로켓, 로켓 무기	
■ **rod**	[rɑd] 라드 명 장대, 막대, 회초리	
■ **role**	[roul] 로울 명 (배우의)역, 역할	
■ **roll**	[roul] 로울 타 굴리다, 감다 명 두루마리, 명부	
■ **romantic**	[roumǽntik] 로우맨틱 형 공상적인, 로맨틱한, 비현실적인	
■ **roof**	[ruːf] 루-프 명 지붕, (건물)옥상	
□ **room**	[rum] 룸 명 방, 공간	

■ **root**	[ru:t] 루-트 명 뿌리, 근원, 근본
■ **rope**	[roup] 로우프 명 새끼, 밧줄, 끈
■ **rose**	[rouz] 로우즈 명 장미, 장미꽃
■ **rough**	[rʌf] 러프 형 거칠거칠한, 난폭한, 거친, 대강의
■ **round**	[raund] 라운드 형 둥근, 도는 부 둘레에 명 원, 회전
■ **route**	[ru:t] 루-트 명 도로, 길, (일정한)경로, 노선
□ **routine**	[ru:tí:n] 루-틴- 명 일상 형 일상의
■ **row**	[rou] 로우 명 줄, 열(=line) 타 노젓다
■ **royal**	[rɔ́iəl] 로이얼 형 왕의, 왕위의, 위엄있는
■ **rub**	[rʌb] 러브 타 문지르다, 비비다, 닦다

- **rubber** [rʌ́bər] 러버
  명 고무, 고무지우개

- **rude** [ru:d] 루-드
  형 버릇없는, 무례한, 거친

- **rudely** [ru:dli] 루-들리
  부 무례하게

- **ruin** [rúːin] 루-인
  명 파멸, 폐허 타 파멸시키다

- **rule** [ru:l] 룰-
  명 규칙, 지배, 습관 타 지배하다

- **rumo(u)r** [rúːmər] 루-머
  명 소문 타 소문을 내다

- **run** [rʌn] 런
  타 달리다, 움직이다 명 달리기, 경주

- **runner** [rʌ́nər] 러너
  명 달리는 사람, 경주자[말]

- **rural** [rúərəl] 루어럴
  형 시골의, 전원의(↔urban)

- **rush** [rʌʃ] 러시
  타 자 돌진하다, 달려들다 명 돌진

S — ENGLISH KOREAN WORDS DICTIONARY

- **sack** [sæk] 새크
  명 부대, 자루 타 자루에 넣다

- **sacred** [séikrid] 세이크리드
  형 신성한, 성전의

- **sacrifice** [sǽkrəfàis] 새크러파이스
  명 희생, 희생물 타 희생하다

- **sad** [sæd] 새드
  형 슬픈(↔glad 기쁜), 지독한

- **safe** [seif] 세이프
  형 안전한, (야구)세이프의 명 금고

- **safely** [séifli] 세이플리
  부 안전하게(↔dangerously), 무사히

- **safety** [séifti] 세이프티
  명 안전, 무사

- **sagacious** [səgéiʃəs] 서게이셔스
  형 현명한, 영리한

- **sage** [seidʒ] 세이지
  명 현자, 성인 형 현명한, 슬기로운

■ sail	[seil] 세일 명 돛, 돛단배 자 항해[출범]하다
□ sake	[seik] 세이크 명 목적, 이익
■ salary	[sǽləri] 샐러리 명 급료, 봉급
□ sale	[seil] 세일 명 판매, 매상(고), 특매, 염가 판매
□ salesman	[séilzmən] 세일즈먼 명 남자 점원, 판매원, 외판원
■ salt	[sɔːlt] 솔-트 명 소금 형 소금기가 있는, 짠
□ salute	[səlúːt] 설루-트 타 인사(하다) 명 경례
■ same	[seim] 세임 형 같은(↔different) 대 동일한 것
□ sample	[sǽmpəl] 샘플 명 견본, 샘플
■ sand	[sænd] 샌드 명 모래, 모래밭

■ sandwich	[sændwitʃ] 샌드위치 명 샌드위치
□ sane	[sein] 세인 형 제정신의, 온전한
□ sanitary	[sǽnətèri] 새너테리 형 위생의, 보건상의
■ satellite	[sǽtəlàit] 새털라이트 명 위성 형 위성의
□ satire	[sǽtaiər] 새타이어 명 풍자, 빈정거림
□ satisfaction	[sæ̀tisfǽkʃən] 새티스팩션 명 만족 타 만족시키다
■ satisfactory	[sæ̀tisfǽktəri] 새티스팩터리 형 만족한, 더할 나위 없는
□ satisfied	[sǽtisfàid] 새티스파이드 형 만족한, 흡족한
■ satisfy	[sǽtisfài] 새티스파이 타 만족시키다, 충족시키다
■ Saturday	[sǽtərdèi] 새터데이 명 토요일

□ **sauce**	[sɔːs] 소-스	명 소스, 양념
■ **saucer**	[sɔ́ːsər] 소-서	명 받침 접시, 화분의 밑받침
■ **sausage**	[sɔ́ːsidʒ] 소-시지	명 소시지, 순대
□ **savage**	[sǽvidʒ] 새-비지	형 야만스러운, 잔인한
■ **save**	[seiv] 세이브	타 구하다, 모으다, 저축[절약]하다
□ **saw**	[sɔː] 소-	명 톱 타 톱으로 켜다
■ **say**	[sei] 세이	타자 말하다, 쓰여 있다 명 주장
□ **saying**	[séiiŋ] 세이잉	명 격언, 속담
■ **scale**	[skeil] 스케일	명 체중계, 저울, 규모, 음계, 비늘
□ **scanty**	[skǽnti] 스캔티	형 부족한, 인색한

□ **scar**	[skɑːr] 스카- 명 상처, 흉터
□ **scarcely**	[skɛ́ərsli] 스케어슬리 부 간신히, 겨우, 거의 ~않다
□ **scare**	[skɛər] 스케어 타 놀라게 하다, 놀라다, 겁내다
■ **scatter**	[skǽtər] 스캐터 타 흩뿌리다, 흩어지게 하다
□ **scene**	[siːn] 신- 명 장면, 무대, 장치
■ **scent**	[sent] 센트 명 향기(=smell, fragrance) 타 냄새 맡다
□ **sceptical**	[sképtikəl] 스켑티컬 형 회의적인
■ **schedule**	[skédʒu(ː)l] 스케줄- 명 예정, 계획, 시간표 타 예정하다
■ **scheme**	[skiːm] 스킴- 명 계획, 안 타자 계획하다, 모의하다
□ **scholar**	[skɔ́lər] 스콜라 명 학자

□ **scholarship**	[skálərʃip] 스칼러십 명 장학금
□ **school**	[skuːl] 스쿨- 명 학파, 학교, 수업 타 훈련하다
■ **science**	[sáiəns] 사이언스 명 과학, 자연과학, 이과
□ **scientist**	[sáiəntist] 사이언티스트 명 과학자
■ **scissors**	[sízərz] 시저즈 명 가위
■ **scold**	[skould] 스코울드 타 꾸짖다, 잔소리하다
□ **scope**	[skoup] 스코우프 명 범위, 시야
■ **score**	[skɔːr] 스코- 명 점수, 득점, 20 타 득점하다
□ **scorn**	[skɔːrn] 스콘- 명 경멸, 비웃음, 냉소
□ **scratch**	[skrætʃ] 스크래치 타자 할퀴다, 긁어 상처를 내다, 긁다

영한 단어 | **347**

□ **scream**	[skri:m] 스크림-	자 소리치다, 비명을 지르다 명 비명
■ **screen**	[skri:n] 스크린-	명 칸막이, 스크린, (영화의)영사막
□ **scrutiny**	[skrú:təni] 스크루-터니	명 면밀한 조사, 응시
■ **sculpture**	[skʌ́lptʃər] 스컬프처	명 조각, 조소, 조각품
■ **sea**	[si:] 시-	명 바다, ~해
■ **search**	[səːrtʃ] 서-치	타 자 찾다, 수색하다, 뒤지다 명 수색
■ **season**	[síːzən] 시-즌	명 계절, 시기, 시즌 타 맛을 내다
■ **seat**	[si:t] 시-트	명 자리, 좌석 타 앉히다
□ **seclude**	[siklú:d] 시클루-드	타 분리하다, 은퇴시키다
■ **second**	[sékənd] 세컨드	형 제2의, 두 번째의 명 제2, 두 번째 초, 순간

□ **secret agent**	[síːkritéidʒənt] 시-크리테이전트 명 첩보원(=spy)	
■ **secret**	[síːkrit] 시-크릿 명 비밀 형 비밀의, 숨기는	
□ **secretary**	[sékrətèri] 세크러테리 명 비서, 서기, 장관	
■ **section**	[sékʃən] 섹션 명 부분(=part), 구역	
□ **secure**	[sikjúər] 시큐어 형 안전한, 튼튼한 타 안전하게 하다	
□ **security**	[sikjúəriti] 시큐어리티 명 안전, 안심, 안도감	
■ **see**	[siː] 시- 타 자 보(이)다, 구경하다, 알다, 만나다	
■ **seed**	[siːd] 시-드 명 씨 타 씨를 뿌리다	
□ **seek**	[siːk] 시-크 타 찾다, 구하다	
■ **seem**	[siːm] 심- 자 ~처럼 보이다, ~인 것 같다	

□ **seize**	[siːz] 시-즈 타자 붙잡다, 잡다, 꽉 쥐다, 덮치다
□ **seldom**	[séldəm] 셀덤 부 드물게(=rarely), 좀처럼 ~않다
■ **select**	[silékt] 실렉트 타 선택하다, 고르다
□ **selection**	[silékʃən] 실렉션 명 선택, 고른 것
□ **selfish**	[sélfiʃ] 셀피시 형 이기적인, 이기주의의
■ **sell**	[sel] 셀 타 팔다, 장사하다 자 팔리다
□ **semester**	[siméstər] 시메스터 명 학기
■ **send**	[send] 센드 활 send-sent-sent 타자 보내다, 파견하다
■ **senior**	[síːnjər] 시-니어 형 손위의, 연상의 명 연장자(↔junior)
□ **sensation**	[senséiʃən] 센세이션 명 감각, 지각, 대단한 평판

■ **sense**	[sens] 센스 명 감각, 느낌, 판단력 타 알아채다
□ **sensible**	[sénsəbəl] 센서블 형 지각 있는, 현명한
□ **sensitive**	[sénsətiv] 센서티브 형 민감한, 예민한, 감성적인
■ **sentence**	[séntəns] 센턴스 타 판결하다, 선고하다 명 문장, 판결, 선고
□ **sentiment**	[séntəmənt] 센터먼트 명 감정, 감상, 의견
■ **separate**	[sépərèit] 세퍼레이트 타 자 분리하다, 떼어놓다 형 분리된
■ **September**	[septémbər] 셉템버 명 9월
□ **serene**	[sirí:n] 시린 형 고요한, 화창한
■ **series**	[síəri:z] 시어리-즈 명 일련, 연속, 시리즈, 연속물
■ **serious**	[síəriəs] 시어리어스 형 진지한, 진정한, 중대한

□ **seriously**	[síəriəsli] 시어리어슬리 🖺 진지하게, 진정으로, 중대하게
□ **sermon**	[sə́:rmən] 서-먼 🖺 설교, 잔소리
□ **servant**	[sə́:rvənt] 서-번트 🖺 하인, 고용인 🖺 모시다
■ **serve**	[sə:rv] 서-브 🖺 섬기다, 시중을 들다, 차려내다
■ **service**	[sə́:rvis] 서-비스 🖺 봉사, 도움, 서비스, 접대
■ **set**	[set] 셋 🖺 두다, 만들다 🖺 한 세트, 한 벌
□ **setting**	[sétiŋ] 세팅 🖺 무대장치, 배경
□ **settle**	[sétl] 세틀 🖺 놓다, 정착하다, 해결하다
□ **settler**	[sétlər] 세틀러 🖺 이주민, 개척자
■ **several**	[sévərəl] 세버럴 🖺 몇몇의, 몇 개의 🖺 몇몇, 몇 개

■ severe	[sivíər] 시비어
	형 엄한, 엄격한, 호된, 심한

□ sexual	[sékʃuəl] 섹슈얼
	형 성의, 성적인, 남녀의

□ shabby	[ʃǽbi] 섀비
	형 초라한, 추레한

□ shade	[ʃeid] 셰이드
	명 그늘, 차양 타 그늘지게 하다

□ shadow	[ʃǽdou] 섀도우
	명 그림자

■ shake	[ʃeik] 셰이크 활 shake-shook-shaken
	타자 떨다, 흔들다

■ shall	[ʃæl] 섈
	조 ~할까요, ~하면 좋을까요, ~이 되다

■ shallow	[ʃǽlou] 섈로우
	형 얕은, 얄팍한, 피상적인

□ shame	[ʃeim] 셰임
	명 수치, 치욕

■ shampoo	[ʃæmpúː] 섐푸-
	명 샴푸, 머리를 감음

□ **shanty**	[ʃǽnti] 섄티 명 뱃노래(=chanty)
■ **shape**	[ʃeip] 셰이프 명 모양, 형상 타 모양을 이루다
■ **share**	[ʃɛər] 셰어 명 몫, 할당, 분담 타 분배하다
□ **sharp**	[ʃɑːrp] 샤-프 형 날카로운, 가파른 부 정각에
□ **sharply**	[ʃɑ́ːrpli] 샤-플리 부 날카롭게, 갑자기, 심하게
□ **she**	[ʃiː] 쉬- 대 그녀는, 그녀가
□ **sheep**	[ʃiːp] 쉬-프 명 양, 면양
□ **sheer**	[ʃiər] 쉬어 형 순전한, 얇은
■ **sheet**	[ʃiːt] 시-트 명 시트, 커버, 홑이블, ~장[매]
□ **shelf**	[ʃelf] 셸프 명 선반

■ **shell**	[ʃel] 셸	명 조가비, 껍질, 등딱지
□ **shelter**	[ʃéltər] 셸터	명 피난처, 대피소 자 보호하다
□ **shift**	[ʃift] 시프트	타 바꾸다, 옮기다 명 변화, 교대
■ **shine**	[ʃain] 샤인	타 빛나다, 번쩍이다 명 빛, 광택
■ **ship**	[ʃip] 십	명 배, 선박 타 보내다, 수송하다
□ **shirt**	[ʃəːrt] 셔―트	명 셔츠
■ **shock**	[ʃɑk] 샥	명 충격, 타격, 쇼크 타 충격을 주다
■ **shoe**	[ʃuː] 슈―	명 신, 구두
■ **shoot**	[ʃuːt] 슈―트	타자 쏘다, 발사하다, 차다 명 사격
■ **shop**	[ʃɑp] 샵	명 가게, 소매점, 상점 타 물건을 사다

□ **shopping**	[ʃápiŋ] 샤핑 명 쇼핑, 물건사기, 장보기
■ **shore**	[ʃɔːr] 쇼- 명 바닷가, 해안, 해변
■ **short**	[ʃɔːrt] 쇼-트 형 짧은, 작은, 부족한 부 갑자기 명 간결
□ **shortage**	[ʃɔ́ːrtidʒ] 쇼-티지 명 부족(=deficiency), 결핍(↔abundance)
□ **shortcoming**	[ʃɔ́ːrtkÀmiŋ] 쇼-트커밍 명 결점, 단점
□ **shortly**	[ʃɔ́ːrtli] 쇼-틀리 부 곧, 짧게, 간단히
□ **shot**	[ʃɑt] 샷 명 발포, 포탄, 탄환
□ **should**	[ʃud] 슈드 조 반드시 ~해야 한다(Shall 과거)
■ **shoulder**	[ʃóuldər] 쇼울더 명 어깨
■ **shout**	[ʃaut] 샤우트 타 자 외치다, 고함치다 명 외침, 환호

■ **show**	[ʃou] 쇼우 타 자 보이다, 전시하다 명 전람회
■ **shower**	[ʃáuər] 샤우어 명 소나기, 샤워
□ **shrewd**	[ʃruːd] 쉬루-드 형 영리한, 빈틈없는
□ **shrink**	[ʃriŋk] 쉬링크 자 줄다, 오그라들다
□ **shrug**	[ʃrʌg] 쉬러그 타 어깨를 으쓱하다 명 어깨를 으쓱하기
■ **shut**	[ʃʌt] 셧 타 자 감다, 닫다(=close), 접다
■ **shy**	[ʃai] 샤이 형 소심한, 수줍어하는, 부끄럼타는
■ **sick**	[sik] 식 형 병든(↔well 건강한), 싫증난
□ **sickness**	[síknis] 시크니스 명 병, 메스꺼움, 구역질
■ **side**	[said] 사이드 명 측면, 가장자리 형 곁의, 측면의

□ **sidewalk**	[sáidwɔ̀ːk] 사이드워-크 명 (포장된)보도, 인도
□ **siege**	[siːdʒ] 사-지 명 포위 공격
□ **sigh**	[sai] 사이 자 한숨 쉬다, 탄식하다 명 한숨
■ **sight**	[sait] 사이트 명 시력, 시야, 광경, 명소, 명승지
□ **sign**	[sain] 사인 명 기호, 신호, 간판, 표지 타 서명하다
■ **signal**	[sígnl] 시그널 명 신호, 신호기 타 신호를 보내다
□ **significance**	[signífikəns] 시그니피컨스 명 의의, 중요성
■ **significant**	[signífikənt] 시그니피컨트 형 의미 있는, 뜻 깊은, 중요한
■ **silence**	[sáiləns] 사일런스 명 침묵, 고요함, 정적, 무소식
□ **silent**	[sáilənt] 사일런트 형 침묵하는, 말 없는, 잠잠한

■ silk	[silk] 실크	명 비단, 명주실, 비단옷
■ silly	[síli] 실리	형 어리석은(=stupid), 바보 같은
■ silver	[sílvər] 실버	명 은, 은제품 형 은의, 은으로 만든
■ similar	[símələr] 시멀러	형 유사한, 비슷한, 닮은
■ simple	[símpəl] 심플	형 단순한, 간단한, 간결한, 순진한
□ simply	[símpli] 심플리	부 단지, 알기 쉽게, 검소하게
□ simultaneous	[sìməltéiniəs] 시멀테이니어스	형 동시의, 동시에 존재하는
□ sin	[sin] 신	명 (도덕적·종교적인)죄, 죄악
■ since	[sins] 신스	접 ~이래, ~한 때부터 내내 부 그 후
■ sincere	[sinsíər] 신시어	형 성실한, 진실한, 거짓 없는

□ **sincerely**	[sinsíərli] 신시얼리	뷔 성실히, 진심으로
□ **sincerity**	[sinsérəti] 신세러티	명 성실, 진심
■ **sing**	[siŋ] 싱	타 자 노래하다, (새가)지저귀다
□ **singer**	[síŋər] 싱어	명 가수, 성악가
■ **single**	[síŋɡəl] 싱글	형 단 하나[1인용]의 명 한 개, 1인용
□ **singular**	[síŋɡjələr] 싱귤러	형 이상한, 단수의(↔plural 복수의)
□ **sinister**	[sínistər] 시니스터	형 불길한, 사악한
■ **sink**	[siŋk] 싱크	타 자 가라앉다, 침몰시키다
■ **sister**	[sístər] 시스터	명 자매, 여자 형제
■ **sit**	[sit] 시트	자 앉다, 앉아 있다

□ site	[sait] 사이트 명 위치, 장소, 용지, 부지
□ situation	[sitʃuéiʃən] 시추에이션 명 위치, 장소, 입장, 사정, 정세
■ size	[saiz] 사이즈 명 크기, 치수, 사이즈
□ skate	[skeit] 스케이트 명 스케이트신발 타 스케이트 타다
□ skeleton	[skélətn] 스켈러튼 명 골격, 해골, (건물의)골조
□ sketch	[sketʃ] 스케치 명 스케치, 밑그림 타 스케치하다
□ ski	[ski:] 스키- 명 스키 타 스키를 타다
■ skill	[skil] 스킬 명 숙련, 기술, 솜씨
□ skilled	[skild] 스킬드 형 숙련된, 노련한
■ skin	[skin] 스킨 명 피부, 살결, 가죽, 피혁, 껍질

□ **skip**	[skip] 스킵 타 뛰어넘다, 건너뛰다 자 뛰어다니다	
■ **skirt**	[skəːrt] 스커-트 명 스커트, 치마, 교외, 변두리	
■ **sky**	[skai] 스카이 명 하늘, 창공 타 높이 날리다	
□ **skyscraper**	[skaiskréipər] 스카이스크레이퍼 명 고층건물	
□ **slang**	[slæŋ] 슬랭 명 은어, 속어	
□ **slave**	[sleiv] 슬레이브 명 노예 타 노예처럼 일하다	
□ **slavery**	[sléivəri] 슬레이버리 명 노예상태, 노예의 신분	
■ **sleep**	[sliːp] 슬리-프 타자 잠자다(↔wake 깨다) 명 잠, 수면	
■ **sleeve**	[sliːv] 슬리-브 명 소매, 소맷자락	
□ **slender**	[sléndər] 슬렌더 형 가느다란(=thin), 호리호리한(=slim)	

□ **slice**	[slais] 슬라이스	명 얇은 조각, 한 조각
■ **slide**	[slaid] 슬라이드	자 미끄러지다 명 미끄러지기, 미끄럼틀
■ **slight**	[slait] 슬라이트	형 약간의, 사소한, 가벼운
■ **slip**	[slip] 슬립	자 미끄러지다 명 미끄러짐, 과실, 슬립
□ **slipper**	[slípər] 슬리퍼	명 슬리퍼, 가벼운 실내화
■ **slope**	[sloup] 슬로우프	명 경사면, 비탈
■ **slow**	[slou] 슬로우	형 느린, 더딘, 늦는 부 늦게, 더디게
□ **slowly**	[slóuli] 슬로울리	부 천천히, 느릿느릿
□ **slumber**	[slʌ́mbər] 슬럼버	명 잠 타 잠자다
□ **sly**	[slai] 슬라이	형 교활한, 장난기 있는

- **small** [smɔːl] 스몰-
  형 작은, 적은, 얼마 안 되는

- **smart** [smɑːrt] 스마-트
  형 재치 있는, 빈틈없는, 맵시 있는

- **smell** [smel] 스멜
  타자 냄새 맡다[나다] 명 냄새

- **smile** [smail] 스마일
  자 미소 짓다, 생글거리다 명 미소

- **smoke** [smouk] 스모우크
  명 연기 타자 연기나다, 담배피우다

- **smoking** [smóukiŋ] 스**모**우킹
  명 흡연

- **smooth** [smuːð] 스무-드
  형 매끄러운, 평탄한, 잔잔한, 고요한

- **smoothly** [smúːðli] 스**무**-들리
  부 매끄럽게

- **snack** [snæk] 스낵
  명 가벼운 식사, 간식

- **snake** [sneik] 스낵
  명 뱀

□ **snap**	[snæp] 스냅 타자 탁 소리가 나다 명 스냅사진
□ **snare**	[snɛər] 스네어 명 덫, 유혹 타 덫으로 잡다, 유혹하다
□ **sneer**	[sniər] 스니어 타 비웃다, 냉소하다
□ **sneeze**	[sniːz] 스니-즈 자 재채기하다 명 재채기
□ **sniff**	[snif] 스니프 타 냄새 맡다 명 퀴퀴한 냄새
■ **snow**	[snou] 스노우 명 눈 자 눈이 내리다
□ **snowman**	[snóumæ̀n] 스노우맨 명 눈사람
□ **so**	[sou] 소우 접 그래서, 그러므로 부 매우
■ **soap**	[soup] 소우프 명 비누
□ **soar**	[sɔːr] 소- 자 높이 날다, 치솟다

□ **sob**	[sɔb] 소브 재 흐느껴 울다
□ **sober**	[sóubər] 소우버 형 진지한, 냉정한, 술마시지 않은
■ **soccer**	[sákər] 사커 명 축구, 사커
□ **social**	[sóuʃəl] 소우셜 형 사회적인, 사교적인
■ **society**	[səsáiəti] 서사이어티 명 사회, 사교(계), 협회, 클럽
■ **sock**	[sak] 삭 명 짧은 양말
■ **soft**	[sɔ(:)ft] 소(-)프트 형 부드러운, 폭신한, 매끄러운, 온화한
□ **softly**	[sɔ́(:)ftli] 소(-)프틀리 부 부드럽게, 살며시, 조용히
■ **soil**	[sɔil] 소일 명 흙, 땅, 나라
□ **sojourn**	[sóudʒəːrn] 소전- 명 체류 타 묵다

□ **solace**	[sɔ́ləs] 솔러스 명 위안(=comfort), 위로 타 위로하다	
□ **solar**	[sóulər] 소울러 형 태양의	
■ **soldier**	[sóuldʒər] 소울저 명 군인, 병사	
□ **sole**	[soul] 소울 형 유일한, 혼자의 명 발바닥 구두의 밑창	
□ **solemn**	[sáləm] 살럼 형 엄숙한, 근엄한	
■ **solid**	[sálid] 살리드 형 고체의, 견고한 명 고체(↔liquid 액체)	
□ **solitude**	[sálitjùːd] 살리튜—드 명 고독	
□ **solution**	[səljúːʃən] 설류—션 명 해답, 해결, 용해	
■ **solve**	[salv] 살브 타 풀나, 해납하다, 해결하다	
■ **some**	[sʌm] (약) 섬/(강) 섬 형 얼마간의, 어떤 부 약 대 얼마간	

영한 단어 | **367**

□ **somebody**	[sʌ́mbʌ̀di] 섬바디 때 누군가, 어떤 사람
□ **someone**	[sʌ́mwʌ̀n] 섬원 때 누군가, 어떤 사람
■ **something**	[sʌ́mθiŋ] 섬싱 때 무엇인가, 어떤 것
■ **sometime**	[sʌ́mtàim] 섬타임 튀 때때로, 언젠가
■ **somewhere**	[sʌ́mhwɛ̀ər] 섬훼어/섬웨어 튀 어딘가에(서), 어디론가, 대략, 약
■ **son**	[sʌn] 선 명 아들(↔daughter 딸)
■ **song**	[sɔ(ː)ŋ] 송- 명 노래, 지저귀는 소리
■ **soon**	[suːn] 순- 튀 이윽고, 곧, 빨리, 급히
□ **soothe**	[suːð] 수-드 타 위로하다, 진정시키다
□ **sophomore**	[sɔ́fəmɔ̀ːr] 소퍼모-어 명 2학년생

- **sore**
  [sɔːr] 소-
  형 아픈, 욱신욱신 쑤시는, 슬픈

- **sorrow**
  [sárou] 사로우
  명 슬픔, 비애, 불행 형 슬픈

- **sorry**
  [sári] 사리
  형 유감스러운, 가엾은, 미안한, 죄송한

- **sort**
  [sɔːrt] 소-트
  명 종류, 성질

- **soul**
  [soul] 소울
  명 영혼, 넋, 정신, 마음

- **sound**
  [saund] 사운드
  명 소리, 음 자 소리가 나다, 불다

- **soup**
  [suːp] 수-프
  명 수프

- **sour**
  [sáuər] 사우어
  형 시큼한, 신

- **source**
  [sɔːrs] 소-스
  명 원천, 근원, 출처

- **south**
  [sauθ] 사우스
  명 남쪽, 남부지방 형 부 남쪽의[에]

□ **southern**	[sʌ́ðərn] 서던 형 남쪽의, 남방의
■ **souvenir**	[sùːvəníər] 수-비니어 명 기념품, 선물
□ **sovereign**	[sʌ́vərin] 서버린 형 최고의, 주권을 가진 명 주권자
□ **sow**	[sou] 소우 타 씨를 뿌리다(=scatter)
■ **space**	[speis] 스페이스 명 공간, 우주, 장소, 간격
□ **spaceship**	[spéisʃìp] 스페이스쉽 명 우주선
□ **spade**	[speid] 스페이드 명 가래, 삽
□ **spaghetti**	[spəgéti] 스퍼게티 명 스파게티
□ **spare**	[spɛər] 스페어 형 여분[예비]의 타 나눠주다, 아끼다
■ **speak**	[spiːk] 스피-크 타 자 이야기하다, 말하다, 연설하다

- **speaker** [spíːkər] 스피-커
  명 말하는 사람, 강연자, 연설자

- **special** [spéʃəl] 스페셜
  형 특별한(↔general 일반적인), 특수한

- **specialize** [spéʃəlàiz] 스페셜라이즈
  타 자 전문으로 하다, 전공하다

- **species** [spíːʃi(ː)z] 스피-쉬(-)즈
  명 인류, 종(류)

- **specific** [spisífik] 스피시픽
  형 명확한, 구체적인, 특정한

- **specify** [spésəfài] 스페서파이
  타 일일이 열거하다, 명기하다

- **specimen** [spésəmən] 스페서먼
  명 표본, 실례(實例)

- **spectacle** [spéktəkəl] 스펙터클
  명 광경, 장관

- **speculate** [spékjəlèit] 스페큘레이트
  타 사색하다, 추측하다, 투기하다

- **speech** [spiːtʃ] 스피-치
  명 말, 연설

■ **speed**	[spiːd] 스피―드 몡 속력 타자 서두르다, 질주하다
■ **spell**	[spel] 스펠 몡 한차례, 한동안, 주문(呪文) 타 철자하다
□ **spelling**	[spéliŋ] 스펠링 몡 (낱말의)철자(법)
■ **spend**	[spend] 스펜드 활 spend-spent-spent 타 쓰다, 소비하다, (시간을)보내다
□ **sphere**	[sfiər] 스피어 몡 구(球), 범위, 영역
■ **spicy**	[spáisi] 스파이시 형 양념을 넣은, 향료를 친
■ **spill**	[spil] 스필 타 엎지르다, 흘리다 자 넘쳐흐르다
■ **spirit**	[spírit] 스피릿 몡 정신(↔body 육체), 용기, 기분
□ **spiritual**	[spíritʃuəl] 스피리추얼 형 정신적인, 숭고한
□ **splendid**	[spléndid] 스플렌디드 형 빛나는, 화려한, 멋진

■ **split**	[split] 스플릿 타 자 쪼개다, 찢다, 분열시키다	
■ **spoil**	[spɔil] 스포일 타 망쳐놓다, 해치다, 버릇없게 기르다	
□ **spontaneous**	[spɔntéiniəs] 스폰테이니어스 형 자발적인, 자연적인	
■ **spoon**	[spuːn] 스푼- 명 숟가락, 스푼	
■ **sport**	[spɔːrt] 스포-트 명 농담, 스포츠, 운동경기	
■ **spot**	[spɑt] 스팟 명 반점, 장소, 지점 형 즉석의	
□ **spouse**	[spaus] 스파우스 명 배우자, 남편, 아내	
■ **spread**	[spred] 스프레드 타 펴다, 바르다, 퍼뜨리다 자 퍼지다	
■ **spring**	[spriŋ] 스프링 자 튀다, 도약히디 명 봄, 용수철, 샘	
□ **spur**	[spəːr] 스퍼- 명 박차 타 박차를 가하다	

■ **square**	[skwɛər] 스퀘어 명 (정)사각형, 광장 형 사각형의, 제곱의
□ **squeeze**	[skwiːz] 스퀴-즈 타 짜내다, 꼭 쥐다, 쑤셔 넣다
□ **squirrel**	[skwírəl] 스퀴럴 명 다람쥐
□ **stable**	[stéibl] 스테이블 형 안정된, 견고한 명 외양간
□ **stadium**	[stéidiəm] 스테이디엄 명 육상경기장, 스타디움
□ **staff**	[stæf] 스태프 명 직원, 부원, 스태프(전체)
■ **stage**	[steidʒ] 스테이지 명 무대, 연극, 단계, 시기
□ **stain**	[stein] 스테인 타 더럽히다 자 더러워지다 명 얼룩
■ **stair**	[stɛər] 스테어 명 계단, 층계, 한 단, 단계
■ **stamp**	[stæmp] 스탬프 명 우표, 도장 타 우표를 붙이다

■ **stand**	[stænd] 스탠드 자 타 (일어)서다, 세우다 명 대, 관람석	
■ **standard**	[stǽndərd] 스탠더드 형 표준의, 모범적인 명 표준, 모범	
□ **standpoint**	[stǽndpɔ̀int] 스탠드포인트 명 입장, 견지	
□ **staple**	[stéipəl] 스테이플 형 주요한 명 주요산물	
■ **star**	[stɑːr] 스타- 명 별, 인기배우, 스타	
□ **stare**	[stɛər] 스테어 자 타 응시하다(=gaze), 빤히 보다	
■ **start**	[stɑːrt] 스타-트 자 타 출발하다, 시작되다 명 개시, 출발	
□ **startle**	[stɑ́ːrtl] 스타-틀 타 놀라게 하다	
□ **starve**	[stɑːrv] 스타-브 자 굶어죽다, 갈망하다	
■ **state**	[steit] 스테이트 명 국가, 상태, 형편	

영한 단어 | **375**

□ **stately**	[stéitli] 스테이틀리 형 위엄이 있는, 당당한 부 위엄있게
□ **statement**	[stéitmənt] 스테이트먼트 명 진술, 성명(서)
■ **station**	[stéiʃən] 스테이션 명 정거장, 역, (관청의)서, 국
□ **stationary**	[stéiʃənèri] 스테이셔너리 형 정지한, 멈추어 있는
■ **statue**	[stǽtʃuː] 스태추- 명 상(像), 조상(彫像)
■ **stature**	[stǽtʃər] 스태쳐 명 키, 신장, 도덕적 발달
□ **status**	[stéitəs] 스테이터스 명 지위, 현상
■ **stay**	[stei] 스테이 자 머무르다, 체류하다 명 머무름, 체류
□ **steadfast**	[stédfæst] 스테드패스트 형 확고한, 부동의
■ **steady**	[stédi] 스테디 형 고정된, 확고한, 안정된, 착실한

□ steak	[steik] 스테이크 명 두껍게 썬 고기, 비프 스테이크
■ steal	[stiːl] 스틸- 타 훔치다 자 도둑질하다
■ steam	[stiːm] 스팀- 명 증기, 수증기
■ steel	[stiːl] 스틸- 명 강철, 스틸
■ steep	[stiːp] 스티-프 형 가파른, 급경사진, 험한 타 담그다
□ steer	[stiər] 스티어 타 조종하다, 나아가다
■ stem	[stem] 스템 명 (풀, 나무의)줄기, 대
■ step	[step] 스텝 명 걸음, 걸음걸이, 발소리 타 걷다
□ sterile	[stérail] 스테라일 형 메마른, 불모의, 헛된
□ stern	[stəːrn] 스턴- 형 엄한, 엄격한 명 고물

□ **stethoscope**	[stéθəskòup] 스테서스**코**우프 명 청진기
■ **stick**	[stik] 스틱 명 막대기, 나무토막 타 찌르다
■ **stiff**	[stif] 스티프 형 뻣뻣한, 딱딱한, 어색한
□ **stifle**	[stáifəl] 스**타**이플 자 억누르다, 숨막히다
■ **still**	[stil] 스틸 부 아직도, 더욱, 더 한층, 그럼에도
□ **stimulate**	[stímjəlèit] 스**티**뮬레이트 타 자극하다, 격려[고무]하다
□ **stimulus**	[stímjələs] 스**티**뮬러스 명 자극
□ **sting**	[stiŋ] 스팅 타 찌르다 명 (동물의)침, 고통
□ **stink**	[stíŋk] 스**팅**크 타 악취를 풍기다
□ **stir**	[stəːr] 스타- 타 자 휘젓다, 뒤섞다, 움직이다

☐ **stock**	[stɑk] 스탁	명 재고(품), 저장, 줄기, 대, 그루터기
■ **stomach**	[stʌ́mək] 스터먹	명 위, 복부, 배
■ **stone**	[stoun] 스토운	명 돌, 석재
☐ **stoop**	[stuːp] 스툽-	자 (몸을)구부리다, 굴복하다
■ **stop**	[stɑp] 스탑	타 자 멈추다, 그만두다 명 정지, 정류장
■ **store**	[stɔːr] 스토-	명 가게, 상점, 저장 타 비축[저장]하다
■ **storm**	[stɔːrm] 스톰-	명 폭풍우
☐ **stormy**	[stɔ́ːrmi] 스토-미	형 폭풍의
■ **story**	[stɔ́ːri] 스토-리	명 이야기, 소설
☐ **stout**	[staut] 스타우트	형 튼튼한, 뚱뚱한

- **stove** [stouv] 스토우브
  명 난로, 스토브

- **straight** [streit] 스트레이트
  형 곧은, 일직선의 부 똑바로

- **strain** [strein] 스트레인
  타 잡아당기다, 긴장시키다 명 긴장

- **strange** [streindʒ] 스트레인지
  형 이상한, 기묘한, 낯선, 생소한

- **stranger** [stréindʒər] 스트레인저-
  명 낯선 사람, 이방인

- **strategy** [strǽtədʒi] 스트래터지
  명 전략, 전술

- **straw** [strɔː] 스트로-
  명 (밀)짚, 빨대

- **strawberry** [strɔ́ːbéri] 스트로-베리
  명 딸기

- **stream** [striːm] 스트림-
  명 개울, 흐름 타 흐르다

- **street** [striːt] 스트리-트
  명 거리, 가로, ~가

- **strength** [streŋkθ] 스트렝(크)스
  명 힘, 체력, 장점, 이점(↔weakness)

- **strenuous** [strénjuəs] 스트레뉴어스
  형 활기찬, 분투하는

- **stress** [stres] 스트레스
  명 압박, 강세 타 강조하다

- **stretch** [stretʃ] 스트레치
  타 뻗치다, 늘이다 자 뻗다 명 뻗기

- **strict** [strikt] 스트릭트
  형 엄격한, 엄한

- **stride** [straid] 스트라이드
  자 성큼성큼 걷다 명 성큼성큼 걷기

- **strife** [straif] 스트라이프
  명 투쟁

- **strike** [straik] 스트라이크 활 strike-struck-struck
  타 자 치다, 때리다 명 타격

- **string** [striŋ] 스트링
  명 줄, 끈, (악기의)현

- **strip** [strip] 스트립
  명 작은 조각, (신문의)연재만화

□ **stripe**	[straip] 스트라이프 명 줄무늬, 줄
□ **stroke**	[strouk] 스트로우크 타 쓰다듬다, 어루만지다 명 일격, 발작
□ **stroll**	[stroul] 스트로울 자 한가롭게 거닐다 명 산책
■ **strong**	[strɔ(ː)ŋ] 스트롱- 형 강한, 힘센, 튼튼한
■ **structure**	[strʌ́ktʃər] 스트럭처 명 구조, 건축물
■ **struggle**	[strʌ́gəl] 스트러글 자 발버둥 치다, 분투하다 명 발버둥
□ **stubborn**	[stʌ́bərn] 스터번 형 완고한, 고집센
■ **student**	[stjúːdənt] 스튜-든트 명 학생
■ **study**	[stʌ́di] 스터디 타 자 공부하다, 연구하다 명 공부
□ **stuff**	[stʌf] 스터프 명 재료, 자료, 물건 타 채우다

□ **stumble**	[stʌ́mbəl] 스텀블	자 넘어지다, 우연히 만나다
■ **stupid**	[stjúːpid] 스튜-피드	형 어리석은(=silly), 하찮은
■ **style**	[stail] 스타일	명 양식, 형, 문체, 유행
□ **subdue**	[səbdʒúː] 섭듀-	타 정복하다, 억제하다
■ **subject**	[sʌ́bdʒikt] 서브직트	명 학과, 주제, 주어, 주관(↔object)
□ **subjective**	[səbdʒéktiv] 서브젝티브	형 주관적인(↔objective), 사적인
□ **sublime**	[səbláim] 서브라임	형 숭고한, 웅대한 명 숭고함
□ **submit**	[səbmít] 서브미트	타 복종시키다, 제출하다
□ **subscribe**	[sʌ́bskraib] 서브스크라이브	타 서명하다, 기부하다, 구독하다
□ **subside**	[səbsáid] 서브사이드	타 (비, 바람이)가라앉다, 부위가 빠지다

- **substance** [sʌ́bstəns] 서브스턴스
  명 물질, 물체, 내용, 실질

- **substantial** [səbstǽnʃəl] 서브스탠셜
  형 상당한, 실속[내용] 있는, 견고한

- **substitute** [sʌ́bstitjùːt] 서브스티튜-트
  타 대체[대용]하다 명 대리인, 대용품

- **suburb** [sʌ́bəːrb] 서버-브
  명 (도시의) 교외, 근교

- **subway** [sʌ́bwèi] 서브웨이
  명 지하도, 지하철

- **succeed** [səksíːd] 석시-드
  타 성공하다(↔fail), 계속되다, 뒤를 잇다

- **success** [səksés] 석세스
  명 성공(↔failure), 성공한 사람, 대성공

- **successful** [səksésfəl] 석세스펄
  형 성공한

- **succession** [səkséʃən] 석세션
  명 연속, 계승, 상속

- **suddenly** [sʌ́dnli] 서든리
  부 갑자기, 불시에, 느닷없이

- **suffer**
  [sʌ́fər] 서퍼
  타 경험하다, 견디다   자 괴로워하다

- **sufficient**
  [səfíʃənt] 서피션트
  형 충분한, 족한   명 충분한 양

- **suffrage**
  [sʌ́fridʒ] 서프리지
  명 참정권, 투표

- **sugar**
  [ʃúgər] 슈거
  명 설탕

- **suggest**
  [səgdʒést] 서(그)제스트
  타 암시하다, 제안하다

- **suggestion**
  [səgdʒéstʃən] 서(그)제스천
  명 제안, 암시

- **suit**
  [suːt] 수-트
  명 (옷)한 벌, 슈트   타 어울리다

- **suitable**
  [súːtəbəl] 수-터블
  형 적당한, 어울리는, 알맞은

- **suitcase**
  [súːtkèis] 수-트케이스
  명 여행가방

- **sullen**
  [sʌ́lən] 설런
  형 뚱한, 시무룩한   명 언짢음

■ **sum**	[sʌm] 섬	
	타 합계하다, 요약하다 명 합계, 요점	
■ **summary**	[sʌ́məri] 서머리	
	명 요약 형 요약한, 즉석의	
■ **summer**	[sʌ́mər] 서머	
	명 여름	
□ **summit**	[sʌ́mit] 서미트	
	명 정상	
□ **summon**	[sʌ́mən] 서먼	
	타 소환하다, 용기를 내다	
■ **sun**	[sʌn] 선	
	명 해, 태양, 햇빛, 양지	
■ **Sunday**	[sʌ́ndei] 선데이	
	명 일요일	
□ **sunlight**	[sʌ́nlàit] 선라이트	
	명 햇빛	
□ **sunrise**	[sʌ́nràiz] 선라이즈	
	명 해돋이, 일출(↔sunset 일몰)	
□ **sunset**	[sʌ́nsèt] 선셋	
	명 해넘이, 일몰, 해질녘	

□ **sunshine**	[sʌ́nʃàin] 선샤인	명 햇빛, 일광, 양지
■ **super**	[súːpər] 수-퍼	형 최고급의, 훌륭한, 특대의
□ **superficial**	[sùːpərfíʃəl] 수-퍼피셜	형 표면의, 외면의
■ **superior**	[supíəriər] 수피(어)리어	형 뛰어난, 상급의(↔inferior), 우수한
■ **supper**	[sʌ́pər] 서퍼	명 저녁식사
□ **supplement**	[sʌ́pləmənt] 서플먼트	명 보충 타 보충하다
■ **supply**	[səplái] 서플라이	타 공급하다, 배달하다 명 공급
■ **support**	[səpɔ́ːrt] 서포-트	타 지탱하다, 부양하다 명 후원, 지지
■ **suppose**	[səpóuz] 서포우즈	타 추측하다, 가정하다, 만약 ~이면
□ **suppress**	[səprés] 서프레스	타 억압하다, 억제하다

□ **supreme**	[suprí:m] 수프림– 형 최고의, 최상의
■ **sure**	[ʃuər] 슈어 형 틀림없는, 확실한 부 확실히, 물론
□ **surf**	[səːrf] 서-프 명 밀려드는 파도(=wave)
■ **surface**	[sə́ːrfis] 서-피스 명 표면, 외면, 외관
□ **surgery**	[sə́ːrdʒəri] 서-저리 명 수술
□ **surpass**	[sərpǽs] 서패스 타 능가하다(=exceed), 초월하다
□ **surplus**	[sə́ːrplʌs] 서-플러스 형 과잉의 명 과잉, 잉여(↔deficit 적자)
■ **surprise**	[sərpráiz] 서프라이즈 타 놀라게 하다 명 놀람, 경악
□ **surrender**	[səréndər] 서렌더 명 항복 타 항복하다
■ **surround**	[səráund] 서라운드 타 에워싸다, 둘러싸다, 포위하다

■ survey	[səːrvéi] 서-베이 태 둘러보다, 개관하다, 조사하다
□ survive	[sərváiv] 서바이브 **태 살아남다 명 생존**
□ survivor	[sərváivər] 서바이벌 명 생존자, 살아남은 사람
□ suspect	[səspékt] 서스펙트 태 의심하다 명 용의자
□ suspend	[səspénd] 서스펜드 태 일시 정지하다, 연기하다, 매달다
□ suspicion	[səspíʃən] 서스피션 명 의심, 혐의
□ sustain	[səstéin] 서스테인 태 떠받치다, 부양하다, 견디다
■ swallow	[swάlou] 스왈로우 태 들이켜다, 삼키다
■ swear	[swɛər] 스웨어 태 맹세하다, 선시하다, 시악하다
■ sweater	[swétər] 스웨터 명 스웨터

영한 단어

□ **sweep**	[swi:p] 스위-프 타 쓸다, 청소하다
□ **sweet**	[swi:t] 스위-트 형 단(↔bitter), 감미로운, 예쁜 명 단것
■ **sweet potato**	[swi:tpətéitou] 스위-트퍼테이토우 명 고구마
□ **swell**	[swel] 스웰 자 부풀다 명 부풀음
□ **swift**	[swift] 스위프트 형 신속한
■ **swim**	[swim] 스윔 자 헤엄치다, 수영하다 명 수영
□ **switch**	[switʃ] 스위치 명 스위치 타 켜다, 끄다
■ **symbol**	[símbəl] 심벌 명 상징, 심벌, 기호
□ **symmetry**	[símətri] 시머트리 명 균형, 조화
■ **sympathize**	[símpəθàiz] 심퍼사이즈 자 동정하다

- **sympathy** [símpəθi] 심퍼시
  - 명 동정, 공감(↔antipathy 반감)

- **sympatric** [símpætrik] 심패트릭
  - 형 동지역성의

- **symphony** [símfəni] 심퍼니
  - 명 교향악

- **symptom** [símptəm] 심(프)텀
  - 명 증세, 조짐

- **synapse** [sinǽps] 시냅스
  - 명 접합기

- **synaxis** [sinǽksis] 시낵시스
  - 명 성찬예배 집회

- **synchronicity** [sìŋkrənísəti] 싱크러니서티
  - 명 동시 발생, 동시성

- **syncretize** [síŋkrətàiz] 싱크러타이즈
  - 자 단결(융화)하다

- **synthetic** [sinθétik] 신세틱
  - 형 종합의, 합성적인

- **system** [sístəm] 시스텀
  - 명 체계, 계통, 시스템

T

ENGLISH KOREAN WORDS DICTIONARY

- **table**
  [téibəl] 테이블
  명 테이블, 식탁, 표, 일람표

- **tack**
  [tæk] 택
  명 납작못, 압정, 방침, 정책

- **tackle**
  [tǽkəl] 태클
  명 연장, 도구, 태클 타 달려들다

- **tact**
  [tækt] 택트
  명 재치, 요령

- **tag**
  [tæg] 태그
  명 꼬리표, 번호표, 늘어진 끝[장식]

- **tail**
  [teil] 테일
  명 꼬리, 끝, 뒷면

- **taint**
  [teint] 테인트
  타 더럽히다 명 오염

- **take**
  [teik] 테이크 (활) take-took-taken
  타 잡다, 가지고 가다

- **tale**
  [teil] 테일
  명 설화, 이야기, 거짓말, 소문

- **talent**
  [tǽlənt] 탤런트
  몡 (타고난)재주, 재능, 연예인

- **talk**
  [tɔːk] 토-크
  타자 이야기하다, 말하다 몡 이야기

- **tall**
  [tɔːl] 톨-
  형 키가 큰, 높은, 높이[키]가 ~인, 많은

- **tame**
  [teim] 테임
  타 길들이다 형 길든(↔wild), 유순한

- **tank**
  [tæŋk] 탱크
  몡 (물·기름)탱크, 수조, 전차, 탱크

- **tap**
  [tæp] 탭
  타 가볍게 두드리다 몡 가볍게 두드림, 수도꼭지

- **tape recorder**
  [tèiprikɔ́ːrdər] 테이프리코-더
  몡 녹음기, 테이프리코더

- **target**
  [táːrgit] 타-깃
  몡 과녁, 표적, 목표, 대상

- **task**
  [tæsk] 태스크
  몡 직무, 일, 과제, 임무

- **taste**
  [teist] 테이스트
  몡 시식, 맛, 미각, 취미 타 맛보다

- **tax** [tæks] 택스
  - 명 세금, 세 타 세금을 부과하다

- **taxi** [tǽksi] 택시
  - 명 택시 타 택시로 가다

- **tea** [ti:] 티-
  - 명 차, 홍차

- **teach** [ti:tʃ] 티-치
  - 타 가르치다 자 교사를 하다

- **teacher** [tí:tʃər] 티-처
  - 명 선생님, 교사

- **team** [ti:m] 팀-
  - 명 팀, 조

- **tear** [tiər] 티어 / [tɛər] 테어
  - 명 눈물, 비애, 비탄 타 찢다, 째다, 찢어지다

- **technical** [téknikəl] 테크니컬
  - 형 기술의, 공업의, 전문의, 전문적인

- **technique** [tekní:k] 테크니-크
  - 명 기법, 수법, 기교, 테크닉, 기술

- **technology** [teknάlədʒi] 테크날러지
  - 명 과학기술, 공예학

- **tedious** [tíːdiəs] 티-디어스
  - 형 지루한, 싫증나는

- **teenager** [tíːnèidʒər] 틴-에이저
  - 명 10대의 소년[소녀]

- **telephone** [téləfòun] 텔러포운
  - 명 전화, 전화기 타 전화를 걸다

- **television** [téləvìʒən] 텔러비전
  - 명 텔레비전, 텔레비전 수상기

- **tell** [tel] 텔
  - 자 타 말하다, 이야기하다, 누설하다

- **temper** [témpər] 템퍼
  - 명 기질, 천성, 기분, 화, 노여움

- **temperament** [témpərəmənt] 템퍼러먼트
  - 명 기질, 성질

- **temperance** [témpərəns] 템퍼런스
  - 명 절제, 금주

- **temperature** [témpərətʃər] 템퍼러처
  - 명 온도, 기온, 체온 형 온화한

- **temple** [témpəl] 템플
  - 명 신전, 사원, 절, 성당, 교회당

□ **temporarily**	[témpərərili] 템퍼러릴리 🖣 일시적으로, 임시로
■ **temporary**	[témpərèri] 템퍼레리 🖲 임시의(↔permanent), 한때의
□ **tempt**	[tempt] 템프트 🖽 유혹하다, 마음을 끌다
■ **tend**	[tend] 텐드 🖾 ~하는 경향이 있다, ~으로 향하다
□ **tendency**	[téndənsi] 텐던시 🖲 경향, 풍조, 버릇, 성향
□ **tender**	[téndər] 텐더 🖲 부드러운, 상냥한 🖲 돌보는 사람
■ **tennis**	[ténis] 테니스 🖲 정구, 테니스
□ **tension**	[ténʃən] 텐션 🖲 긴장, 흥분 🖽 긴장시키다
■ **tent**	[tent] 텐트 🖲 천막, 텐트
■ **term**	[tə:rm] 텀- 🖲 기간, 학기, 전문[학술] 용어, 조건

■ **terrible**	[térəbəl] 테러블 형 심한, 무서운, 아주 나쁜, 지독한
□ **territory**	[térətɔ̀:ri] 테러토-리 명 영토, 영지, 지역, 범위
□ **terror**	[térər] 테러 명 공포, 두려운 것
□ **terrorist**	[térərist] 테러리스트 명 테러리스트, 폭력주의자
■ **test**	[test] 테스트 명 시험, 검사 타 시험[테스트]하다
□ **testimony**	[téstəməni] 테스터머니 명 증거, 증명
□ **text**	[tekst] 텍스트 명 본문, 원문, 원전, (컴퓨터)문서
■ **textbook**	[tékstbùk] 텍스트북 명 교과서, 교본
□ **textile**	[tékstail] 텍스타일 명 직물 형 직물의
■ **thank**	[θæŋk] 쌩크 타 감사하다, 사례하다 명 감사

☐ **the**	[ðə] 더/디 관 그	
■ **theater**	[θí(:)ətər] 시-어터 명 극장, 강당, 영화관, 무대	
☐ **theme**	[θi:m] 심- 명 주제, 제목, 테마, (과제의)작문	
☐ **then**	[ðen] 덴 부 그 때, 그리고 나서	
■ **theory**	[θíəri] 시-어리 명 이론(↔practice 실행), 학설	
☐ **therapy**	[θérəpi] 세러피 명 치료, 요법	
☐ **there**	[ðɛər] 데어 부 그곳에, 거기에	
■ **therefore**	[ðɛərfɔ́:r] 데어포-어 부 그러므로, 그런 까닭에, 따라서	
☐ **thermometer**	[θərmɔ́mitər] 서모미터 명 온도계	
☐ **they**	[ðei] 데이 대 그들이, 그들은	

■ **thick**	[θik] 식 형 두꺼운(↔thin), 굵은, 밀접한 부 두껍게
■ **thief**	[θi:f] 시-프 명 도둑, 좀도둑
■ **thin**	[θin] 신 형 얇은(↔thick 두꺼운), 야윈(↔fat 살찐)
■ **thing**	[θiŋ] 싱 명 물건, 사물, 일, 상황, 사정
■ **think**	[θiŋk] 싱크 타 생각하다, 숙고하다, 예상하다
□ **thinking**	[θíŋkiŋ] 싱킹 명 생각(하기), 사고, 판단, 의견
□ **thirst**	[θə:rst] 서-스트 명 목마름, 갈망 타 갈망하다
■ **thirsty**	[θə́:rsti] 서-스티 형 목마른, 갈망하는, 간절히 바라는
□ **this**	[ðis] 디스 대 이것, 이사람 형 이
■ **thorough**	[θə́:rou] 서-로우 형 철저한, 완벽한, 완전한

□ **thoroughly**	[θə́:rouli] 서-로울리 분 철저하게, 완전하게
■ **though**	[ðou] 도우 접 비록 ~일지라도 부 ~이기는 하지만
■ **thought**	[θɔ:t] 소-트 명 생각, 의견, 생각하기, 사고
□ **thoughtful**	[θɔ́:tfəl] 소-트펄 형 생각에 잠긴, 사려 깊은, 인정 있는
■ **thousand**	[θáuzənd] 사우즌드 명 1,000, 천 명[개] 형 천의, 수천의
□ **thread**	[θred] 스레드 명 실, 바느질 실, 끈실
□ **threat**	[θret] 스렛 명 위협, 협박, 우려, 징조
□ **threaten**	[θrétn] 스레튼 타 위협하다, 협박하다
□ **thrift**	[θrift] 스리프트 명 절약, 검약
□ **thrive**	[θraiv] 스라이브 타 번영하다, 무성하다

■ **throat**	[θrout] 스로우트 명 목(구멍), (기물의)목, 좁은 통로
□ **throb**	[θrɔb] 스로브 타 (심장이)뛰다, 두근거리다
□ **throne**	[θroun] 스로운 명 왕위, 왕좌 타 왕위에 앉히다
□ **throng**	[θrɔ(ː)ŋ] 스롱(-) 타 떼지어 모이다 명 군중
■ **through**	[θruː] 스루- 전 ~을 통하여, 동안 내내 부 통하여
■ **throughout**	[θruːáut] 스루-아웃 부 시종, 죽 전 ~의 도처에, ~동안
■ **throw**	[θrou] 스로우 동 throw-threw-thrown 타 던지다, 내던지다 명 던지기
■ **thumb**	[θʌm] 섬 명 엄지손가락
■ **thunder**	[θʌ́ndər] 선더 명 우레, 천둥 타 천둥치다
■ **Thursday**	[θə́ːrzdei] 서-즈데이 명 목요일

■ **ticket**	[tíkit] 티킷 명 표, 승차권, 입장권	
□ **tide**	[taid] 타이드 명 조류, 조석(=flow)	
■ **tidy**	[táidi] 타이디 형 말쑥한, 단정한, 말끔히 정돈된	
■ **tie**	[tai] 타이 타 자 매다, 속박하다, 묶이다 명 넥타이	
□ **tiger**	[táigər] 타이거 명 호랑이	
■ **tight**	[tait] 타이트 형 단단한(↔loose), 빈틈없는, 팽팽한	
□ **tightly**	[táitli] 타이틀리 부 단단히	
□ **till**	[til] 틸 부 ~할 때까지, 전 ~까지	
□ **timber**	[tímbər] 팀버 명 재목, 목재(=lumber)	
■ **time**	[taim] 타임 명 시각, 시간, 때, 시대	

□ **timely**	[táimli] 타임리 혱 때맞춘, 적시의	
□ **timid**	[tímid] 티미드 혱 겁많은, 소심한(=cowardly)	
■ **tiny**	[táini] 타이니 혱 조그마한, 아주 작은(↔huge 거대한)	
■ **tire**	[taiər] 타이어 몡 (고무)타이어 태 타이어를 달다	
■ **tired**	[taiərd] 타이어드 혱 피로한, 지친, 물린, 싫증난	
□ **tissue**	[tíʃuː] 티슈- 몡 티슈, 휴지, (근육 등의)조직	
■ **title**	[táitl] 타이틀 몡 표제, 제목, 직함, (경기의)선수권	
□ **to**	[tuː] 투- 젼 ~으로, ~까지, ~에게	
□ **toast**	[toust] 토우스트 몡 토스트, 긴배 태 노르스름히게 굽다	
■ **today**	[tudéi] 투데이 몡 오늘, 현재[현대, 최근] 튄 오늘날	

■ **toe**	[tou] 토우 명 발가락, 발끝	
■ **together**	[təgéðər] 터게더 부 함께, 같이, 동시에, 일제히	
■ **toilet**	[tɔ́ilit] 토일릿 명 화장실, 세면실, 변소	
□ **token**	[tóukən] 토우컨 명 표시, 증거	
□ **tolerable**	[tálərəbəl] 탈러러블 형 참을 수 있는, 상당한, 꽤 좋은	
□ **toll**	[toul] 토울 명 통행료 타 종을 울리다	
□ **tomb**	[tu:m] 툼- 명 묘, 무덤	
■ **tomorrow**	[tumárou] 투마로우 명 내일, 미래, 장래 부 내일은	
□ **tone**	[toun] 토운 명 음색, 음조, 음, 목소리, 어조, 색조	
■ **tongue**	[tʌŋ] 텅 명 혀, 국어, 말	

■ **tonight**	[tunáit] 투나이트	명 오늘 밤 부 오늘 밤은
□ **too**	[tuː] 투-	부 ~도 또한, 너무
■ **tool**	[tuːl] 툴-	명 도구, 공구, 연장
■ **tooth**	[tuːθ] 투-스	명 이(빨)
□ **toothbrush**	[túːθbrʌʃ] 투-스브러시	명 칫솔
■ **topic**	[tápik] 타픽	명 화제, 논제, 토픽(=subject)
□ **torch**	[tɔːrtʃ] 토-치	명 횃불, 호롱등
□ **torment**	[tɔ́ːrment] 토-멘트	타 고문하다, 괴롭히다 명 고문, 고통
□ **torture**	[tɔ́ːrtʃər] 토-쳐	명 고문, 고뇌 타자 고문하다, 고통을 주다
□ **toss**	[sɔːs] 토-스	타자 던져 올리다, 던지다, 뒹굴다

■ **total**	[tóutl] 토우틀 형 전체[합계]의 명 합계, 총액
■ **touch**	[tʌtʃ] 터치 타 대다, 감동시키다 명 접촉
■ **tough**	[tʌf] 터프 형 곤란한, 어려운, 강한, 질긴, 엄한
■ **tour**	[tuər] 투어 명 (관광)여행, 견학 타 자 여행하다
□ **tourist**	[túərist] 투(어)리스트 명 여행자, 관광객
■ **toward**	[təwɔ́ːrd] 터워-드 전 ~쪽으로, ~에 대하여, ~가까이
□ **towel**	[táuəl] 타월 명 수건, 타월
□ **tower**	[táuər] 타워 명 탑, 망루
■ **town**	[taun] 타운 명 도시, 읍, 도시의 중심부, 시민
■ **toy**	[tɔi] 토이 명 장난감

□ **trace**	[treis] 트레이스 명 자취, 발자국　타 밟아가다, 긋다	
□ **track**	[træk] 트랙 명 지나간 자취, (철도)선로, 트랙	
■ **tractor**	[tréktər] 트랙터 명 견인차, 트랙터	
■ **trade**	[treid] 트레이드 명 무역, 장사, 직업　자 장사하다	
□ **tradition**	[trədíʃən] 트러디션 명 전통, 관습, 관례, 전설	
■ **traditional**	[trədíʃənəl] 트러디셔널 형 전통적인, 전설의	
■ **traffic**	[trǽfik] 트래픽 명 교통, (사람, 차의)왕래, 교통량	
□ **tragedy**	[trǽdʒədi] 트래저디 명 비극(↔comedy 희극)	
□ **trail**	[treil] 트레일 타 끌다, 추직하다　명 지나간 자국	
■ **train**	[trein] 트레인 명 행렬, 연속　타자 훈련하다, 열차	

영한 단어 | **407**

- **training**
  [tréiniŋ] 트레이닝
  명 훈련, 연습, 트레이닝

- **trait**
  [treit] 트레이트
  명 특색, 특징, 버릇

- **traitor**
  [tréitər] 트레이터
  명 배반자, 반역자

- **tranquil**
  [trǽŋkwil] 트랭퀼
  형 조용한, 평온한

- **transact**
  [trænzǽkt] 트랜잭트
  타 처리하다, 거래하다

- **transfer**
  [trænsfə́:r] 트랜스퍼-
  타 자 옮기다, 갈아타다 명 이전

- **transform**
  [trænsfɔ́:rm] 트랜스폼-
  타 변형시키다, 바꾸다

- **transient**
  [trǽnʃənt] 트랜션트
  형 덧없는, 일시적인

- **transition**
  [trænzíʃən] 트랜지션
  명 과도기 변천(=change)

- **translate**
  [trænsléit] 트랜슬레이트
  타 해석하다, 번역하다

□ transmit	[trænsmít] 트랜스미트 타 보내다, 전달하다
□ transparent	[trænspέərənt] 트랜스페어런트 형 투명한, 명료한
□ transport	[trænspɔ́ːrt] 트랜스포-트 타 수송[운송]하다 명 수송, 운송
■ transportation	[trænspərtéiʃən] 트랜스퍼테이션 명 수송, 운송, 수송기관
□ trap	[træp] 트랩 명 덫, 함정 타 덫을 놓다
■ trash	[træʃ] 트래시 명 쓰레기, 찌꺼기, 폐물
■ travel	[trǽvəl] 트래벌 명 여행 자 여행하다, 가다
□ traveler	[trǽvlər] 트래블러 명 여행자, 여행가
■ tray	[trei] 트레이 명 쟁반, 요리접시
□ treachery	[trétʃəri] 트레처리 명 배신, 반역

□ **treason**	[tríːzən] 트리-전 명 반역죄, 배신	
■ **treasure**	[tréʒər] 트레저 명 보물, 귀중품	
■ **treat**	[triːt] 트리-트 타 취급하다, 다루다 명 한턱, 큰 기쁨	
□ **treatment**	[tríːtmənt] 트리-트먼트 명 취급, 대우, 치료, 치료법	
□ **treaty**	[tríːti] 트리-티 명 조약, 협정	
■ **tree**	[triː] 트리- 명 나무, 수목	
□ **tremble**	[trémbəl] 트렘블 자 떨리다, 진동하다(=shake) 명 떨림	
□ **tremendous**	[triméndəs] 트리멘더스 형 거대한, 굉장한, 무서운	
□ **trend**	[trend] 트렌드 명 경향, 추세 타 향하다, 기울다	
□ **trespass**	[tréspəs] 트레스퍼스 타 침해하다, 방해하다 명 침입, 방해	

■ **trial**	[tráiəl] 트라이얼 명 시도, 시험, 시련, 재판	
■ **triangle**	[tráiæŋgəl] 트라이앵글 명 삼각형, (악기)트라이앵글, 삼각자	
□ **tribe**	[traib] 트라이브 명 부족, 종족	
■ **trick**	[trik] 트릭 명 책략, 재주, 비결, 장난	
□ **trifle**	[tráifəl] 트라이플 명 사소한 일, 조금	
□ **trim**	[trim] 트림 타 정돈하다, 손질하다	
■ **trip**	[trip] 트립 명 짧은 여행(=journey)	
□ **triumph**	[tráiəmf] 트라이엄프 명 승리(=victory), 업적, 대성공	
□ **trivial**	[tríviəl] 트리비얼 형 시시한, 하찮은	
□ **troop**	[tru:p] 트루-프 명 (사람, 동물의)떼, 일단, 군대, 부대	

- **tropical** [trápikəl] 트라피컬
  형 열대의, 몹시 더운(=muggy)

- **trouble** [trʌ́bəl] 트러블
  명 근심, 곤란, 고생 타 걱정하다

- **trousers** [tráuzərz] 트라우저즈
  명 (남자의)바지

- **truce** [truːs] 트루-스
  명 휴전, 정전

- **truck** [trʌk] 트럭
  명 트럭

- **true** [truː] 트루-
  형 정말의, 진실한, 충실한

- **truly** [trúːli] 트룰-리
  부 진짜로, 참으로, 정확하게, 거짓 없이

- **trumpet** [trʌ́mpit] 트럼피트
  명 트럼펫, 나팔

- **trunk** [trʌŋk] 트렁크
  명 줄기, 몸통, 여행용 가방, 트렁크

- **trust** [trʌst] 트러스트
  명 신뢰, 신용, 신임 타 신뢰하다, 맡기다

□ **trustworthy**	[trʌ́stwə̀:rði] 트러스트워-디	형 신뢰(신용)할 수 있는, 확실한
□ **truth**	[tru:θ] 트루-스	명 진실, 진리, 증명된 사실
■ **try**	[trai] 트라이	타자 노력하다, 시도하다 명 시도
□ **trying**	[tráiiŋ] 트라이잉	형 괴로운, 고단
□ **tube**	[tju:b] 튜-브	명 관, 통, 브라운관, (영)지하철
■ **Tuesday**	[tjú:zdei] 튜-즈데이	명 화요일
□ **tug**	[tʌg] 터그	타자 세게 당기다, 끌다 명 힘껏 당김
□ **tumult**	[tjú:mʌlt] 튜-멀트	명 소동, 법석
■ **tune**	[tju:n] 튠-	명 곡조, 늑, 가락 타 조음하다
■ **tunnel**	[tʌ́nl] 터늘	명 터널, 굴, 지하도

□ **turkey**	[tə́ːrki] 터-키 명 칠면조
■ **turn**	[təːrn] 턴- 타 자 돌리다, 돌다, 향하다 명 회전
□ **turning**	[tə́ːrniŋ] 터-닝 명 회전, 방향 전환, 모퉁이
□ **turtle**	[tə́ːrtl] 터-틀 명 바다거북
□ **tussis**	[tʌ́sis] 터시스 부 (의학의)기침
□ **tussock**	[tʌ́sək] 터석 명 풀숲
□ **tutelage**	[tjúːtəlidʒ] 튜-털리즈 명 후견, 감독
□ **twice**	[twais] 트와이스 부 두 번, 2회(=two times), 두 배로
□ **twiddle**	[twídl] 트위들 타 빙빙돌다 명 비틀기, 떨림
□ **twilight**	[twáilàit] 톼일라이트 명 황혼, 희미한 빛 형 박명의

□ twin	[twin] 트윈 명 쌍둥이, 짝 형 쌍둥이의, 한 쌍의
■ twist	[twist] 트위스트 타 자 비틀다, 꼬다, 감다 명 뒤틀림
□ type	[taip] 타이프 명 형, 전형, 활자 타 자 타이프하다
■ typical	[típikəl] 티피컬 형 전형적인, 대표적인(=characteristic)
□ typify	[típəfài] 티퍼파이 타 대표하다
□ typist	[táipist] 타이피스트 명 타이피스트, 타자수
□ tyrannize	[tírənàiz] 티러나이즈 타 압제하다
□ tyranny	[tírəni] 티러니 명 전제정치, 포악
□ tyrant	[táiərənt] 타이런트 명 폭군, 전제 군주, 압제자
□ tyre	[taiər] 타이어 명 바퀴 타 타이어를 끼우다

U

ENGLISH KOREAN WORDS DICTIONARY

□ **U.S.A** [juːesei] 유-에스에이 명 미국(the United States of America)의 약자

■ **ugly** [ʌ́gli] 어글리
형 추한, 보기 싫은, 못생긴

□ **ultimate** [ʌ́ltəmit] 얼터밋
형 최후의, 궁극의, 최대의

■ **umbrella** [ʌmbrélə] 엄브렐러
명 우산, 양산 형 우산의, 포괄적인

□ **unable** [ʌnéibəl] 언에이블
형 ~할 수 없는, 무력한, 약한

□ **unanimous** [juːnǽnəməs] 유-내너머스
형 만장일치의, 이의 없는

□ **uncertain** [ʌnsə́ːrtən] 언서-튼
형 불확실한, 분명치 않은, 의심스러운

□ **uncle** [ʌ́ŋkəl] 엉클
명 삼촌, 아저씨(↔aunt 아줌마)

□ **uncomfortable** [ʌnkʌ́mfərtəbəl] 언컴퍼터블
형 언짢은, 곤란한, 불편한(↔comfortable)

□ **unconscious**	[ʌnkάnʃəs] 언칸셔스 형 모르는, 의식[정신]을 잃은, 무의식의
□ **undaunted**	[ʌndɔ́:ntid] 언돈―티드 형 굽히지 않는, 용감한
■ **under**	[ʌ́ndər] 언더 전 ~의 아래[밑]에, ~미만으로
□ **underdeveloped**	[ʌ̀ndərdivéləpt] 언더디벨럽트 형 저개발의, 미숙한, 발육 부전의
□ **undergo**	[ʌ̀ndərgóu] 언더고우 타 겪다, 견디다(=experience)
■ **underground**	[ʌ́ndərgràund] 언더그라운드 명 지하도 형 지하의, 지하에 있는
■ **underline**	[ʌ̀ndərláin] 언더라인 타 밑줄을 긋다 명 밑줄, 언더라인
■ **underneath**	[ʌ̀ndərní:θ] 언더니―스 전 ~의 밑에, ~의 아래에
■ **understand**	[ʌ̀ndərstǽnd] 언더스탠드 타자 이해하다, 알나, 징동하다
□ **understanding**	[ʌ̀ndərstǽndiŋ] 언더스탠딩 명 이해, 납득, 이해력

영한 단어 | **417**

□ **undertake**	[ʌ̀ndərtéik] 언더테이크 타 떠맡다, 착수하다, 시작하다	
□ **underwater**	[ʌ́ndərwɔ̀:tər] 언더워-터 형 수중의, 물속의 명 물속	
□ **underwear**	[ʌ́ndərwɛ̀ər] 언더웨어 명 내의, 속옷	
□ **uneasy**	[ʌ̀ní:zi] 언이-지 형 불안한, 걱정되는, 어색한, 거북한	
□ **unemployment**	[ʌ̀nimplɔ́imənt] 언임플로이먼트 명 실업, 실직	
□ **unequal**	[ʌ̀ní:kwəl] 언이-퀄 형 같지 않은, 감당 못하는	
□ **unforgettable**	[ʌ̀nfərgétəbəl] 언퍼겟터블 형 잊을 수 없는	
□ **unfortunately**	[ʌnfɔ́:rtʃənitli] 언포-처니틀리 부 불행하게, 운 나쁘게, 공교롭게	
□ **unhappy**	[ʌ̀nhǽpi] 언해피 형 불행한, 불운한(↔happy 행복한)	
□ **unification**	[jù:nəfikéiʃən] 유-너피케이션 명 통일, 단일화	

■ **uniform**	[júːnəfɔ̀ːrm] 유-너폼-	명 제복 형 같은 모양의
□ **unify**	[júːnəfài] 유-너파이	타 통일하다, 통합하다
■ **union**	[júːnjən] 유-니언	명 결합, 연합, 협회, 연맹
■ **unique**	[juːníːk] 유-니-크	형 유일한, 독특한, 진기한
■ **unit**	[júːnit] 유-니트	명 단일체, 구성단위, (수학)단위
■ **unite**	[juːnáit] 유-나이트	타 자 결합하다, 단결하다, 결혼하다
□ **United Nations**	[juːnáitidnéiʃənz] 유-나이티드네이션즈	명 국제 연합, 유엔
□ **united**	[juːnáitid] 유-나이티드	형 결합된, 연합한
□ **unity**	[júːnəti] 유-너티	명 통일, 일치
□ **universal**	[jùːnəvə́ːrsəl] 유-너버-슬	형 우주의, 전 세계의, 세계 공통의

- **universe** [júːnəvèːrs] 유-너버-스
  명 우주, 전세계, 전인류

- **university** [jùːnəvéːrsəti] 유-너버-서티
  명 대학(교), 종합대학교

- **unknown** [ʌ̀nnóun] 언노운
  형 알려지지 않은, 알 수 없는, 미지의

- **unless** [ənlés] 언레스
  접 만약 ~하지 않으면, ~이 아니면

- **unlike** [ʌ̀nláik] 언라이크
  형 같지 않은(↔like 닮은), 다른

- **unlikely** [ʌ̀nláikli] 언라이클리
  형 있음직하지 않은, 생각지도 못한

- **unload** [ʌ̀nlóud] 언로우드
  자타 짐을 내리다[부리다]

- **unlock** [ʌ̀nlák] 언락
  자타 자물쇠를 열다, (비밀을)터놓다

- **unlucky** [ʌ̀nlʌ́ki] 언러키
  형 불운한, 불길한, 재수 없는

- **unnecessary** [ʌ̀nnésəsəri] 언네서서리
  형 불필요한, 쓸데없는, 무익한

□ **unprecedented**	[ʌ̀nprésədèntid] 언프레서덴티드 형 전례가 없는, 공전(空前)의	
■ **until**	[əntíl] 언틸 전 ~까지, ~이 되어 비로소	
□ **unusual**	[ʌnjúːʒuəl] 언유-주얼 형 이상한, 보통이 아닌, 유별난	
■ **up**	[ʌp] 업 부 위로, 위에, 기상하여, 완전히	
■ **uphold**	[ʌphóuld] 업호울드 타 지지하다, 옹호하다, ~에 찬성하다	
■ **upon**	[əpán] 어판 전 ~의 위에	
□ **upper**	[ʌ́pər] 어퍼 형 위쪽의, 상부의, 상류의	
■ **upright**	[ʌ́pràit] 업라이트 형 똑바른(=vertical), 정직한	
■ **upset**	[ʌpsét] 업셋 타 뒤집어엎다, 망쳐버리다, 어지럽히다	
□ **upside**	[ʌ́psàid] 업사이드 명 위쪽, 윗면, 상부	

□ **upsidedown**	[ʌ́psaiddáun] 업사이다운 혱 거꾸로 된
□ **upstairs**	[ʌ́pstɛ́ərz] 업스테어즈 튀 위층[2층]에 혱 위층[2층]의
□ **upward**	[ʌ́pwərd] 업워드 혱 위(쪽)로 향한 튀 위를 향해서
□ **urban**	[ə́:rbən] 어-번 혱 도시의(↔rural 시골의), 도시에 사는
□ **urge**	[ə:rdʒ] 어-지 타 재촉하다, 주장하다, 몰아내다
■ **urgent**	[ə́:rdʒənt] 어-전트 혱 긴급한, 절박한
■ **us**	[ʌs] 어스 대 우리들을[에게]
□ **usage**	[jú:sidʒ] 유-시지 명 용법, 어법, 습관
■ **use**	[ju:s] 유-스 타 쓰다, 사용[이용]하다 명 사용(법)
□ **used**	[ju:st] 유-스트 혱 사용된, 중고의, 써서 낡은

☐ **useful**	[júːsfəl] 유-스펄 형 유용한, 쓸모있는(↔useless 쓸모없는)	
☐ **useless**	[júːslis] 유-슬리스 형 쓸모없는(↔useful 쓸모있는)	
☐ **usher**	[ʌ́ʃər] 어셔 타 안내하다 명 수위, 접수원	
■ **usual**	[júːʒuəl] 유-주얼 형 보통[일상]의, 평소의	
☐ **usually**	[júːʒuəli] 유-주얼리 부 보통, 통례적으로, 평소	
☐ **utility**	[juːtíləti] 유-틸러티 명 유익, 효용 형 실용적인	
☐ **utilize**	[júːtəlàiz] 유-털라이즈 타 활용하다, 소용되게 하다	
☐ **utmost**	[ʌ́tmòust] 어트모우스트 명 최대한도 형 최상급의, 최대한도의	
☐ **utter**	[ʌ́tər] 어터 타 자 내다, 말하나 형 완전한	
☐ **utterance**	[ʌ́tərəns] 어터런스 명 발언, 입 밖에 냄, 발표력, 말씨	

V

ENGLISH KOREAN WORDS DICTIONARY

- **vacancy**
  [véikənsi] 베이컨시
  명 공허, 여지, 결원, 공석, 방심(상태)

- **vacant**
  [véikənt] 베이컨트
  형 빈, 비어 있는, 결원인, 공석인

- **vacation**
  [veikéiʃən] 베이케이션
  명 휴가(=holiday), 방학

- **vacuum**
  [vǽkjuəm] 배큐엄
  명 진공, 진공실, 빈곳, 공허, 공백

- **vague**
  [veig] 베이그
  형 막연한(=unclear), 어렴풋한

- **vain**
  [vein] 베인
  형 헛된, 무익한, 몹시 뽐내는

- **valid**
  [vǽlid] 밸리드
  형 타당한, 유효한

- **valley**
  [vǽli] 밸리
  명 골짜기, 계곡

- **valuable**
  [vǽljuːəbəl] 밸류-어블
  형 귀중한(=precious), 값비싼 명 귀중품

■ **value**	[vǽlju:] 밸류- 명 가치, 가격, 평가 타 평가하다
□ **vanish**	[vǽniʃ] 배니시 자 사라지다, 자취를 감추다(=disappear)
□ **vanity**	[vǽnəti] 배너티 명 허영심, 덧없음
□ **variety**	[vəráiəti] 버라이어티 명 변화, 다양(성), 종류
□ **various**	[vɛ́əriəs] 베어리어스 형 가지각색의, 여러 가지의
■ **vary**	[vɛ́əri] 베어리 타 자 변하다, 다르다, 바꾸다
■ **vase**	[veis] 베이스 명 꽃병, (장식용)항아리, 병
□ **vast**	[vɑːst] 바-스트 형 막대한, 광대한
■ **vegetable**	[védʒətəbəl] 베저터블 명 야채, 푸성귀
□ **vehement**	[víːəmənt] 비-어먼트 형 열정적인, 맹렬한

■ **vehicle**	[víːhikəl] 비-히클 명 운반기구, 탈것, 매개물, 전달수단
□ **vein**	[vein] 베인 명 혈관, 광맥, 기질, 기분
□ **vend**	[vend] 벤드 타 팔고 다니다, 행상하다, 매각하다, 자 팔리다
□ **venerable**	[vénərəbəl] 베너러블 형 존경할 만한, 유서 깊은
□ **venture**	[véntʃər] 벤쳐 자 위험을 무릅쓰고 가다, 감히 가다
□ **verify**	[vérəfài] 베러파이 타 증명하다, 확인하다
□ **verse**	[vəːrs] 버-스 명 운문(↔prose), 시, (성경의)한 절
■ **version**	[vɔ́ːrʒən] 버-전 명 번역(서), 판
■ **vertical**	[vɔ́ːrtikəl] 버-티컬 형 수직의(↔horizontal), 곧추선, 절정의
■ **very**	[véri] 베리 부 매우, 대단히 형 바로 그, ~조차

□ **vessel**	[vésəl] 베슬	명 (큰)배, 그릇
□ **vex**	[veks] 벡스	타 초조하게 하다, 괴롭히다
□ **vice**	[vais] 바이스	명 악덕(↔virtue), 결점
□ **victim**	[víktim] 빅팀	명 희생자, 피해자
■ **victory**	[víktəri] 빅터리	명 승리, 전승, 정복
■ **view**	[vju:] 뷰-	명 전망, 광경(=sight) 타 보다, 바라보다
□ **vigor**	[vígər] 비거	명 활력, 원기
□ **vigorously**	[vígərəsli] 비거러슬리	부 왕성하게, 강력하게(=strongly)
□ **vile**	[vail] 바일	형 비열한, 힘힌
■ **village**	[vílidʒ] 빌리지	명 마을, 촌락, 마을 사람

□ **villager**	[vílidʒər] 빌리저 명 마을 사람	
□ **violence**	[váiələns] 바이얼런스 명 격렬함, 맹렬함, 폭력, 난폭	
■ **violent**	[váiələnt] 바이얼런트 형 격렬한, 맹렬한, 난폭한	
■ **violet**	[váiəlit] 바이얼릿 명 제비꽃, 보랏빛	
■ **virtue**	[vɔ́ːrtʃuː] 버-추- 명 미덕(↔vice 악덕), 장점, (약의)효능	
□ **visible**	[vízəbəl] 비저블 형 눈에 보이는, 명백한, 뚜렷한	
□ **vision**	[víʒən] 비전 명 시력, 시각, 상상력, 환상, 환영	
■ **visit**	[vízit] 비짓 타 자 방문하다, 구경 가다 명 방문	
□ **visitor**	[vízitər] 비지터 명 방문자, 관광객	
□ **vital**	[váitl] 바이틀 형 생명의, 중요한, 필수적인(=necessary)	

☐ **vivid**	[vívid] 비비드 형 생생한, 발랄한
☐ **vocation**	[voukéiʃən] 보우케이션 명 직업(=occupation), 소질
☐ **vogue**	[voug] 보우그 명 유행, 인기 형 유행하는
■ **voice**	[vɔis] 보이스 명 목소리, 음성
■ **volume**	[válju:m] 발륨- 명 책, 서적, 음향, 볼륨, 대량, 부피
☐ **voluntary**	[váləntèri] 발런테리 형 자발적인, 자진하여 하는
■ **vote**	[vout] 보우트 명 투표, 투표권 타 자 투표하다
☐ **vow**	[vau] 바우 타 맹세하다 명 맹세
☐ **vowel**	[váuəl] 바우얼 명 모음, 모음자 형 모음의
■ **voyage**	[vɔ́iidʒ] 보이이지 명 항해, 항행 타 자 항해하다

영한 단어 | **429**

W

ENGLISH KOREAN WORDS DICTIONARY

□ **wade**
[weid] 웨이드
타 자 걸어서 건너다

□ **wag**
[wæg] 왜그
타 흔들다

■ **wage**
[weidʒ] 웨이지
명 임금, 급료 타 수행하다

□ **wagon**
[wǽgən] 왜건
명 짐마차

■ **waist**
[weist] 웨이스트
명 허리, 허리둘레, (옷의)허리통

■ **wait**
[weit] 웨이트
타 자 기다리다, 시중들다 명 기다림

□ **waiter**
[wéitər] 웨이터
명 (호텔·식당 등의)남자 종업원

□ **waitress**
[wéitris] 웨이트리스
명 여종업원

■ **wake**
[weik] 웨이크 활 wake-woke-woken
타 자 깨다, 깨우다

■ **walk**	[wɔ:k] 워-크 타 자 걷다, 산책하다 명 산책, 걷기	
■ **wall**	[wɔ:l] 월- 명 벽, 담, 성벽, (사회적)장애, 장벽	
■ **wallet**	[wálit] 왈릿 명 지갑, 돈지갑	
□ **walnut**	[wɔ́:lnʌ̀t] 월-넛 명 호두(의 열매·나무)	
■ **wander**	[wándər] 완더 타 자 돌아다니다, 방랑하다, 길을 잃다	
■ **want**	[wɑnt] 완트 타 원하다, 필요로 하다 명 필요, 결핍	
■ **war**	[wɔ:r] 워- 명 전쟁(↔peace 평화) 타 전쟁하다	
□ **warfare**	[wɔ́:rfɛ̀ər] 워-페어 명 전쟁, 교전상태, 전투, 투쟁	
■ **warm**	[wɔ:rm] 웜- 형 따뜻한, 온정 있는 타 자 따뜻해지다	
■ **warming**	[wɔ́:rmiŋ] 워-밍 명 따뜻하게 함, 따뜻해짐	

□ **warmth**	[wɔːrmθ] 웜-스	명 따뜻함, 온정
■ **warn**	[wɔːrn] 원-	타 경고하다, 주의하다
□ **warning**	[wɔ́ːrniŋ] 워-닝	명 경고, 경계, 주의
□ **warrant**	[wɑ́(ː)rənt] 와런트	타 보증하다 명 허가증, 증명서, 보증
■ **wash**	[wɑʃ] 와시	타 자 씻다, 세탁하다 명 빨래, 세탁물
■ **waste**	[weist] 웨이스트	타 자 낭비[허비]하다 명 낭비, 쓰레기
■ **watch**	[wɑtʃ] 와치	타 자 지켜보다, 망보다 명 손목시계
■ **water**	[wɔ́ːtər] 워-터	명 물, 음료수 타 물을 뿌리다
□ **waterfall**	[wɔ́ːtərfɔ̀ːl] 워-터폴-	명 폭포(수)
□ **watermelon**	[wɔ́ːtərmèlən] 워-터멜런	명 수박

- **wave** [weiv] 웨이브
  명 파도, 물결 타자 물결치다, 흔들다

- **wax** [wæks] 왁스
  명 밀랍, 윤내는 약, 왁스

- **way** [wei] 웨이
  명 길, 도로, 거리, 방향, 방법, 방면

- **we** [wiː] 위-
  대 우리가, 우리는

- **weak** [wiːk] 위-크
  형 약한, 연약한, 무력한, 열등한

- **weakness** [wíːknis] 위-크니스
  명 약함, 허약, 박약, 약점

- **wealth** [welθ] 웰스
  명 부, 재산, 풍부(↔poverty 빈곤), 부유

- **weapon** [wépən] 웨펀
  명 무기, 흉기 타 무장하다

- **wear** [wɛər] 웨어 활 wear-wore-worn
  명 착용, 의복 타 입다, 착용하다

- **weary** [wíəri] 위어리
  형 피로한, 싫증나는

■ **weather**	[wéðər] 웨더	명 일기, 날씨, 기후 타 비바람을 맞히다
□ **weathercock**	[wéðərkàk] 웨더칵	명 바람개비, 풍향계 타 풍향계를 달다
■ **wedding**	[wédiŋ] 웨딩	명 결혼식, 혼례 형 결혼의
■ **Wednesday**	[wénzdei] 웬즈데이	명 수요일
■ **week**	[wi:k] 위-크	명 주, 일주일, 주간
□ **weekday**	[wíːkdèi] 위-크데이	명 평일
□ **weekend**	[wíːkènd] 위-크엔드	명 주말
□ **weekly**	[wíːkli] 위-클리	형 매주의, 주 1회의 부 매주 명 주간지
□ **weigh**	[wei] 웨이	타자 무게를 달다, 심사숙고하다
■ **weight**	[weit] 웨이트	명 무게, 중량, 체중

■ **welcome**	[wélkəm] 웰컴	
	명 환영 형 환영받는 타 환영하다	
□ **welfare**	[wélfɛ̀ər] 웰페어	
	명 복지	
■ **well**	[wel] 웰 부 잘, 건강한, 글쎄	
	명 우물, 그래 자 타 분출하다	
□ **well-known**	[wélnóun] 웰노운	
	형 유명한, 잘 알려진	
□ **well-being**	[wélbíːiŋ] 웰비-잉	
	명 복지, 행복	
■ **west**	[west] 웨스트	
	명 서, 서쪽 형 서쪽의 부 서쪽으로	
□ **western**	[wéstərn] 웨스턴	
	형 서쪽의, 서양[서유럽]의 명 서부극	
■ **wet**	[wet] 웨트	
	형 젖은(↔dry 마른) 타 젖다	
■ **whatever**	[hwatévər] 홧에버/왓에버	
	대 ~하는 것은 무엇이든 형 어떤 ~이라노	
■ **wheat**	[hwiːt] 휘-트/위-트	
	명 밀, 소맥	

영한 단어 | **435**

- **wheel** [*h*wi:l] 휠-/윌-
  명 바퀴, 수레바퀴, 핸들, 선회, 순환

- **when** [*h*wen] 휀/웬
  부 언제, ~인 때

- **whenever** [*h*wenévər] 훼네버/웨네버
  접 ~할 때는 언제나, 언제 ~하더라도

- **where** [*h*wɛər] 훼어/웨어
  부 어디에, 어디로

- **wherever** [*h*wɛərévər] 훼어레버/웨어레버
  접 ~하는 곳은 어디라도, 어디에 ~하든지

- **whether** [*h*wéðər] 훼더/웨더
  접 ~인지 어떤지, ~이든지 아니든지

- **which** [*h*witʃ] 휘치/위치
  대 어느 쪽, 어느

- **while** [*h*wail] 화일/와일
  접 ~하는 동안, 한편(으로는)

- **whimsical** [*h*wímzikəl] 휨지컬
  형 변덕스러운, 묘한

- **whip** [*h*wip] 휩/윕
  명 채찍, 회초리, 매 타 채찍질하다

□ **whisker**	[hwískər] 휘스커/위스커 명 구레나룻
□ **whiskey**	[hwíski] 휘스키/위스키 명 위스키
■ **whisper**	[hwíspər] 휘스퍼/위스퍼 타 속삭이다, 귀엣말하다 명 속삭임
□ **whistle**	[hwísəl] 휘슬/위슬 명 휘파람, 기적, 경적 타 휘파람을 불다
■ **white**	[hwait] 화이트/와이트 형 흰, 창백한, 백인의 명 백색, 흰옷
□ **who**	[huː] 후- 대 누구, 어떤 사람
□ **whoever**	[huːévər] 후-에버 대 누구나, 누가 ~하더라도
■ **whole**	[houl] 호울 형 전체[전부]의, 모든 명 전체, 전부
□ **wholesome**	[hóulsəm] 호울섬 형 건전한, 건강에 좋은
□ **why**	[hwai] 화이/와이 부 왜, ~하는 이유

□ **wicked**	[wíkid] 위키드 형 악한, 사악한, 심술궂은	
■ **wide**	[waid] 와이드 형 넓은(↔narrow 좁은) 부 널리, 넓게	
□ **widely**	[wáidli] 와이들리 부 널리, 크게	
■ **wife**	[waif] 와이프 명 아내(↔husband 남편), 부인, 처	
■ **wild**	[waild] 와일드 형 야생의, 난폭한(↔mild 온순한)	
□ **will**	[wil] 윌 명 의지, 유언장 타 바라다, 원하다	
□ **willing**	[wíliŋ] 윌링 형 기꺼이 ~하는, 자발적인	
■ **win**	[win] 윈 활 win-won-won 타 자 이기다, 얻다	
□ **wind**	[waind] 와인드 타 감다, 돌리다 자 꾸불거리다	
■ **wind**	[wind] 윈드 명 (강한)바람, 숨, 호흡	

■ **window**	[wíndou] 윈도우	명 창(문), 창유리, 창구
□ **windy**	[windi] 윈디	형 바람이 부는, 바람이 강한
■ **wine**	[wain] 와인	명 포도주, 와인
■ **wing**	[wiŋ] 윙	명 (새, 곤충, 비행기 등의)날개
□ **wink**	[wiŋk] 윙크	자 눈을 깜박이다 명 눈짓
■ **winter**	[wíntər] 윈터	명 겨울 타자 겨울을 보내다
□ **wipe**	[waip] 와이프	타 닦다, 훔치다
■ **wire**	[waiər] 와이어	명 철사, 전선, 전보
□ **wisdom**	[wízdəm] 위즈덤	명 지혜, 현명함, 슬기로움
□ **wisdomteeth**	[wízdəmti:θ] 위즈덤티-스	명 사랑니

- **wise** [waiz] 와이즈
  혱 현명한, 분별 있는

- **wish** [wiʃ] 위시
  타 바라다, 원하다, 빌다 명 소원, 바람

- **wistful** [wístfəl] 위스트펄
  혱 탐내는 듯한, 생각에 잠긴

- **wit** [wit] 위트
  명 기지, 재치, 위트

- **witch** [witʃ] 위치
  명 마녀, 여자 마법사

- **withdraw** [wiðdrɔ́ː] 위드드로-
  자 물러나다, 탈퇴하다

- **wither** [wíðər] 위더
  자 시들다, 말라죽다

- **withhold** [wiðhóuld] 위드호울드
  타 보류하다, 억제하다

- **within** [wiðín] 위딘
  전 이내에 부 안에 명 내부

- **without** [wiðáut] 위다웃
  전 ~없이, ~이 없다면, ~하지 않고

□ **withstand**	[wiðstǽnd] 위드스탠드 타 저항하다, 견디다	
□ **witness**	[wítnis] 위트니스 명 증거, 증인, 목격자 타 목격하다	
□ **wolf**	[wulf] 울프 명 이리, 늑대	
■ **woman**	[wúmən] 우먼 명 여성, 여자, 부인	
■ **wonder**	[wʌ́ndər] 원더 명 경이, 놀라움 타자 놀라다	
□ **wonderful**	[wʌ́ndərfəl] 원더펄 형 훌륭한, 굉장한, 놀랄만한, 이상한	
■ **wood**	[wud] 우드 명 목재, 장작, 숲, 수풀	
□ **wooden**	[wúdn] 우든 형 나무의, 나무로 만든[된]	
■ **wool**	[wul] 울 명 양털, 털실, 모직물	
■ **word**	[wəːrd] 워-드 명 말, 낱말, 단어, 약속	

■ **work**	[wə:rk] 워-크 타자 일하다, 근무하다 명 일, 작업
□ **worker**	[wə́:rkər] 워-커 명 일[공부]하는 사람, 노동자
■ **world**	[wə:rld] 월-드 명 세계, 세상, ~계, 세상사람, 다수(의)
□ **worm**	[wə:rm] 웜- 명 벌레
■ **worry**	[wə́:ri] 워-리 타자 걱정하다, 괴롭히다 명 걱정, 근심
□ **worse**	[wə:rs] 워-스 형 더 나쁜, 악화된 부 더욱 나쁘게
□ **worship**	[wə́:rʃip] 워-십 명 예배, 숭배 타 숭배[존경]하다
□ **worst**	[wə:rst] 워-스트 형 가장 나쁜 부 가장 나쁘게 명 최악
■ **worth**	[wə:rθ] 워-스 명 가치, 진가 형 ~의 가치가 있는
■ **worthwhile**	[wə́:rθhwáil] 워-스화일/워-스와일 형 ~할 보람[가치]이 있는

□ **wound**	[wu:nd] 운-드	타 상처를 입히다 명 부상, 상처
■ **wow**	[wau] 와우	감 (경탄, 기쁨, 고통)야, 와!
■ **wrap**	[ræp] 랩	타 싸다, 감싸다, 포장하다
□ **wrestling**	[résliŋ] 레슬링	명 레슬링
□ **wretched**	[rétʃid] 레치드	형 불쌍한, 비참한, 야비한
■ **wrist**	[rist] 리스트	명 손목 타 손목을 써서 움직이다
■ **write**	[rait] 라이트	타자 글씨[편지]를 쓰다, 저술하다
□ **writer**	[ráitər] 라이터	명 필자, 작가, 저자
■ **wrong**	[rɔːŋ] 롱-	형 나쁜, 틀린(↔right 올바른) 명 부정
□ **wrongly**	[rɔ́ːŋli] 롱-리	부 부정하게, 부당하게, 잘못하여

X

ENGLISH KOREAN WORDS DICTIONARY

- **Xenobiology** [zènoubaiáləʒi] 제노우바이알러지
  - 명 우주 생물학

- **X-mas** [krísməs] 크리스머스
  - 명 (구어) 크리스마스, 성탄절

- **X-radiation** [éksrèidiéiʃən] 엑스레이디에이션
  - 명 X선 방사

- **X-ray** [éksrèi] 엑스레이
  - 형 X선의 타 X선 사진을 찍다

- **xylophone** [záiləfòun] 자일러포운
  - 명 실로폰, 목금

- **xylotomous** [zailátəməs] 자일라터머스
  - 형 나무에 구멍을 내는

- **xylotomy** [zailátəmi] 자일라터미
  - 명 절단법

- **xyster** [zístər] 지스터
  - 명 (외과용의) 뼈 깎는 작은 칼

- **xystus** [zístəs] 지스터스
  - 명 옥내 경기장

- **yard**
  [jɑːrd] 야-드
  명 안마당, 뜰, (학교의)구내, 운동장

- **yarn**
  [jɑːrn] 얀-
  명 뜨개실, 방사(紡絲), 모험담, 이야기

- **yawn**
  [jɔːn] 욘-
  명 하품 타 하품하다

- **yea**
  [jei] 예이
  부 그렇다, 그렇지 명 긍정, 찬성

- **year**
  [jiər] 이어
  명 연, 해, 한 해, 연령, 나이, 학년

- **yearly**
  [jíərli] 이어리
  형 매년의, 연 1회의 부 매년

- **yearn**
  [jəːrn] 여-언
  자 동경하다, 그리워하다, 갈망하다

- **yell**
  [jel] 옐
  자 고함치다, 외치다

- **yellow**
  [jélou] 옐로우
  명 노랑, 황색 형 노란, 황색의

■ **yesterday**	[jéstərdèi] 예스터데이 명 어제 부 어제(는)	
■ **yet**	[jet] 옛 부 아직 ~않다, 아직(도), 이미, 벌써	
□ **yield**	[ji:ld] 일-드 타자 생산하다, 굴복하다 명 생산고	
□ **yoga**	[jóugə] 요우거 명 요가, 유가, (건강)요가	
□ **yoke**	[jouk] 요우크 명 멍에, 속박 타 멍에를 씌우다	
□ **you**	[ju:] 유- 대 너는, 너희들은, 너를, 너희들을	
■ **young**	[jʌŋ] 영 형 젊은, 연소한, 어린	
□ **youngster**	[jʌ́ŋstər] 영스터 명 젊은이, 어린이, 소년	
□ **youth**	[ju:θ] 유-스 명 젊음, 청년, 젊은이	
□ **youthful**	[jú:θfəl] 유-스펄 형 젊은, 팔팔한, 젊은이의, 청년다운	

Z

ENGLISH KOREAN WORDS DICTIONARY

□ **zap**
[zæp] 잽
타 해치우다, 공격하다 명 힘, 공격

□ **zeal**
[ziːl] 지-일
명 열중, 열의(=passion)

□ **zealous**
[zéləs] 젤러스
형 열심인, 열광적인, 열망하여

■ **zebra**
[zíːbrə] 지-브러
명 얼룩말

□ **zenith**
[zíːniθ] 지-니스
명 천정(天頂), 정점, 절정, 최고조

■ **zero**
[zíərou] 지로우
명 0, 영, 제로, 무(無), 0점, 0도, 최하점

□ **zest**
[zest] 제스트
명 열정, 강한 흥미, 강한 풍미, 묘미

□ **zigzag**
[zígzæg] 지그재그
명 지그재그, Z자형

□ **zinc**
[ziŋk] 징크
명 (화학)아연 타 아연을 입히다

□ **zip-code**	[zípkòud] 집코우드 명 (미) 우편번호
□ **zip**	[zip] 집 명 (영) 지퍼
□ **zipper**	[zípər] 지퍼 명 (미) 지퍼
□ **zodiac**	[zóudiæk] 조우디액 명 황도대(黃道帶), 12궁(宮), 일주(一周)
■ **zone**	[zoun] 조운 명 지대, 지역, 지구
■ **zoo**	[zu:] 주- 명 동물원
□ **zookeeper**	[zu:kí:pər] 주-키-퍼 명 사육사
□ **zoology**	[zouálədʒi] 조우알러지 명 동물학
□ **zoom**	[zu:m] 줌- 명 급상승, (카메라)줌 타 급등하다
□ **zyme**	[zaim] 자임 명 효소

Part II

Point up
왕초보
한영 단어

ㄱ

KOREAN ENGLISH WORDS DICTIONARY

- **가게** 명 **저장하다** 타 **store** [stɔːr] 스토-

- **가격, 가치** 명 **value** [vǽljuː] 밸류-

- **가격, 비용** 명 **cost** [kɔːst] 코-스트

- **가구, 세간** 명 **furniture** [fəːrnitʃər] 퍼-니처

- **가까이** 부 **가까운** 형 **~의 가까이에** 전 **near** [niər] 니어

- **가난한, 서투른, 불쌍한, 하찮은** 형 **poor** [puər] 푸어

- **가능성, 장래성** 명 **possibility** [pàsəbíləti] 파서빌러티

- **가능한** 형 **available** [əvéiləbəl] 어베일러블

- **가능한, 있음직한** 형 **possible** [pásəbəl] 파서블

- **가득[충만, 완전]한, 최고의** 형 **full** [ful] 풀

- **가라앉다, 쇠약해지다** 자 **sink** [siŋk] 싱크

- 가로막다, 방해하다 🖽 **interrupt** [ìntərʌ́pt] 인터럽트

- 가로수길, 큰 거리, 대로, 길 🖻 **avenue** [ǽvənjùː] 애버뉴-

- 가르다, 떼어놓다 🖽🖾 **separate** [sépərèit] 세퍼레이트

- 가르치다 🖽 **teach** [tiːtʃ] 티-치

- 가르침, 교훈, 훈령 🖻 **instruction** [instrʌ́kʃən] 인스트럭션

- 가리키다, 표시하다 🖽 **indicate** [índikèit] 인디케이트

- 가사 🖻 가정의 🖽 **housekeeping** [háuskìːpiŋ] 하우스카-핑

- 가슴, 흉곽, 큰 상자 🖻 **chest** [tʃest] 체스트

- 가위, 〈레스링〉 다리 가위지르기 🖻 **scissors** [sízərz] 시저즈

- 가위로 자르다, 오려내다 🖽 **scissor** [sízər] 시저

- 가을, 가을철 🖻 **autumn** [ɔ́ːtəm] 오-텀

- 가장 나쁜, 최악의 🖽 **worst** [wəːrst] 워-스트

한영 단어 | 451

- 가장 사랑하는 사람, 귀여운 사람 명 **darling** [dá:rliŋ] 다-링

- 가장 작은 형 **least** [li:st] 리-스트

- 가장자리, 경계 명 **border** [bɔ́:rdər] 보-더

- 가장하다, ~인 체하다 타자 **pretend** [priténd] 프리텐드

- 가정의, 가사의, 길든 형 **domestic** [douméstik] 도메스틱

- 가정하다, 추정하다 타 **assume** [əsjú:m] 어슘-

- 가져오다, 초래하다 타 **bring** [briŋ] 브링

- 가족, 아이들, 자녀 명 **family** [fǽməli] 패멀리

- 가족, 친족, 민족 명 **folk** [fouk] 포우크

- 가죽, 가죽제품 명 **leather** [léðər] 레더

- 가지(나뭇), 지점 명 가지를 뻗다 자 **branch** [bræntʃ] 브랜치

- 가축, 소, 축우 명 **cattle** [kǽtl] 캐틀

- 가치, 진가, (얼마) 어치, 유용성 명 **worth** [wə:rθ] 워-스

- 가파른, 경사가 급한, 험한 형 **steep** [sti:p] 스티-프

- 각자 모두, 누구나 대 **everybody** [évribàdi] 에브리바디

- 간격, 거리 명 **interval** [íntərvəl] 인터벌

- 간결한 형 **brief** [bri:f] 브리-프

- 간선도로, 공도, 하이웨이 명 **highway** [háiwèi] 하이웨이

- 간섭하다, 참견하다 자 **interfere** [ìntərfíər] 인터피어

- 간신히, 겨우, 거의 ~않다 부 **scarcely** [skέərsli] 스케어슬리

- 간접의, 우회적인, 에두른 형 **indirect** [ìndirékt] 인디렉트

- 간주하다, ~으로 여기다 타 **regard** [rigá:rd] 리가-드

- 갈고리, 걸쇠 명 **hook** [huk] 훅

- 갈라진 틈, 격차, 큰 차이 명 **gap** [gæp] 갭

- 감각, 지각, 대단한 평판 명 **sensation** [senséiʃən] 센세이션

- 감다, 돌리다 타 **wind** [waind] 와인드

- 감명을 주다 타 **impress** [imprés] 임프레스

- 감사하고 있는, 고마워하는 형 **grateful** [gréitfəl] 그레이트펄

- 감사하다, 사례하다 타 **thank** [θæŋk] 쌩크

- 감소, 축소, 감소량[액] 명 **decrease** [díːkriːs] 디-크리-스

- 감소, 축소, 할인 명 **reduction** [ridʌ́kʃən] 리덕션

- 감정, 감상, 의견, 의향 명 **sentiment** [séntəmənt] 센터먼트

- 감정, 정서, 감동, 감격 명 **emotion** [imóuʃən] 이모우션

- 감추다, 숨기다 타 **hide** [haid] 하이드

- 감추어진, 숨겨진, 비밀의 형 **hidden** [hídn] 히든

- 감히 ~하다, 용감하게 맞서다 타 **dare** [dɛər] 데어

- 갑자기, 불시에, 느닷없이 [부] **suddenly** [sʌ́dnli] 서든리

- 값비싼 [형] **expensive** [ikspénsiv] 익스펜시브

- 값이 싼 [형] **cheap** [tʃiːp] 치-프

- 강, 하천, 다량의 흐름 [명] **river** [rívər] 리버

- 강아지 [명] **puppy** [pʌ́pi] 퍼피

- 강요하다, 우기다 [자] **insist** [insíst] 인시스트

- 강의, 강연, 훈계, 설교 [명] **lecture** [léktʃər] 렉처

- 강조, 중요성, 중점 [명] **emphasis** [émfəsis] 엠퍼시스

- 강조하다, 역설하다 [타] **emphasize** [émfəsàiz] 엠퍼사이즈

- 강철, 스틸 [명] **steel** [stiːl] 스틸-

- 강타, 구타, (정신적) 타격 [명] **blow** [blou] 블로우

- 강한, 강력한 [형] **powerful** [páuərfəl] 파우어펄

- 강한, 힘센 형 **strong** [strɔ(:)ŋ] 스트롱-

- 갖추다, ~에 설비하다, 장비하다 타 **equip** [ikwíp] 이퀴프

- 같은, 동일한 형 **same** [seim] 세임

- 개개[각각]의, 개인의 형 **individual** [ìndəvídʒuəl] 인더비주얼

- 개량, 개선 명 **improvement** [imprúːvmənt] 임프루-브먼트

- 개량[개선]하다, 이용하다 타 **improve** [imprúːv] 임프루-브

- 개성, 성격, 인격 명 **personality** [pèːrsənǽləti] 퍼-서낼러티

- 개정[개혁, 개선]하다 타 **reform** [riːfɔ́ːrm] 리-폼-

- 개척자 명 개척하다 자 **pioneer** [pàiəníər] 파이어니어

- 거대한, 막대한, 무한한 형 **huge** [hjuːdʒ] 휴-지

- 거대한, 막대한, 엄청난 형 **enormous** [inɔ́ːrməs] 이노-머스

- 거들다, 원조하다, 돕다 타 **assist** [əsíst] 어시스트

- 거래, 협정 명 **deal** [di:l] 딜-

- 거리 명 **distance** [dístəns] 디스턴스

- 거리, ~가 명 **street** [stri:t] 스트리-트

- 거만한, 자존[자부]심이 있는 형 **proud** [praud] 프라우드

- 거실, 생활권 명 **living room** [líviŋru:m] 리빙룸-

- 거울, 반사경 명 **mirror** [mírər] 미러

- 거의 ~않다[하지 않다, 아니다] 부 **hardly** [há:rdili] 하-딜리

- 거의, 대부분 부 **almost** [ɔ́:lmoust] 올-모우스트

- 거인, 큰 사나이 명 **giant** [dʒáiənt] 자이언트

- 거절[거부]하다, 사절하다 타 자 **refuse** [rifjú:z] 리퓨-즈

- 거절하다, 거부하다, 버리다 타 **reject** [ridʒékt] 리젝트

- 거주자, 〈미〉 레지던트 명 **resident** [prézidənt] 프레지던트

- 거짓말, 속임, 사기 **명** **lie** [lai] 라이

- 거친, 가혹한, 귀에 거슬리는 **형** **harsh** [hɑːrʃ] 하-시

- 거칠거칠한, 가공[세공]하지 않은 **형** **rough** [rʌf] 러프

- 거품 **명** **bubble** [bʌ́bəl] 버블

- 걱정하는 **형** **afraid** [əfréid] 어프레이드

- 걱정하다, 괴롭히다 **자타** **worry** [wə́ːri] 워-리

- 건강, 건강상태, 보건, 위생 **명** **health** [helθ] 헬스

- 건조, 건설, 건축물 **명** **construction** [kənstrʌ́kʃən] 컨스트럭션

- 걷다, 산책하다 **자타** **walk** [wɔːk] 워-크

- 걸다, 매달다 **타** **hang** [hæŋ] 행

- 걸음걸이, 발소리, 발자국 **명** **footstep** [fútstèp] 풋스텝

- 게다가, 더욱이, 또한 **부** **moreover** [mɔːróuvər] 모-로우버

- 게으른, 나태한, 게으름뱅이의 형 **lazy** [léizi] 레이지

- 게을리 하다, 무시하다 타 **neglect** [niglékt] 니글렉트

- 겨울 명 **winter** [wíntər] 윈터

- 격렬한, 맹렬한, 난폭한 형 **violent** [váiələnt] 바이얼런트

- 격식을 차리지 않은 형 **casual** [kǽʒuəl] 캐주얼

- 견인(자동)차, 트랙터 명 **tractor** [trǽktər] 트랙터

- 견적서 명 **estimate** [éstəmèit] 에스터메이트

- 결과 명 **result** [rizʌ́lt] 리절트

- 결과, 영향(력) 명 **consequence** [kánsikwèns] 칸시퀀스

- 결과, 영향, 효과 명 **effect** [ifékt] 이펙트

- 결과로 일어나는, 결국의 형 **eventual** [ivéntʃuəl] 이벤추얼

- 결론, 결정, 결말 명 **conclusion** [kənklúːʒən] 컨클루-전

한영 단어 | 459

- 결론을 내리다 탄 **conclude** [kənklúːd] 컨클루-드

- 결백한, 순진한, 때 묻지 않은 형 **innocent** [ínəsnt] 이너슨트

- 결석한, ~이 없는, 부재의 형 **absent** [ǽbsənt] 앱슨트

- 결승전 명 **final** [fáinəl] 파이늘

- 결심, 결정 명 **determination** [ditə̀ːrmənéiʃən] 디터-머네이션

- 결심, 결의(안), 결단(력) 명 **resolution** [rèzəlúːʃən] 레절루-션

- 결심하다, 결정하다 탄자 **determine** [ditə́ːrmin] 디터-민

- 결점 없는, 완전한, 정확한 형 **perfect** [pə́ːrfikt] 퍼-픽트

- 결점, 결함, 단점, 과실, 잘못, 허물 명 **fault** [fɔːlt] 폴-트

- 결정, 판결 명 **decision** [disíʒən] 디시전

- 결정하다, 결심하다 탄자 **decide** [disáid] 디사이드

- 결합(체), 짝맞춤 명 **combination** [kɑ̀mbənéiʃən] 캄버네이션

- 결합, 연합, 협회, 연맹 명 **union** [júːnjən] 유-니언

- 결합하다, 단결하다, 결혼하다 타자 **unite** [juːnáit] 유-나이트

- 결합하다, 참가하다 타 **join** [dʒɔin] 조인

- 결혼하다, 결혼시키다 타자 **marry** [mǽri] 매리

- 겸손한, 정숙한, 알맞은 형 **modest** [mɔ́dist] 모디스트

- 경감, 제거, 안심, 위안, 구조 명 **relief** [rilíːf] 릴리-프

- 경계(선), 국경선, 한계 명 **boundary** [báundəri] 바운더리

- 경고하다, 주의하다 타 **warn** [wɔːrn] 원-

- 경사면, 비탈, 경사(도) 명 **slope** [sloup] 슬로우프

- 경영, 운영 명 **management** [mǽnidʒmənt] 매니지먼트

- 경작하다, 재배하다 타 **cultivate** [kʌ́ltəvèit] 컬터베이트

- 경쟁, 경기, 콘테스트 명 **contest** [kɑ́ntes] 칸테스트

- 경쟁하다, 싸우다 재 **compete** [kəmpíːt] 컴피-트

- 경제, 절약 명 **economy** [ikánəmi] 이카너미

- 경청자, (라디오의) 청취자 명 **listener** [lísnər] 리스너

- 경향, 풍조, 버릇, 성향 명 **tendency** [téndənsi] 텐던시

- 경험, 체험 명 **experience** [ikspíəriəns] 익스피(어)리언스

- 경험하다, 견디다 타 **suffer** [sʌ́fər] 서퍼

- 계단, 층계, (계단의) 한 단, 단계 명 **stair** [stɛər] 스테어

- 계산, 계좌 명 **account** [əkáunt] 어카운트

- 계산서 명 **bill** [bil] 빌

- 계산하다 타 **calculate** [kǽlkjəlèit] 캘큘레이트

- 계속되다, 뒤를 잇다 재타 **succeed** [səksíːd] 석시-드

- 계속하다, 계속 말하다 타 **continue** [kəntínjuː] 컨티뉴-

- □ 계약, 계약서 명 **contract** [kάntrækt] 칸트랙트

- ■ 계절, 시기, 시즌 명 **season** [síːzən] 사-즌

- ■ 계획, 기획 명 **project** [prədʒékt] 프러젝트

- ■ 계획, 안 명 **scheme** [skiːm] 스킴-

- □ 고객 명 **customer** [kʌ́stəmər] 커스터머

- □ 고귀한, 고결한, 귀족의 형 **noble** [nóubəl] 노우블

- ■ 고기, 육류 명 **meat** [miːt] 미-트

- ■ 고대의, 옛날의, 오래된 형 **ancient** [éinʃənt] 에인션트

- ■ 고르다, 선택[선출]하다 타자 **choose** [tʃuːz] 추-즈

- ■ 고리, 연결 명 **link** [liŋk] 링크

- □ 고립, 격리, 분리 명 **isolation** [àisəléiʃən] 아이설레이션

- ■ 고맙게 여기다 타 **appreciate** [əpríːʃièit] 어프리-시에이트

- 고무, 고무제품, 고무지우개 명 **rubber** [rʌ́bər] 러버

- 고소하다, 비난하다 타 **accuse** [əkjúːz] 어큐-즈

- 고안하다, 생각해내다, 발명하다 타 **devise** [diváiz] 디바이즈

- 고용, 세, 사용료 명 **hire** [háiər] 하이어

- 고용인, 종업원 명 **employee** [emplɔ́iiː] 엠플로이이-

- 고용주, 사용자 명 **employer** [emplɔ́iər] 엠플로이어

- 고용하다, ~에 종사하다 타 **employ** [emplɔ́i] 엠플로이

- 고장 명 **failure** [féiljər] 페일리어

- 고정된, 확고한, 안정된, 착실한 형 **steady** [stédi] 스테디

- 고체의, 단단한, 견고한 형 **solid** [sɑ́lid] 살리드

- 고치다, 고정시키다, 정하다, 끌다 타 **fix** [fiks] 픽스

- 곡물, 곡류, 낟알 명 **grain** [grein] 그레인

- ■ 곡조, 곡, 가락 명 **tune** [tjuːn] 튠-

- ■ 곤란한, 어려운, 강한, 질긴, 엄한 형 **tough** [tʌf] 터프

- ■ 곤충, 벌레 명 **insect** [ínsekt] 인섹트

- □ 골격, 해골, (건물의) 골조 명 **skeleton** [skélətn] 스켈러튼

- ■ 골짜기, 계곡 명 **valley** [væli] 밸리

- ■ 공간, 우주, 장소, 간격 명 **space** [speis] 스페이스

- ■ 공간의, 지방의, 근거리의 형 **local** [lóukəl] 로우컬

- ■ 공격하다, (병이) 침범하다 타 **attack** [ətæk] 어택

- ■ 공공의, 공중의, 공립의 형 **public** [pʌ́blik] 퍼블릭

- ■ 공급하다, 대주다 타 자 **provide** [prəváid] 프러바이드

- ■ 공급하다, 배달하다 타 **supply** [səplái] 서플라이

- □ 공급하다, 제공하다, 주다 타 **furnish** [fə́ːrniʃ] 퍼-니시

한영 단어 | 465

- 공복, 배고픔 명 **hunger** [hʌ́ŋɡər] 헝거

- 공부하다, 연구하다 타자 **study** [stʌ́di] 스터디

- 공상, 환상, 상상, 좋아함, 기호 명 **fancy** [fǽnsi] 팬시

- 공상적인, 낭만적인 형 **romantic** [roumǽntik] 로우맨틱

- 공손한, 예의 바른 형 **polite** [pəláit] 펄라이트

- 공식의, 공무[직무]상의 형 **official** [əfíʃəl] 어피셜

- 공업, 산업, 근면 명 **industry** [índəstri] 인더스트리

- 공업기술 명 **technology** [teknάlədʒi] 테크날러지

- 공업의, 산업의 형 **industrial** [indʌ́striəl] 인더스트리얼

- 공장, 제조소 명 **factory** [fǽktəri] 팩터리

- 공통점이 있다 타 **resemble** [rizémbəl] 리젬블

- 공평[공정]한, 상당한 형 **fair** [fɛər] 페어

- 공평하게, 공정히, 꽤, 상당히 **부** **fairly** [féərli] 페어리

- 공포, 두려운 것 **명** **terror** [térər] 테러

- 공항 **명** **airport** [ɛ́ərpɔ̀ːrt] 에어포―트

- 공허, 여지, 결원 **명** **vacancy** [véikənsi] 베이컨시

- 과일, (보통 fruits로) 산물, 결과, 성과 **명** **fruit** [fruːt] 프루―트

- 과정, 진행, 경과, 공정 **명** **process** [práses] 프라세스

- 과학, 자연과학, 이과 **명** **science** [sáiəns] 사이언스

- 관, 통, 브라운관, (런던의) 지하철 **명** **tube** [tjuːb] 튜브

- 관, 파이프, (담배) 파이프 **명** **pipe** [paip] 파이프

- 관계, 유대, 연락, 연고 **명** **connection** [kənékʃən] 커넥션

- 관계[관련]시키다, 이야기하다 **타** **relate** [riléit] 릴레이트

- 관광 **명** **tour** [tuər] 투어

- 관대한, 후한, 풍부한 [형] **generous** [dʒénərəs] 제너러스

- 관련 있는, 적절한, 상응하는 [형] **relevant** [réləvənt] 렐러번트

- 관리, 경영 [명] **administration** [ædmìnəstréiʃən] 애드미너스트레이션

- 관리[경영]하다, 담당하다 [타][자] **manage** [mǽnidʒ] 매니지

- 관심, 흥미 [명] **interest** [íntərist] 인터리스트

- 관심을 갖다 [타] **concern** [kənsə́:rn] 컨선-

- 관절, 마디, 이음새 [명] **joint** [dʒɔint] 조인트

- 관찰(력), 관측 [명] **observation** [àbzərvéiʃən] 아브저베이션

- 광고하다 [타] **advertise** [ǽdvərtàiz] 애드버타이즈

- 광물, 광석 [명] **mineral** [mínərəl] 미너럴

- 괴롭히다, 화나게 하다 [타] **annoy** [ənɔ́i] 어노이

- 굉장한, 훌륭한 [형] **wonderful** [wʌ́ndərfəl] 원더펄

- 교과서, 교본 명 **textbook** [tékstbùk] 텍스트북

- 교도소, 감옥 명 **prison** [prízn] 프리즌

- 교수 명 **professor** [prəfésər] 프러페서

- 교실 명 **classroom** [klǽsrù(:)m] 클래스룸-

- 교외, 근교 명 **suburb** [sʌ́bəːrb] 서버-브

- 교육, 훈련, 훈육 명 **education** [èdʒukéiʃən] 에주케이션

- 교육하다, 양성하다 타 **educate** [édʒukèit] 에주케이트

- 교제하다 **associate** [əsóuʃièit] 어소우시에이트

- 교차로, 건너서 부 전 **across** [əkrɔ́ːs] 어크로-스

- 교통 명 **traffic** [trǽfik] 트래픽

- 교환하다, 바꾸다 타 **exchange** [ikstʃéindʒ] 익스체인지

- 교회, 예배 명 **church** [tʃəːrtʃ] 처-치

- ■ 구(9)월 명 **September** [septémbər] 셉템버

- ■ 구걸하다, 빌다, 청하다, 부탁하다 타 **beg** [beg] 베그

- □ 구두의 형 **oral** [ɔ́ːrəl] 오-럴

- □ 구레나룻 명 **whisker** [hwískər] 휘스커/위스커

- ■ 구름, 구름 모양의 것 명 **cloud** [klaud] 클라우드

- ■ 구멍, 구덩이 명 **hole** [houl] 호울

- ■ 구별하다, 식별하다 타 **distinguish** [distíŋgwiʃ] 디스팅귀시

- □ 구부러진, 굽은, (~하려고) 결심한 형 **bent** [bent] 벤트

- ■ 구분, 구획, 구역, 잘라낸 부분 명 **section** [sékʃən] 섹션

- ■ 구성하다, 쓰다, 작곡하다 타 **compose** [kəmpóuz] 컴포우즈

- ■ 구조, 건축물 명 **structure** [strʌ́ktʃər] 스트럭처

- □ 구조하다, 구출하다 타 **rescue** [réskjuː] 레스큐-

- 국가, 상태 명 **state** [steit] 스테이트

- 국경, 국경 지방 명 **frontier** [frʌntíər] 프런티어

- 국면, 외관 명 **aspect** [ǽspekt] 애스펙트

- 국무총리 명 **prime minister** [praimmínistər] 프라임미니스터

- 국민, 국가 명 **nation** [néiʃən] 네이션

- 국적 명 **nationality** [næ̀ʃənǽləti] 내셔낼러티

- 국제적인, 국가 간의 형 **international** [ìntərnǽʃənəl] 인터내셔널

- 군대의, 군사[군용]의 형 **military** [mílitèri] 밀리테리

- 군인, 병사 명 **soldier** [sóuldʒər] 소울저

- 군중, 다수 명 **crowd** [kraud] 크라우드

- 굳은, 단단한, 고정[안정]된 형 **firm** [fə:rm] 펌-

- 굳은, 어려운, 열심인 형 **hard** [hɑ:rd] 하-드

- 굴리다 타 **roll** [roul] 로울

- 굽다 타 **bake** [beik] 베이크

- 굽다, 구부러지다 자 **bend** [bend] 벤드

- 궁전, 왕궁, 대저택 명 **palace** [pǽləs] 팰러스

- 권위, 권력, 권위자, 당국 명 **authority** [əθɔ́ːriti] 어소-리티

- 궤도 명 **orbit** [ɔ́ːrbit] 오-빗

- 귀가 먼, 무관심한 형 **deaf** [def] 데프

- 귀를 기울이다, 듣다 자 **listen** [lísən] 리슨

- 귀여운, 영리한, 멋진 형 **cute** [kjuːt] 큐-트

- 귀중한, 고가의, 값비싼 형 **valuable** [vǽljuːəbəl] 밸류-어블

- 귀찮게 하다 타 **bother** [báðər] 바더

- 규율, 훈육, 훈련, 훈계 명 **discipline** [dísəplin] 디서플린

- 규정짓다, 한정하다, 정의를 내리다 [타] **define** [difáin] 디파인

- 규칙, 규정, 법규 [명] **regulation** [règjəléiʃən] 레귤레이션

- 규칙적인, 정례의, 정규의 [형] **regular** [régjələr] 레귤러

- 균형, 잔액 [명] **balance** [bǽləns] 밸런스

- 그늘, 그늘진 곳, 차양 [명] **shade** [ʃeid] 셰이드

- 그러한, 그런, 이러한, 그렇게 [형] **such** [sʌtʃ] 서치

- 그림, 스케치, 제도 [명] **drawing** [drɔ́ːiŋ] 드로-잉

- 그림자 [명] **shadow** [ʃǽdou] 섀도우

- 그만두다, 중지하다 [타] **quit** [kwit] 큇

- 극, 극지, 막대기, 장대 [명] **pole** [poul] 포울

- 극, 희곡, 연극 [명] **drama** [drάːmə] 드라-머

- 극도의, 극단적인 [형] **extreme** [ikstríːm] 익스트림-

한영 단어 | 473

- 극의, 연극의, 극적인 형 **dramatic** [drəmǽtik] 드러매틱

- 극장, 강당, 영화관, 무대 명 **theater** [θí(ː)ətər] 시-어터

- 근대의, 현대의 형 **modern** [mádərn] 마던

- 근래의, 최근의 형 **recent** [ríːsənt] 리-슨트

- 근본적인, 본질적인, 필수의 형 **essential** [isénʃəl] 이센셜

- 근심하는, 걱정하는, 열망하는 형 **anxious** [ǽŋkʃəs] 앵(크)셔스

- 근육, 근력, 완력 명 **muscle** [mʌ́səl] 머슬

- 글씨를 쓰다, 저술하다, 편지를 쓰다 타 자 **write** [rait] 라이트

- 금속 명 금속을 입히다 타 **metal** [métl] 메틀

- 금지하다, 허락[용납]하지 않다 타 **forbid** [fərbíd] 퍼비드

- 급료, 봉급 명 **salary** [sǽləri] 샐러리

- 긋다, 그리다 타 **draw** [drɔː] 드로-

- 긍지 명 **price** [prais] 프라이스

- 긍지, 만족(감), 자존심, 자랑 명 **pride** [praid] 프라이드

- 기(국가·조직·단체) 명 **flag** [flæg] 플래그

- 기간 명 **period** [píəriəd] 피어리어드

- 기간, 임기, 학기, 전문[학술] 용어, 조건 명 **term** [təːrm] 텀-

- 기계(상)의, 기계적인 형 **mechanical** [məkǽnikəl] 머캐니컬

- 기계, 기계 장치 명 **machine** [məʃíːn] 머신-

- 기계류, (기계의) 장치 명 **machinery** [məʃíːnəri] 머시-너리

- 기구, 도구 명 **instrument** [ínstrəmənt] 인스트러먼트

- 기구, 풍선 명 **balloon** [bəlúːn] 벌룬-

- 기꺼이 ~하는, 자발적인 형 **willing** [wíliŋ] 윌링

- 기념품 명 **souvenir** [sùːvəníər] 수-버니어

- 기능, 작용, 역할, 직무 명 **function** [fʌ́ŋkʃən] 펑(크)션

- 기다, 기어가다, 서행하다 자 **crawl** [krɔːl] 크롤-

- 기다리다 자타 **wait** [weit] 웨이트

- 기다리다, 대기하다 타 **await** [əwéit] 어웨이트

- 기대다, 의지하다 자 **lan** [læn] 랜

- 기둥, 지주, 주석 명 **pillar** [pílər] 필러

- 기록하다, 녹음[녹화]하다 타 **record** [rékərd] 레커드

- 기묘한, 괴상한, 수상한, 언짢은 형 **queer** [kwiər] 퀴어

- 기묘한, 이상한, 특이한 형 **peculiar** [pikjúːljər] 피큐-리어

- 기법, 수법, 기교, 테크닉 명 **technique** [tekníːk] 테크니-크

- 기본[기초]의, 근본적인 형 **fundamental** [fʌndəméntl] 펀더멘틀

- 기부하다, 바치다 타자 **contribute** [kəntríbjut] 컨트리뷰트

- 기분 좋은, 명랑한 [형] **cheerful** [tʃíərfəl] 치어펄

- 기쁘게 하다 [타] **delight** [diláit] 딜라이트

- 기쁘게 하다 [타] **please** [pli:z] 플리-즈

- 기쁜, 반가운, 기꺼이 ~하는 [형] **glad** [glæd] 글래드

- 기쁨, 즐거움, 만족 [명] **pleasure** [pléʒər] 플레저

- 기쁨, 환희 [명] **joy** [dʒɔi] 조이

- 기수[홀수]의, 이상한, 기묘한 [형] **odd** [ɑd] 아드

- 기술 [명] **skill** [skil] 스킬

- 기술의, 공업의, 전문의 [형] **technical** [téknikəl] 테크니컬

- 기억, 회상, 추억 [명] **memory** [méməri] 메머리

- 기업(체), 회사, 사업 [명] **enterprise** [éntərpràiz] 엔터프라이즈

- 기원, 발단, 발생, 유래 [명] **origin** [ɔ́:rədʒin] 오-러진

- 기질, 천성, 기분, 화, 노여움 명 **temper** [témpər] 템퍼

- 기초 명 **basis** [béisis] 베이시스

- 기초, 토대, 설립 명 **foundation** [faundéiʃən] 파운데이션

- 기초를 세우다[마련하다], 설립하다 타 **found** [faund] 파운드

- 기침 명 **cough** [kɔ(ː)f] 코-프

- 기회, 우연 명 **chance** [tʃæns] 챈스

- 기회, 호기 명 **opportunity** [àpərtjúːnəti] 아퍼튜-너티

- 기후, 토지 명 **climate** [kláimit] 클라이밋

- 긴, 길이가 ~인 형 **long** [lɔːŋ] 롱-

- 긴급한, 절박한 형 **urgent** [ə́ːrdʒənt] 어-전트

- 긴장 명 **tension** [ténʃən] 텐션

- 길, 도로, 코스, 거리, 방향, 습관, 방법 명 **way** [wei] 웨이

- 길, 작은 길, 오솔길 몡 **path** [pæθ] 패스

- 길이, 키, (시간적인) 길이, 기간 몡 **length** [leŋkθ] 렝크스

- 깃털, 깃 몡 **feather** [féðər] 페더

- 깊은, 짙은 혱 **deep** [diːp] 디-프

- 깨끗한 혱 **clean** [kliːn] 클린-

- 깨달음, 감각 몡 **sense** [sens] 센스

- 깨우다 타 **awake** [əwéik] 어웨이크

- 꼬리, 끝, 말단, 뒷면 몡 **tail** [teil] 테일

- 꼬집다, 집다, 죄다, 꼭 끼다 타자 **pinch** [pintʃ] 핀치

- 꼭 맞다, 적합하다 타자 **fit** [fit] 핏

- 꼼짝 못하다, 찌르다(=thrust) 타자 **stick** [stik] 스틱

- 꽃가루 몡 **pollen** [pálən] 팔런

- 꼭, 꽉, 접근하여, 면밀히 _부 **closely** [klóusli] 클로우슬리

- 꽃병, (장식용) 항아리, 병 _명 **vase** [veis] 베이스

- 꽤 많은, 상당한 _형 **considerable** [kənsídərəbəl] 컨시더러블

- 꾸러미, 소포, 포장한 상품 _명 **package** [pǽkidʒ] 패키지

- 꾸러미, 팩, 한 상자 _명 **pack** [pæk] 팩

- 꾸짖다, 잔소리하다 _타 **scold** [skould] 스코울드

- 끄덕이다, 졸다 _자 **nod** [nɑd] 나드

- 끌다, 끌어당기다 _{타자} **pull** [pul] 풀

- 끌다, 질질 끌다, 끌고 가다 _타 **drag** [dræg] 드래그

- 끓다, 끓어오르다 _자 **boil** [bɔil] 보일

- 끝 _명 **end** [end] 엔드

- 끝내다 _타 **finish** [fíniʃ] 피니시

ㄴ

KOREAN ENGLISH WORDS DICTIONARY

- 나누어주다, 분배하다 타 **distribute** [distríbju:t] 디스트리뷰-트

- 나눔, 분할, 배분 명 **division** [divíʒən] 디비전

- 나름이다, ~에 달려있다 자 **depend** [dipénd] 디펜드

- 나머지, 여분 명 **rest** [rest] 레스트

- 나무열매, (호두·밤 등의) 견과 명 **nut** [nʌt] 넛

- 나무의, 나무로 만든[된] 형 **wooden** [wúdn] 우든

- 나비 명 **butterfly** [bʌ́tərflài] 버터플라이

- 나쁜 형 **bad** [bæd] 배드

- 나쁜, 불길한 형 **evil** [íːvəl] 이-벌

- 나이, 햇수 명 **age** [eidʒ] 에이지

- 나타나다, 드러내다 자 **appear** [əpíər] 어피어

- 나타남, 출현, 외관 명 **appearance** [əpíərəns] 어피(어)런스

- 나타내다, 표현하다 타 **represent** [rèprizént] 레프리젠트

- 날, 끄트머리, 가장자리 명 **edge** [edʒ] 에지

- 날개 명 **wing** [wiŋ] 윙

- 날기, 비행, (정기 항공로의) 편 명 **flight** [flait] 플라이트

- 날다 자 **fly** [flai] 플라이

- 날씨 명 **weather** [wéðər] 웨더

- 날카로운, 가파른 형 **sharp** [ʃɑːrp] 샤-프

- 날카롭게, 급격하게, 갑자기 부 **sharply** [ʃɑːrpli] 샤-플리

- 남다, 머무르다, ~한 그대로다 자 **remain** [riméin] 리메인

- 남성, 남자, 수컷 명 **male** [meil] 메일

- 남자 점원, 판매원, 외판원 명 **salesman** [séilzmən] 세일즈먼

- 남자, 사람, 녀석, 놈 명 **guy** [gai] 가이

- 남쪽, 남부지방 명 **south** [sauθ] 사우스

- 남편 명 **husband** [hʌ́zbənd] 허즈번드

- 남학생 명 **schoolboy** [skúːlbɔ́i] 스쿨-보이

- 납입, 지불 명 **payment** [péimənt] 페이먼트

- 낭비[허비]하다 타자 **waste** [weist] 웨이스트

- 낮, 주간 명 **daytime** [déitàim] 데이타임

- 낮은, (값이) 싼 형 **low** [lou] 로우

- 낯선 사람 명 **stranger** [stréindʒər] 스트레인저-

- 낯익은 형 **familiar** [fəmíljər] 퍼밀리어

- 내과 의사 명 **physician** [fizíʃən] 피지션

- 내기하다, (돈 등을) 걸다 타 **bet** [bet] 벳

- 내부[안쪽]의, 실내의 [형] **interior** [intíəriər] 인티어리어

- 내선 [명] **extension** [iksténʃən] 익스텐션

- 내의, 속옷 [명] **underwear** [ʌ́ndərwɛ̀ər] 언더웨어

- 내포하다, ~이 들어 있다 [타] **contain** [kəntéin] 컨테인

- 냄새 [명] **smell** [smel] 스멜

- 냉장고, 냉각 장치 [명] **refrigerator** [rifrìdʒəréitər] 리프리저레이터

- 넓은 [형] **wide** [waid] 와이드

- 넓은, 관대한 [형] **broad** [brɔːd] 브로드

- 넓이, 크기, 범위, 정도 [명] **extent** [ikstént] 익스텐트

- 네모꼴, 사각형 [명] **quadrangle** [kwάdræŋgəl] 콰드랭글

- 노동, 노동자 [명] **labor** [léibər] 레이버

- 노래하다, (새가) 지저귀다 [자][타] **sing** [siŋ] 싱

- 노력, 수고 명 **effort** [éfərt] 에퍼트

- 노력하다, 시도하다 타|자 **try** [trai] 트라이

- 노여움, 화 명 **anger** [ǽŋgər] 앵거

- 녹다, 누그러지다 자 **melt** [melt] 멜트

- 논쟁, 논의, 언쟁 명 **controversy** [kántrəvə̀ːrsi] 칸트러버-시

- 논쟁하다 자 **dispute** [dispjúːt] 디스퓨-트

- 논평, 비평, 코멘트 명 **comment** [kámənt] 카먼트

- 놀다, 경기를 하다, 연주하다 자|타 **play** [plei] 플레이

- 놀라게 하다 타 **surprise** [sərpráiz] 서프라이즈

- 놀라게 하다 타 **amaze** [əméiz] 어메이즈

- 놀라움 명 **wonder** [wʌ́ndər] 원더

- 농담, 장난 명 **joke** [dʒouk] 조우크

- 농작물, 수확물, 수확(고), 생산고 명 **crop** [krɑp] 크랍

- 농장, 농원, 사육장 명 **farm** [fɑːrm] 팜-

- 높은, 높이가 ~인 형 **high** [hai] 하이

- 높음, 높이, 신장, 고지, 절정 명 **height** [hait] 하이트

- 놓다, 정착시키다, 해결하다 타자 **settle** [sétl] 세틀

- 뇌, 두뇌, 지력 명 **brain** [brein] 브레인

- 누르다, 밀어붙이다 타 **press** [pres] 프레스

- 눈 먼 형 **blind** [blaind] 블라인드

- 눈금, 척도, 규모, (지도의) 축적 명 **scale** [skeil] 스케일

- 눈물, 물[이슬]방울 명 **tear** [tiər] 티어

- 눈썹 명 **eyebrow** [áibràu] 아이브라우

- 눈에 보이는, 명백한, 뚜렷한 형 **visible** [vízəbəl] 비저블

- ■ 눈을 뜨다 재 **wake** [weik] 웨이크

- ■ 눕다, 드러눕다, 놓여있다, 위치하다 재 **lie** [lai] 라이

- ■ 눕히다, 설비하다, (알을) 낳다 타 **lay** [lei] 레이

- □ 뉴스 캐스터, 앵커맨 명 **anchor** [ǽŋkər] 앵커

- ■ 느린 형 **slow** [slou] 슬로우

- ■ 늘, 언제나 부 **always** [ɔ́ːlweiz] 올—웨이즈

- ■ 늘다, 증가하다 재 **increase** [inkríːs] 인크리—스

- ■ 능력 명 **ability** [əbíləti] 어빌러티

- □ 능률, 능력, 효력 명 **efficiency** [ifíʃənsi] 이피션시

- ■ 늦은, 지각한, 최근의 형 **late** [leit] 레이트

- ■ 늦추다, 편하게 하다 타 **relax** [rilǽks] 릴랙스

- □ 님프, 요정 명 **nymph** [nimf] 님프

ㄷ

KOREAN ENGLISH WORDS DICTIONARY

- 다가가다, 접근하다 타 **approach** [əpróutʃ] 어프로우치

- 다량 명 **quantity** [kwántəti] 콴터티

- 다루기 쉬운, 편리한, 솜씨 좋은 형 **handy** [hǽndi] 핸디

- 다른, 그 밖의, 다른 하나의 형 **other** [ʌ́ðər] 어더

- 다리, 교량 명 **bridge** [bridʒ] 브리지

- 다물다, 감다, 덮다, 접다 타 **shut** [ʃʌt] 셧

- 다발, 묶음, 꾸러미 명 **bundle** [bʌ́ndl] 번들

- 다스, 타(打), 12개 명 **dozen** [dʌ́zn] 더즌

- 다시 부 **again** [əgén] 어겐

- 다음의, 오는~, (~에) 접하여 형 **next** [nekst] 넥스트

- 닥치는 대로의, 되는 대로의 형 **random** [rǽndəm] 랜덤

- 닦다, 윤을 내다 [타] **polish** [páliʃ] 팔리시

- 닦다, 훔치다 [타] **wipe** [waip] 와이프

- 단, 감미로운, 예쁜 [형] **sweet** [swiːt] 스위-트

- 단, 교단, 연단, 플랫폼 [명] **platform** [plǽtfɔːrm] 플랫폼-

- 단단한, 갑갑한, 꼭 끼는 [형] **tight** [tait] 타이트

- 단단히 붙잡다, (마음을) 사로잡다 [타] **grip** [grip] 그립

- 단위 [명] **unit** [júːnit] 유-니트

- 닫다, 끝내다 [타] **close** [klouz] 클로우즈

- 달 [명] **moon** [muːn] 문-

- 달, 월 [명] **month** [mʌnθ] 먼스

- 달걀 모양의, 타원형의 [형] **oval** [óuvəl] 오우벌

- 달아나다, 탈출하다 [자] **escape** [iskéip] 이스케이프

- 닮은, 같은 [형] **alike** [əláik] 얼라이크

- 담배를 피우다 [타] **smoke** [smouk] 스모우크

- 담요 [명] **blanket** [blǽŋkit] 블랭킷

- 담쟁이덩굴 [명] **ivy** [áivi] 아이비

- 당근 [명] **carrot** [kǽrət] 캐럿

- 당나귀, 바보, 얼뜨기 [명] **donkey** [dáŋki] 당키

- 당황하게 하다 [타] **embarrass** [imbǽrəs] 임배러스

- 대기, 공기, 분위기 [명] **atmosphere** [ǽtməsfìər] 앳머스피어

- 대다, 접촉하다, 감동시키다 [타] **touch** [tʌtʃ] 터치

- 대답하다 [자][타] **reply** [riplái] 리플라이

- 대답하다, 답장하다, 응답하다 [타] **answer** [ǽnsər, ɑ́:n-] 앤서

- 대략의 [형] **approximate** [əpráksəmèit] 어프락서메이트

- 대망, 야심, 포부 몡 **ambition** [æmbíʃən] 앰비션

- 대망을 품은, 야심적인 혱 **ambitious** [æmbíʃəs] 앰비셔스

- 대머리의, 잎이 없는 혱 **bald** [bɔːld] 볼드

- 대문, 출입문, (공항의) 탑승구 몡 **gate** [geit] 게이트

- 대부분, 대다수, 과반수 몡 **majority** [mədʒɔ́(ː)rəti] 머조-러티

- 대비, 대조 몡 **contrast** [kántræst] 칸트래스트

- 대신의, 하나를 고르는 혱 **alternative** [ɔːltə́ːrnətiv] 올-터-너티브

- 대야, 세면기, (강의) 유역, 분지 몡 **basin** [béisən] 베이슨

- 대양, 해양 몡 **ocean** [óuʃən] 오우션

- 대접하다 타 **treat** [triːt] 트리-트

- 대접하다, 환대하다 타 **entertain** [èntərtéin] 엔터테인

- 대조[점검]하다 타 **check** [tʃek] 첵

한영 단어 | **491**

- 대체하다 타 대리인 명 **substitute** [sʌ́bstitjùːt] 서브스티튜-트

- 대출, 대여, 대출금, 융자 명 **loan** [loun] 로운

- 대통령, 장(長), 사장 명 **president** [prézidənt] 프레지던트

- 대표자, 대리인 명 **representative** [rèprizentéitiv] 레프리젠테이티브

- 대학(교), 종합대학교 명 **university** [jùːnəvə́ːrsəti] 유-너버-서티

- 대학, 학부 명 **college** [kɑ́lidʒ] 칼리지

- 대행자 명 **agent** [éidʒənt] 에이전트

- 더러운, 불결한, 비열한 형 **dirty** [də́ːrti] 더-티

- 더럽히다, 오염시키다 타 **pollute** [pəlúːt] 펄루-트

- 더미, 다수, 다량 명 **heap** [hiːp] 히-프

- 던지기, 〈야구〉 투구, 등판 명 **pitch** [pitʃ] 피치

- 던지다, 내던지다 타 **throw** [θrou] 스로우

- ■ 덧붙이다 타 **add** [æd] 애드

- □ 덧셈, 늘어난 것, 추가(물) 명 **addition** [ədíʃən] 어디션

- ■ 덩어리, 덩이, 집합체, 모임 명 **lump** [lʌmp] 럼프

- ■ 덩어리, 한 구획, 방해물 명 **block** [blɑk] 블락

- ■ 도구, 연장 명 **tool** [tu:l] 툴-

- ■ 도덕, 교훈, 품행 명 **moral** [mɔ́(:)rəl] 모-럴

- ■ 도둑, 좀도둑 명 **thief** [θi:f] 시-프

- ■ 도로, 길 명 **road** [roud] 로우드

- ■ 도로, 길, (일정한) 경로, 노선 명 **route** [ru:t] 루-트

- ■ 도서관[실], 장서, 서재 명 **library** [láibrèri] 라이브레리

- □ 도심지 명 **downtown** [dáuntáun] 다운타운

- □ 도전 명 **challenge** [tʃǽlindʒ] 챌린지

- 도착하다, 이르다, 도달하다 자 **arrive** [əráiv] 어라이브

- 도처에, 처음부터 끝까지 부 **throughout** [θrúːáut] 스루-아웃

- 독(약), 독물 명 **poison** [pɔ́izən] 포이즌

□ 독립, 자립, 명 **independence** [ìndipéndəns] 인디펜던스

- 독립한, 독자적인 형 **independent** [ìndipéndənt] 인디펜던트

- 돈지갑, 돈주머니 명 **purse** [pəːrs] 퍼-스

□ 돌리다, (실을) 잣다 타 **spin** [spin] 스핀

- 돌리다, 돌다, 향하다 타 자 **turn** [təːrn] 턴-

- 돌아다니다, 방랑하다 자 **wander** [wándər] 완더

- 돌연한, 불시의, 별안간의 형 **sudden** [sʌ́dn] 서든

□ 돌진하다 자 **dash** [dæʃ] 대시

- 돌진하다, 달려들다 자 타 **rush** [rʌʃ] 러시

- 돕다, 거들다 타자 **help** [help] 헬프

- 동경하다, 그리워하다, 갈망하다 자 **yearn** [jəːrn] 여-언

- 동굴, 굴, (와인의) 지하 저장실 명 **cave** [keiv] 케이브

- 동급생, 학급 친구 명 **classmate** [klǽsmèit] 클래스메이트

- 동기, (행동의) 진의 명 **motive** [móutiv] 모우티브

- 동등한 사람, 동료, 귀족(의 일원) 명 **peer** [piər] 피어

- 동물원 명 **zoo** [zuː] 주-

- 동의하다 자 **agree** [əgríː] 어그리-

- 동일한 사람, 신원 명 **identity** [aidéntəti] 아이덴터티

- 동정 명 **sympathy** [símpəθi] 심퍼시

- 동정심[인정] 있는 형 **sympathetic** [sìmpəθétik] 심퍼세틱

- 동쪽, 동양 명 **east** [iːst] 이-스트

- 돛, 돛단배, 범선 명 **sail** [seil] 세일

- 돼지고기 명 **pork** [pɔːrk] 포-크

- 되돌려주다, 부활시키다 타 **restore** [ristɔ́ːr] 리스토-

- 되돌아가다 자 **return** [ritə́ːrn] 리턴-

- 되찾다, 회복하다 타 **recover** [rikʌ́vər] 리커버

- 되풀이하다 타자 **repeat** [ripíːt] 리피-트

- 두 번, 2회, 두 배(로) 부 **twice** [twais] 트와이스

- 두꺼운, 굵은, 빽빽한 형 **thick** [θik] 식

- 두드리다, 부딪치다 타자 **knock** [nɑk] 낙

- 두려운, 대단한 형 **awful** [ɔ́ːfəl] 오-펄

- 둥지, 보금자리 명 **nest** [nest] 네스트

- 뒤꿈치, 뒤축 명 **heel** [hiːl] 힐-

- 뒤집어엎다, 망쳐버리다, 어지럽히다 타 **upset** [ʌpsét] 업셋

- 뒤쪽으로, 거꾸로 부 **backward** [bǽkwərd] 백워드

- 뒤쫓다, 추적하다, 추구하다 타 **pursue** [pərsúː] 퍼수-

- 드러내다, 누설하다, 나타내다 타 **reveal** [rivíːl] 리빌-

- 드문, 진기한, 설익은 형 **rare** [rɛər] 레어

- 듣다, ~이 들리다 타 **hear** [hiər] 히어

- 들고 다닐 수 있는, 휴대용의 형 **portable** [pɔ́ːrtəbl] 포-터블

- 들다, 유지하다, 수용하다 타 **hold** [hould] 호울드

- 들어가기, 입장 자 참가 등록 명 **entry** [éntri] 엔트리

- 들어가다, 입학하다 타 **enter** [éntər] 엔터

- 들어주다, 허락[인정]하다, 수여하다 타 **grant** [grænt] 그랜트

- 들이켜다, 삼키다 타 **swallow** [swɑ́lou] 스왈로우

- 등급, 계급, 학년, 성적 명 **grade** [greid] 그레이드

- 등급, 도 명 **degree** [digríː] 디그리-

- 디저트 명 **dessert** [dizə́ːrt] 디저-트

- 따뜻하게 함, 따뜻해짐, 가온 명 **warming** [wɔ́ːrmiŋ] 워-밍

- 따뜻한, 더운, 온정 있는 형 **warm** [wɔːrm] 웜-

- 따라가다, ~을 수반하다 타 **accompany** [əkʌ́mpəni] 어컴퍼니

- 따르다 타 **follow** [fálou] 팔로우

- 따르다, 쏟다 타 **pour** [pɔːr] 포-

- 딸 명 **daughter** [dɔ́ːtər] 도-터

- 딸기 명 **strawberry** [strɔːbéri] 스트로-베리

- 땅, 운동장 명 **ground** [graund] 그라운드

- 땅콩 명 **peanut** [píːnʌ̀t] 피-넛

- 때, 경사스러운 때 명 **occasion** [əkéiʒən] 어케이전

- 때때로, 이따금 부 **sometimes** [sʌ́mtàimz] 섬타임즈

- 때리다 타 **hit** [hit] 힛

- 떠나다, 출발하다, 그만두다 타자 **leave** [liːv] 리-브

- 떠맡다, 착수하다 타 **undertake** [ʌ̀ndərtéik] 언더테이크

- 떨어[넘어]지다, 내려가다 자 **fall** [fɔːl] 폴-

- 떨어지다 자 **drop** [drɑp] 드랍

- 똑바로 선, 직립한 형 **erect** [irékt] 이렉트

- 뛰다, 깡충 뛰다 자 **hop** [hɑp] 합

- 뛰어난, 보다 위의 형 **superior** [supíəriər] 수피(에)리어

- 뛰어들다, 뛰어내리다 자 **dive** [daiv] 다이브

- 뜨다, 떠돌다, 떠다니다 자 **float** [flout] 플로우트

ㄹ

KOREAN ENGLISH WORDS DICTIONARY

■ 라디오(방송), 무선 통신 명 **radio** [réidiòu] 레이디오우

■ 라벨, 꼬리표 명 **label** [léibəl] 레이벌

□ 라켓(테니스) 명 **racket** [rǽkit] 래킷

■ 레몬, 레몬나무, 레몬색 명 **lemon** [lémən] 레먼

■ 레스토랑, 요리점 명 **restaurant** [réstərənt] 레스터런트

□ 레슬링, 씨름, 격투 명 **wrestling** [réslŋ] 레슬링

□ 레이더, 전파 탐지기 명 **radar** [réidɑːr] 레이다-

■ 레인코트, 비옷 명 **raincoat** [réinkòut] 레인코우트

■ 레일, 철도, 가로대, 난간 명 **rail** [reil] 레일

■ 렌즈, (눈알의) 수정체 명 **lens** [lenz] 렌즈

□ 로맨스, 연애사건 명 **romance** [roumǽns] 로우맨스

- ■ 로봇 명 **robot** [róubət] 로우벗

- ■ 로비(호텔), 홀 명 **lobby** [lábi] 라비

- ■ 로켓, 로켓 무기 명 **rocket** [rákit] 라킷

- □ 룰렛 명 **roulette** [ru:lét] 룰-렛

- □ 류머티즘 명 **rheumatism** [rú:mətìzəm] 루-머티즘

- □ 리무진 명 **limousine** [líməzì:n] 리머진-

- ■ 리본, 띠, 장식 끈 명 **ribbon** [ríbən] 리번

- □ 리터 (용량 단위) 명 **liter** [lí:tər] 리-터

- ■ 린치를 가하다, 격렬히 비방하다 타 **lynch** [lintʃ] 린취

- □ 릴, 실패, 얼레, (기계의) 회전부분 명 **reel** [ri:l] 리-일

- ■ ~라고 생각하다(=imagine) 타 **fancy** [fǽnsi] 팬시

- □ ~를 통하여 부 **through** [θru:] 스루-

- 마개, 플러그 명 **plug** [plʌg] 플러그

- 마늘 명 **garlic** [gáːrlik] 가-릭

- 마을, 촌락, 마을 사람 명 **village** [vílidʒ] 빌리지

- 마음, 지성, 기억 명 **mind** [maind] 마인드

- 마음에 드는, 좋아하는 형 **favo(u)rite** [féivərit] 페이버릿

- 마음의, 정신의, 지능의 형 **mental** [méntl] 멘틀

- 마찬가지로 부 **also** [ɔ́ːlsou] 올-소우

- 막다, 방해하다 타 **prevent** [privént] 프리벤트

- 만나다, 마중하다, 회합하다 타 자 **meet** [miːt] 미-트

- 만들다, ~이 되다 타 **make** [meik] 메이크

- 만들다, 준비하다 타 **set** [set] 셋

- 만약 ~하지 않으면, ~이 아니면 접 **unless** [ənlés] 언레스

- 만족, 만족을 주는 것 명 **satisfaction** [sæ̀tisfǽkʃən] 새티스팩션

- 만족시키다, 충족시키다 타 **satisfy** [sǽtisfài] 새티스파이

- 많음, 매우, 제비, 운명 명 **lot** [lɑt] 랏

- 많음, 풍부, 충분 명 **plenty** [plénti] 플렌티

- 말려들게 하다, 포함하다 타 **involve** [inválv] 인발브

- 말쑥한, 단정한, 말끔히 정돈된 형 **tidy** [táidi] 타이디

- 말을 못하는, 벙어리의 형 **dumb** [dʌm] 덤

- 말하다 타자 **say** [sei] 세이

- 말하다, 언급하다 타 **mention** [ménʃən] 멘션

- 말하다, 이야기하다, 누설하다 타자 **tell** [tel] 텔

- 맑게 갠 형 **clear** [kliər] 클리어

- 맛, 향미, 풍미 명 **flavor** [fléivər] 플레이버

- 망쳐놓다, 해치다, 버릇없게 기르다 타 **spoil** [spɔil] 스포일

- 매개물, 매체, 중간 명 **medium** [míːdiəm] 미-디엄

- 매끄러운, 평탄한, 잔잔한 형 **smooth** [smuːð] 스무-드

- 매다, 고정하다 타 **fasten** [fǽsn] 패슨

- 매달의 형 **monthly** [mʌ́nθli] 먼슬리

- 매듭, 매는 끈, 무리[집단] 명 **knot** [nɑt] 낫

- 매력, 마력, 주문 명 **charm** [tʃɑːrm] 참-

- 매력적인, 아름다운 형 **charming** [tʃɑ́ːrmiŋ] 차-밍

- 매일의, 일상의 형 **daily** [déili] 데일리

- 매주의, 주 1회의 형 **weekly** [wíːkli] 위-클리

- 매지 않은, 풀린, 헐거운 형 **loose** [luːs] 루-스

- 매혹하다 타 **attract** [ətrǽkt] 어트랙트

- 맹세하다, 선서하다, 서약하다 자타 **swear** [swɛər] 스웨어

- 머무르다, 체류하다 자 **stay** [stei] 스테이

- 먹을 것을 주다 타 **feed** [fi:d] 피-드

- 먼지, 티끌 명 **dust** [dʌst] 더스트

- 멀리 부 **away** [əwéi] 어웨이

- 멀리(에), 훨씬 부 **far** [fɑ:r] 파-

- 메스꺼운 형 **disgusting** [disgʌ́stiŋ] 디스거스팅

- 면허, 인가, 면허[허가]증 명 **license** [láisəns] 라이슨스

- 명령하다, 지휘하다 타 **command** [kəmǽnd] 커맨드

- 명백한, 또렷이 보이는 형 **apparent** [əpǽrənt] 어패런트

- 명예, 경의, 우등 명 **honor** [ánər] 아너

- 명예로운, 존경할 만한 혱 **honorable** [ánərəbəl] 아너러블

- 명확한 혱 **specific** [spisífik] 스피시픽

- 명확한, 확신하고 있는 혱 **positive** [pázətiv] 파저티브

- 몇몇의, 몇 개의, 각각의 혱 **several** [sévərəl] 세버럴

- 모기 몡 **mosquito** [məskí:tou] 머스키-토우

- 모래, 모래밭 몡 **sand** [sænd] 샌드

- 모습, 모양 몡 **shape** [ʃeip] 셰이프

- 모욕하다, 창피를 주다 타 **insult** [íns∧lt] 인설트

- 모으다, 따다, 더하다 타 **gather** [gǽðər] 개더

- 모으다, 수집하다 타 **collect** [kəlékt] 컬렉트

- 모이다 타 **assemble** [əsémbəl] 어셈블

- 모피, 모피제품 몡 **fur** [fəːr] 퍼-

- 모험, 모험심 명 **adventure** [ədvéntʃər] 어드벤처

- 모형, 모델, 본보기 명 **model** [mádl] 마들

- 목, 옷깃 명 **neck** [nek] 넥

- 목격자, 증인, 증거 명 **witness** [wítnis] 위트니스

- 목구멍 명 **throat** [θrout] 스로우트

- 목마른, 갈망하는, 간절히 바라는 형 **thirsty** [θə́ːrsti] 서―스티

- 목소리가 큰, 큰 소리의 형 **loud** [laud] 라우드

- 목수, 목공 명 **carpenter** [káːrpəntər] 카―펀터

- 목요일 명 **Thursday** [θə́ːrzdei] 서―즈데이

- 목욕, 입욕, 욕실 명 **bath** [bæθ] 배스

- 목재, 장작, 숲, 수풀 명 **wood** [wud] 우드

- 목적 명 **purpose** [pə́ːrpəs] 퍼―퍼스

한영 단어 | 507

- 목적, 이익 명 **sake** [seik] 세이크

- 몫, 할당, 분담 명 **share** [ʃɛər] 셰어

- 몰다, 운전하다 타 드라이브 명 **drive** [draiv] 드라이브

- 몸소, 친히 부 **personally** [pə́ːrsənəli] 퍼-서널리

- 몹시 싫증나는, 따분한 형 **boring** [bɔ́ːriŋ] 보-링

- 묘사, 기술, 설명서 명 **description** [diskrípʃən] 디스크립션

- 묘사하다, 말하다 타 **describe** [diskráib] 디스크라이브

- 무거운, 대량의, 격렬한 형 **heavy** [hévi] 헤비

- 무겁게, 힘겹게, 몹시, 짙게 부 **heavily** [hévili] 헤빌리

- 무게, 중량, 체중 명 **weight** [weit] 웨이트

- 무기, 흉기, 공격수단 명 **weapon** [wépən] 웨펀

- 무늬, 도안, 형, 모범 명 **pattern** [pǽtərn] 패턴

- 무딘, 흐리멍덩한, 지루한 형 **dull** [dʌl] 덜

- 무력한, 도움이 없는 형 **helpless** [hélplis] 헬플리스

- 무리, 떼, 일단, 군대, 부대 명 **troop** [tru:p] 트루-프

- 무서운, 끔찍한 형 **horrible** [hɔ́:rəbəl] 호-러블

- 무서움, 근심 명 **fear** [fiər] 피어

- 무시하다, 묵살하다 타 **ignore** [ignɔ́:r] 이그노-

- 무역, 장사, 직업 명 **trade** [treid] 트레이드

- 무지개, 가지각색 명 **rainbow** [réinbòu] 레인보우

- 문명, 문명사회 명 **civilization** [sìvəlizéiʃən] 시벌리제이션

- 문법, 문법책 명 **grammar** [grǽmər] 그래머

- 문서 명 **document** [dάkjəmənt] 다큐먼트

- 문장, (형사상의) 선고, 판결 명 **sentence** [séntəns] 센텐스

- 문제, 의문 명 **problem** [prábləm] 프라블럼

- 문지르다, 비비다, 닦다 타 **rub** [rʌb] 러브

- 문학, 문예 명 **literature** [lítərətʃər] 리터러처

- 문화, 교양, 재배, 양식 명 **culture** [kʌ́ltʃər] 컬처

- 묻다, 알아보다, 의뢰하다 타 **inquire** [inkwáiər] 인콰이어

- 묻어버리다 타 **bury** [béri] 베리

- 물건, 대상, 목적 명 **object** [ábdʒikt] 아브직트

- 물건, 상품, 재산 명 **goods** [gudz] 굿즈

- 물다, 쏘다 타 **bite** [bait] 바이트

- 물리학, 물리적 현상 명 **physics** [fíziks] 피직스

- 물어보다, 부르다, 부탁하다 타 **ask** [æsk] 애스크

- 물질, 물체, 내용, 실질 명 **substance** [sʌ́bstəns] 서브스턴스

- 미끄러지다 자 **slide** [slaid] 슬라이드

- 미덕, 장점, (약의) 효능 명 **virtue** [və́ːrtʃuː] 버-추-

- 미래, 장래 명 **future** [fjúːtʃər] 퓨-처

- 미사일, 유도탄 명 **missile** [mísəl] 미설

- 미워하다, 증오하다 타 **hate** [heit] 헤이트

- 미친, 열중한, 열광적인 형 **crazy** [kréizi] 크레이지

- 민주주의, 민주국가 명 **democracy** [dimákrəsi] 디마크러시

- 믿다, ~라고 생각하다 타자 **believe** [bəlíːv] 빌리-브

- 밀가루 명 **flour** [flauər] 플라우어

- 밀다, 떼밀다, 밀고 나아가다 타자 **push** [puʃ] 푸시

- 밑바닥, 최 하부, 꼴지 명 **bottom** [bátəm] 바텀

- 밑줄을 긋다 타 **underline** [ʌ̀ndərláin] 언더라인

KOREAN ENGLISH WORDS DICTIONARY

- 바깥쪽, 외부 명 밖에 부 **outside** [àutsáid] 아웃사이드

- 바꾸다, 방향을 바꾸다, 옮기다 타자 **shift** [ʃift] 시프트

- 바꾸다, 변경하다 타 **alter** [ɔ́ːltər] 올터

- 바늘 명 **needle** [níːdl] 니들

- 바닷가, 해안, 해변 명 **shore** [ʃɔːr] 쇼-

- 바라다, 요구하다 타 **desire** [dizaiər] 디자이어

- 바라다, 원하다, 빌다 타 **wish** [wiʃ] 위시

- 바라다, 희망하다 타자 **hope** [houp] 호우프

- 바라보다, 조사하다, 측량하다 타 **survey** [səːrvéi] 서-베이

- 바람개비, 풍향계 명 **weathercock** [wéðərkɑ̀k] 웨더칵

- 바로, 틀림없이, 오직 부 **just** [dʒʌst] 저스트

- 바보, 어리석은 사람 몡 **fool** [fu:l] 풀-

- 바쁜 혱 **busy** [bízi] 비지

- 바지(남자) 몡 **trousers** [tráuzərz] 트라우저즈

- 바치다, 충당하다 타 **devote** [divóut] 디보우트

- 박물관 몡 **museum** [mju:zí:əm] 뮤-지-엄

- 박수치다, 탁 치다 타자 **clap** [klæp] 클랩

- 반대, 역, 뒤 몡 반대로 하다 타 **reverse** [rivə́:rs] 리버-스

- 반대하다, 대항하다 타 **oppose** [əpóuz] 어포우즈

- 반발하다, 반항하다 자 **react** [ri:ǽkt] 리-액트

- 반사하다, 비추다, 반영하다 타자 **reflect** [riflékt] 리플렉트

- 반응, 반작용, 반발, 반동 몡 **reaction** [ri:ǽkʃən] 리-액션

- 반점, 장소, 지점 몡 **spot** [spɑt] 스팟

- 반짝반짝 빛나다, (눈이) 빛나다 재 **twinkle** [twíŋkəl] 트윙클

- 받다 타 **receive** [risíːv] 리시-브

- 받다, 받아들이다, 응하다 타 **accept** [æksépt] 액셉트

- 받아쓰기, 구술 명 **dictation** [diktéiʃən] 딕테이션

- 받을 가치가 있다 타 **deserve** [dizə́ːrv] 디저-브

- 받침 접시, 화분의 밑받침 명 **saucer** [sɔ́ːsər] 소-서

- 발견하다, ~을 알다 타 **discover** [diskʌ́vər] 디스커버

- 발달[발전]시키다 타 **develop** [divéləp] 디벨럽

- 발명가 명 **inventor** [invéntər] 인벤터

- 발명하다, 고안하다 타 **invent** [invént] 인벤트

- 발목 명 **ankle** [ǽŋkl] 앵클

- 발버둥 치다, 분투하다 재 **struggle** [strʌ́gəl] 스트러글

- 발언, 목소리 몡 **voice** [vɔis] 보이스

- 발언하다, 누설하다, 말하다 타자 **utter** [ʌ́tər] 어터

- 발음하다, 선언하다 타자 **pronounce** [prənáuns] 프러나운스

- 발전, 발달 몡 **development** [divéləpmənt] 디벨럽먼트

- 발표[공표]하다, 출판하다 타 **publish** [pʌ́bliʃ] 퍼블리시

- 발표하다, 알리다 타 **announce** [ənáuns] 어나운스

- 발행, 출판물, 문제(점) 몡 **issue** [íʃuː] 이슈-

- 밝은 몡 **bright** [brait] 브라이트

- 방법, 방식, 순서 몡 **method** [méθəd] 메서드

- 방법, 태도, 예의, 예절, 풍습 몡 **manner** [mǽnər] 매너

- 방송하다 타 **broadcast** [brɔ́ːdkæst] 브로-드캐스트

- 방어, 방위, 변호 몡 **defense** [diféns] 디펜스

- 방침, 정책 몡 **policy** [pάləsi] 팔러시

- 방해하다, 어지럽히다 타자 **disturb** [distə́:rb] 디스터-브

- 방향 몡 **direction** [dirékýən] 디렉션

- 배달하다, 인도하다, (연설을) 하다 타 **deliver** [dilívər] 딜리버

- 배반하다, 누설하다 타 **betray** [bitréi] 비트레이

- 배열하다, 조정하다 타 **arrange** [əréindʒ] 어레인지

- 배우, 남자 배우 몡 **actor** [ǽktər] 액터

- 배우다, 익히다, 알다, 듣다 타자 **learn** [lə:rn] 런-

- 배후에, 뒤에 부 **behind** [biháind] 비하인드

- 백화점 몡 **department** [dipά:rtmənt] 디파-트먼트

- 버릇, 습관, 관습, 기질 몡 **habit** [hǽbit] 해빗

- 버릇없는, 무례한, 거친 형 **rude** [ru:d] 루-드

- 벌거벗은, 노출된, 적나라한 혱 **naked** [néikid] 네이키드

- 벌거벗은, 노출한, 꾸밈없는, 빈, 텅 빈 혱 **bare** [bɛər] 베어

- 벌다, 일하여 얻다, 획득하다, 얻다 타 **earn** [əːrn] 언-

- 벌레, 곤충 명 **bug** [bʌg] 버그

- 벌하다, 응징하다 타 **punish** [pʌ́niʃ] 퍼니시

- 범하다, 위임하다, 보내다 타 **commit** [kəmít] 커밋

- 법률, 법칙, 규칙 명 **law** [lɔː] 로-

- 법률의, 법정의, 합법적인 혱 **legal** [líːɡəl] 리-걸

- 법원, (테니스 등의) 코트, 궁정 명 **court** [kɔːrt] 코-트

- 벗기다, 없애다 타 **strip** [strip] 스트립

- 베개 명 **pillow** [pílou] 필로우

- 벽, 담, 성벽, (사회적) 장애, 장벽 명 **wall** [wɔːl] 월-

- 벽장, 작은방 명 **closet** [klázit] 클라짓

- 변치 않는, 일정한, 부단한 형 **constant** [kánstənt] 칸스턴트

- 변하다, 다르다 자 **vary** [vέəri] 베어리

- 변화, 다양(성), 종류 명 **variety** [vəráiəti] 버라이어티

- 별개의, 다른, 뚜렷한 형 **distinct** [distíŋkt] 디스팅(크)트

- 병, 단지, 항아리 명 **jar** [dʒɑːr] 자-

- 병, 메스꺼움, 구역질 명 **sickness** [síknis] 시크니스

- 병, 술병 명 **bottle** [bátl] 바틀

- 병, 질병 명 **disease** [dizíːz] 디지-즈

- 병든, 나쁜 형 **ill** [il] 일

- 병원 명 **hospital** [háspitl] 하스피틀

- 병의 형 **sick** [sik] 식

- 보기, 모범 몡 **example** [igzǽmpəl] 이그잼플

- 보내다, 파견하다 타자 **send** [send] 센드

- 보다 작은[적은], 중요치 않은 몡 **minor** [máinər] 마이너

- 보다 적은 몡 보다 적은 수 대 **less** [les] 레스

- 보도, 인도 몡 **sidewalk** [sáidwɔ̀ːk] 사이드워-크

- 보물, 귀중품 몡 **treasure** [tréʒər] 트레저

- 보석류, 보석 세공 몡 **jewelry** [dʒúːəlri] 주-얼리

- 보수, 보상, 상, 보상금, 사례금 몡 **reward** [riwɔ́ːrd] 리워-드

- 보유하다, 지키다, 두다 타 **keep** [kiːp] 키-프

- 보존하다, 보호하다 타 **preserve** [prizə́ːrv] 프리저-브

- 보증[보장]하다, 단언하다 자타 **vouch** [vautʃ] 바우취

- 보증하다, 확신시키다, 납득하다 타 **assure** [əʃúər] 어슈어

- 보통의 혱 **usual** [júːʒuəl] 유-주얼

- 보통의, 평범한 혱 **ordinary** [ɔ́ːrdənèri] 오-더네리

- 보통의, 평범함, 공통의, 공유의 혱 **common** [kámən] 카먼

- 보트, 배 몡 **insurance** [inʃúərəns] 인슈어런스

- 보호하다, 수호하다, 막다 타 **protect** [prətékt] 프러텍트

- 복수, 복수형 몡 **plural** [plúərəl] 플루어럴

- 복습하다, 다시 조사하다, 비평하다 타 **review** [rivjúː] 리뷰-

- 복잡한, 뒤얽힌 혱 **complicated** [kámpləkèitid] 캄플러케이티드

- 복종하다, ~의 말에 따르다 타 **obey** [oubéi] 오우베이

- 본부, (군대) 사령부 몡 **headquarters** [hédkwɔ̀ːrtərz] 헤드쿼-터즈

- 봄, 샘, 용수철 몡 **spring** [spriŋ] 스프링

- 봉투 몡 **envelope** [énvəlòup] 엔벌로우프

- 부(富), 재산, 풍부, 부유, 부자 명 **wealth** [welθ] 웰스

- 부, 부문 명 **department** [dipá:rtmənt] 디파-트먼트

- 부끄럼타는, 소심한, 수줍어하는 형 **shy** [ʃai] 샤이

- 부상, 상해, 상처, 손해 명 **injury** [índʒəri] 인저리

- 부서진, 망가진 형 **broken** [bróukən] 브로우컨

- 부자의, 부유한, 풍부한, 값진 형 **rich** [ritʃ] 리치

- 부재, 결석, 결근 명 **absence** [ǽbsəns] 앱슨스

- 부정의, 소극적인 형 **negative** [négətiv] 네거티브

- 부정하게, 부당하게, 잘못하여 부 **wrongly** [rɔ́:ŋli] 롱-리

- 부정하다, 거절하다 타 **deny** [dinái] 디나이

- 부족, 결핍 명 **lack** [læk] 랙

- 부족, 결핍, 부족액[량] 명 **shortage** [ʃɔ́:rtidʒ] 쇼-티지

- 부주의한, 경솔한, 무관심한 [형] **careless** [kɛ́ərlis] 케어리스

- 부지런한 [형] **diligent** [díləd ʒənt] 딜러전트

- 부풀다, 증가하다 [자] **swell** [swel] 스웰

- 부피, 음량 [명] **volume** [váljuːm] 발륨-

- 분류하다, 등급으로 나누다 [타] **classify** [klǽsəfài] 클래서파이

- 분명한, 명백한, 검소한 [형] **plain** [plein] 플레인

- 분배, 배급 [명] **distribution** [dìstrəbjúːʃən] 디스트러뷰-션

- 분별 있는, 현명한 [형] **sensible** [sénsəbəl] 센서블

- 분석, 해석, 분해 [명] **analysis** [ənǽləsis] 어낼러시스

- 분수, 샘 [명] **fountain** [fáuntin] 파운틴

- 분열[분리]시키다 [타][자] **split** [split] 스플릿

- 분할하다, 분류하다 [타] **divide** [diváid] 디바이드

- 불가능한, 믿기 어려운 형 **impossible** [impásəbəl] 임파서블
- 불길, 불꽃, 화염 명 **flame** [fleim] 플레임
- 불다, 숨을 내쉬다 자타 **blow** [blou] 블로우
- 불쌍히 여김, 동정 명 **pity** [píti] 피티
- 불타다 자 화상 명 **burn** [bə:rn] 번-
- 불편한 형 **inconvenient** [ìnkənví:njənt] 인컨비-니언트
- 불평하다, 투덜거리다 자 **complain** [kəmpléin] 컴플레인
- 불필요한, 쓸데없는 형 **unnecessary** [ʌnnésəsəri] 언네서서리
- 불행한 형 **unhappy** [ʌnhǽpi] 언해피
- 붙이다, 게시하다 타 **post** [poust] 포우스트
- 붙이다, 달다 타 **attach** [ətǽtʃ] 어태치
- 붙잡다, 이해하다 타 **grasp** [græsp] 그래스프

한영 단어 | 523

□ 붙잡다, 잡다, 꽉 쥐다, 덮치다 타자 **seize** [si:z] 시-즈

■ 비, 자루 브러시 명 **broom** [bru(:)m] 브룸-

■ 비공식의, 격식 없는 형 **informal** [infɔ́ːrməl] 인포-멀

□ 비교, 대조, 유사 명 **comparison** [kəmpǽrisən] 컴패리슨

■ 비교[비유]하다 타 **compare** [kəmpɛ́ər] 컴페어

□ 비극(적인 사건) 명 **tragedy** [trǽdʒədi] 트래저디

■ 비누 명 **soap** [soup] 소우프

■ 비밀 명 **secret** [sí:krit] 시-크릿

□ 비서, 비서관, 서기 명 **secretary** [sékrətèri] 세크러테리

□ 비싸지 않은, 적당한 형 **reasonable** [ríːzənəbəl] 리-저너블

■ 비싼, 귀중한 형 **precious** [préʃəs] 프레셔스

■ 비어있는 형 **empty** [émpti] 엠(프)티

- 비율, 율, 요금, 속도, 등급 [명] **rate** [reit] 레이트

- 비틀다, 꼬다, 감다 [타][자] **twist** [twist] 트위스트

- 비판, 비평, 평론 [명] **criticism** [krítisìzəm] 크리티시즘

- 비판적인, 위기의, 비평(가)의 [형] **critical** [krítikəl] 크리티컬

- 빈, 공허한, (땅이) 비어 있는 [형] **vacant** [véikənt] 베이컨트

- 빌다, 기원하다, 기도하다 [자] **pray** [prei] 프레이

- 빌려주다, 빌리다, 제공하다 [타] **lend** [lend] 렌드

- 빌리다 [타] **borrow** [bárou] 바로우

- 빗, (닭 등의) 볏 [명] **comb** [koum] 코움

- 빚, 부채 [명] **debt** [det] 뎃

- 빚지고 있다, ~의 은혜를 입고 있다 [타] **owe** [ou] 오우

- 빛나는, 화려한, 멋진 [형] **splendid** [spléndid] 스플렌디드

- 빛나다, 번쩍이다 [자] 빛, 광택 [명] **shine** [ʃain] 샤인

- 빠르게, 빨리, 신속히, 순식간에 [부] **rapidly** [rǽpidli] 래피들리

- 빠른, 급속한, 잽싼, 민첩한, 이해가 빠른 [형] **quick** [kwik] 퀵

- 빠른, 민첩한 [형] **fast** [fǽst] 패스트

- 빠른, 신속한, 재빠른 [형] **rapid** [rǽpid] 래피드

- 빵, (일상의) 주식물 [명] **bread** [bred] 브레드

- 빵과자 [명] **pastry** [péistri] 페이스트리

- 뺨, 볼 [명] **cheek** [tʃiːk] 치-크

- 뻗다, 연장하다 [타] **extend** [iksténd] 익스텐드

- 뻗치다, 늘이다 [타] 뻗음 [명] **stretch** [stretʃ] 스트레치

- 뼈 [명] **bone** [boun] 보운

- 뼈대, 골조, 틀 [명] **frame** [freim] 프레임

- 사(4)월 명 **April** [éiprəl] 에이프럴

- 사건, 일, 일거리, 사무, 직무 명 **affair** [əfɛ́ər] 어페어

- 사건, 일어난 일 명 **incident** [ínsədənt] 인서던트

- 사고, 재난 명 **accident** [ǽksidənt] 액시던트

- 사과, 사죄, 변명 명 **apology** [əpálədʒi] 어팔러지

- 사냥하다, 수렵하다, 추적하다 자 **hunt** [hʌnt] 헌트

- 사다, 구입하다, 얻다, 획득하다 타 **buy** [bai] 바이

- 사대[구입하다], 획득하다 타 **purchase** [pə́ːrtʃəs] 퍼-처스

- 사닥다리 명 **ladder** [lǽdər] 래더

- 사라지다, 안 보이게 되다 자 **disappear** [dìsəpíər] 디서피어

- 사람, 인간 명 **person** [pə́ːrsən] 퍼-슨

- 사립의, 사유의, 사적인, 비밀의 [형] **private** [práivit] 프라이빗

- 사막, 황무지 [명] **desert** [dézə:rt] 데저-트

- 사발, 주발, 원형 경기장 [명] **bowl** [boul] 보울

- 사실, 현실, 진상 [명] **fact** [fækt] 팩트

- 사용 [명] **use** [ju:s] 유-스

- 사전, 자전, 용어사전 [명] **dictionary** [díkʃənèri] 딕셔네리

- 사정, 상황 [명] **circumstance** [sə́:rkəmstæns] 서-컴스탠스

- 사진 (단축형 photo) [명] **photograph** [fóutəgræ̀f] 포우터그래프

- 사진, 그림 [명] **picture** [píktʃər] 픽처

- 사촌, 친척, 일가 [명] **cousin** [kʌ́zn] 커즌

- 사치, 호사, 사치품, 고급품 [명] **luxury** [lʌ́kʃəri] 럭셔리

- 사회, 사교(계), 협회, 클럽 [명] **society** [səsáiəti] 서사이어티

- 사회적인, 사교적인 [형] **social** [sóuʃəl] 소우셜

- 산뜻한, 정돈된 [형] **neat** [niːt] 니-트

- 산산이, 뿔뿔이, 떨어져서, 따로 [부] **apart** [əpɑ́ːrt] 어파-트

- 산장, 오두막집 [명] **lodge** [lɑdʒ] 라지

- 살, 과육, 육체 [명] **flesh** [fleʃ] 플레시

- 살다, 생활하다 [자] **live** [liv] 리브

- 살아남음, 생존, 유물 [명] **survival** [sərváivəl] 서바이벌

- 살아있는 [형] **alive** [əláiv] 얼라이브

- 살인, 살인사건 [명] **murder** [mə́ːrdər] 머-더

- 살찐, 비만한 [형] **fat** [fæt] 팻

- 삼(3)월 [명] **March** [mɑːrtʃ] 마-치

- 상(像), 조상(彫像) [명] **statue** [stǽtʃuː] 스태추-

한영 단어 | 529

- 상, 상금, 상패 명 **award** [əwɔ́ːrd] 어워-드

- 상, 포상, 상품, 경품 명 **prize** [praiz] 프라이즈

- 상기하다, 생각나게 하다, 소환하다 타 **recall** [rikɔ́ːl] 리콜-

- 상담하다, 진찰받다, 찾아보다 타 **consult** [kənsʌ́lt] 컨설트

- 상상하다, 짐작하다, 생각하다 타 **imagine** [imǽdʒin] 이매진

- 상업(상)의, 영리적인 형 **commercial** [kəmə́ːrʃəl] 커머-셜

- 상업, 무역 명 **commerce** [kámərs] 카머-스

- 상인 명 **merchant** [məːrtʃənt] 머-천트

- 상처 내다 타 상처, 고통 명 **hurt** [həːrt] 허-트

- 상처를 입히다, (감정 등을) 해치다 타 **injure** [índʒər] 인저

- 상태, 위치, 장소, 입장 명 **situation** [sìtʃuéiʃən] 시추에이션

- 상품, 결과 명 **product** [prádəkt] 프라덕트

- 새기다, 조각하다, 새겨 넣다 [타] **carve** [kɑːrv] 카브
- 새는 구멍 [명] 누출시키다 [타] **leak** [liːk] 리-크
- 새로운, 싱싱한, 맑은 [형] **fresh** [freʃ] 프레시
- 새벽, 동틀녘 [명] **dawn** [dɔːn] 돈-
- 색인, 지시하는 것 [명] **index** [índeks] 인덱스
- 생각나게 하다, 상기시키다 [타] **remind** [rimáind] 리마인드
- 생각에 잠긴, 사려 깊은 [형] **thoughtful** [θɔ́ːtfəl] 소-트펄
- 생각해내다 [타][자] **remember** [rimémbər] 리멤버
- 생산, 생산물, 제작 [명] **production** [prədʌ́kʃən] 프러덕션
- 생산고, 산출량 [명] **output** [áutpùt] 아웃풋
- 생산자, 프로듀서, 제작자 [명] **producer** [prədjúːsər] 프러듀-서
- 생산하다, 제작하다 [타] **produce** [prədjúːs] 프러듀-스

- □ 생포, 포획, 포획물 명 **capture** [kǽptʃər] 캡처

- ■ 서, 서쪽 명 서쪽으로 부 **west** [west] 웨스트

- ■ 서두르다, 재촉하다 자타 **hurry** [hə́ːri] 허ー리

- ■ 서랍, 장롱 명 **drawer** [drɔ́ːər] 드로ー어

- ■ 서리, 서릿발 명 **frost** [frɔːst] 프로ー스트

- □ 서정(시)의, 서정적인 형 **lyric** [lírik] 리리크

- ■ 석방하다, 풀어놓다 타 **release** [rilíːs] 릴리ー스

- ■ 선거하다, 뽑다, 택하다 타 **elect** [ilékt] 일렉트

- ■ 선물, 타고난 재능 명 **gift** [gift] 기프트

- ■ 선반 명 **shelf** [ʃelf] 셸프

- ■ 선언하다, 언명[단언]하다 타 **declare** [diklɛ́ər] 디클레어

- □ 선잠, 낮잠 명 **nap** [næp] 냅

- 선조, 조상 명 **ancestor** [ǽnsestər] 앤세스터

- 선택하다, 고르다 타 **select** [silékt] 실렉트

- 설득하다, 설득시키다 타 **persuade** [pəːrswéid] 퍼스웨이드

- 설립, 창설 명 **establishment** [istǽbliʃmənt] 이스태블리시먼트

- 설명, 해석, 해명 명 **explanation** [èksplənéiʃən] 엑스플러네이션

- 설명하다, 변명하다 타 **explain** [ikspléin] 익스플레인

- 설비, 비품, 장비 명 **equipment** [ikwípmənt] 이퀴프먼트

- 섬기다, 시중을 들다, 차려내다 타자 **serve** [səːrv] 서브

- 섬세한, 우아한, 고운, 연약한 형 **delicate** [délikət] 델리컷

- 성격, 특성, 등장 인물 명 **character** [kǽriktər] 캐릭터

- 성급한, 참을성 없는 형 **impatient** [impéiʃənt] 임페이션트

- 성급함, 조급함, 서두름 명 **haste** [heist] 헤이스트

한영 단어 | 533

- 성나게 하다 타 **offend** [əfénd] 어펜드

- 성실한, 진실한, 거짓 없는 형 **sincere** [sinsíər] 신시어

- 성인, 어른 명 **adult** [ədʌ́lt] 어덜트

- 성장하다, 커지다 자 **grow** [grou] 그로우

- 성직자, 목사, 장관 명 **minister** [mínistər] 미니스터

- 성취, 달성, 업적 명 **achievement** [ətʃíːvmənt] 어치-브먼트

- 성취하다, 달성하다 타 **achieve** [ətʃíːv] 어치-브

- 세관 명 **custom** [kʌ́stəm] 커스텀

- 세기, 백년 명 **century** [séntʃuri] 센추리

- 세대, 동시대의 사람들 명 **generation** [dʒènəréiʃən] 제너레이션

- 세부, 세목, 상세, 상술 명 **detail** [ditéil] 디테일

- 세우다, 짓다, 쌓아올리다 타 **build** [bild] 빌드

- 세탁소, 세탁물 몡 **laundry** [láːndri] 란-드리

- 세포, 독방, 전지 몡 **cell** [sel] 셀

- 소개하다, 들여오다 탄 **introduce** [ìntrədjúːs] 인트러듀-스

- 소녀, 미혼 여성, 하녀, 가정부 몡 **maid** [meid] 메이드

- 소리치다, 비명을 지르다 자 **scream** [skriːm] 스크림-

- 소비하다, (시간을) 보내다 탄 **spend** [spend] 스펜드

- 소설 몡 **novel** [návəl] 나벌

- 소유하다, 가지고 있다 탄 **possess** [pəzés] 퍼제스

- 소음 몡 **noise** [nɔiz] 노이즈

- 소포 몡 **parcel** [páːrsəl] 파-슬

- 속담, 격언, 금언, 교훈 몡 **proverb** [právəːrb] 프라버-브

- 속삭이다, 귀엣말하다 자 탄 **whisper** [hwíspər] 휘스퍼/위스퍼

- 속이 빈, 우묵한 형 **hollow** [hálou] 할로우

- 속이다, 기만하다 타 **deceive** [disíːv] 디시-브

- 속하다, ~의 것이다 자 **belong** [bilɔ́(ː)ŋ] 빌롱-

- 손목, 손재주 명 **wrist** [rist] 리스트

- 손수건 명 **handkerchief** [hǽŋkərtʃif] 행커치프

- 손수레 명 **cart** [kɑːrt] 카-트

- 손아래의, 연하의 형 **junior** [dʒúːnjər] 주-니어

- 손위의, 연상의 형 **senior** [síːjər] 시-니어

- 손톱, 발톱, 못 명 **nail** [neil] 네일

- 손해, 피해 명 **damage** [dǽmidʒ] 대미지

- 솔, 소나무 명 **pine** [pain] 파인

- 수고, 고생 명 **trouble** [trʌ́bəl] 트러블

- 수난, 혼선 명 **cross** [krɔːs] 크로-스

- 수단, 방법 명 **means** [miːnz] 민-즈

- 수도, 대문자 명 **capital** [kǽpitl] 캐피틀

- 수도꼭지, 마개 명 **faucet** [fɔ́ːsit] 포-싯

- 수령, 받음, 영수, 영수증 명 **receipt** [risíːt] 리시-트

- 수리[수선]하다, (행실 등을) 고치다 타 **mend** [mend] 멘드

- 수리하다, 수선하다 타 **repair** [ripɛ́ər] 리페어

- 수송, 운송 명 **transportation** [træ̀nspərtéiʃən] 트랜스퍼테이션

- 수송[운송]하다 타 **transport** [trænspɔ́ːrt] 트랜스포-트

- 수요일 명 **Wednesday** [wénzdei] 웬즈데이

- 수용 능력, 용적, 용량 명 **capacity** [kəpǽsəti] 커패서티

- 수위, 보초, 경호인 명 **guard** [gɑːrd] 가-드

- ■ 수입, 소득 명 **income** [ínkʌm] 인컴

- ■ 수입하다 타 **import** [impɔ́ːrt] 임포-트

- ■ 수직의, 곧추선, 세로의 형 **vertical** [vɚ́ːrtikəl] 버-티컬

- □ 수집, 수집물, 소장품 명 **collection** [kəlékʃən] 컬렉션

- ■ 수출하다 타 **export** [ikspɔ́ːrt] 익스포-트

- ■ 수평선, 지평선 명 **horizon** [həráizən] 허라이즌

- ■ 수하물 명 **baggage** [bǽgidʒ] 배기지

- ■ 수학 (약자 math) 명 **mathematics** [mæθəmǽtiks] 매서매틱스

- ■ 수확, 수확기, 수확물 명 **harvest** [háːrvist] 하-비스트

- □ 숙달자, 숙련가, 전문가 명 **expert** [ékspəːrt] 엑스퍼-트

- □ 숙어, 관용구 명 **idiom** [ídiəm] 이디엄

- ■ 순간, 즉시 명 **instant** [ínstənt] 인스턴트

- 순간, 찰나, 기회 명 **moment** [móumənt] 모우먼트

- 순수한, 순결한, 맑은, 깨끗한 형 **pure** [pjuər] 퓨어

- 숫자, 도형, 모양, 인물 명 **figure** [fígjər] 피겨

- 숲, 삼림 명 **forest** [fɔ́(:)rist] 포-리스트

- 쉬운, 안락한 형 **easy** [íːzi] 이-지

- 슬픈, 지독한 형 **sad** [sæd] 새드

- 슬픔, 비애, 불행 명 **sorrow** [sárou] 사로우

- 습기가 있는, 축축한 형 **damp** [dæmp] 댐프

- 승객, 여객 명 **passenger** [pǽsəndʒər] 패선저

- 승리, 대성공 명 **triumph** [tráiəmf] 트라이엄프

- 승인하다, 찬성하다 타 **approve** [əprúːv] 어프루-브

- 승진, 촉진 명 **promotion** [prəmóuʃən] 프러모우션

- 시(詩), 운문 몡 **poem** [póuim] 포우임

- 시골의, 전원의 휑 **rural** [rúərəl] 루어럴

- 시내, 개울, 흐름 몡 **stream** [stri:m] 스트림-

- 시도, 시험, 시련, 재판 몡 **trial** [tráiəl] 트라이얼

- 시도하다, 꾀하다 티 **attempt** [ətémpt] 어템(프)트

- 시민, 국민 몡 **citizen** [sítəzən] 시터즌

- 시민의, 민간의 휑 **civil** [sívəl] 시벌

- 시인 몡 **poet** [póuit] 포우잇

- 시작되다 티 쟈 **begin** [bigín] 비긴

- 시장, 거래처 몡 **market** [máːrkit] 마-킷

- 시장, 지방 자치 단체의 장 몡 **mayor** [méiər] 메이어

- 시큼한, 신 휑 **sour** [sáuər] 사우어

- 시키다, 가게[오게] 하다, 세놓다 태 **let** [let] 렛

- 시트, 커버, 홑 이불, ~장(매) 명 **sheet** [ʃi:t] 시-트

- 시합, 경쟁상대 명 **match** [mætʃ] 매치

- 시험 (**examination**의 단축형) 명 **exam** [igzǽm] 이그잼

- 식료 잡화류, 식품점 명 **grocery** [gróusəri] 그로우서리

- 식물, 농작물, 공장 명 **plant** [plænt] 플랜트

- 식사, 식사 시간 명 **meal** [mi:l] 밀-

- 신경과민의 형 **nervous** [nə́:rvəs] 너-버스

- 신고서 명 **declaration** [dèkləréiʃən] 데클러레이션

- 신념, 믿음, 신뢰, 신앙 명 **belief** [bəlí:f] 벌리-프

- 신념, 신앙(심), 신뢰 명 **faith** [feiθ] 페이스

- 신뢰, 신용, 신임 명 **trust** [trʌst] 트러스트

- 신뢰할 수 있는, 확실한 🔲 **reliable** [riláiəbəl] 릴라이어블

- 신문, 잡지, 일지, 일기 🔲 **journal** [dʒə́ːrnəl] 저느늘

- 신부, 새색시 🔲 **bride** [braid] 브라이드

- 신성한, 신앙심이 두터운 🔲 **holy** [hóuli] 호울리

- 신용, 신뢰, 명성, 평판 🔲 **credit** [krédit] 크레딧

- 신용할 수 있는, 확실한 🔲 **credible** [krédəbəl] 크레더블

- 신원보증인, 참조 🔲 **reference** [réfərəns] 레퍼런스

- 신전, 사원, 절, 성당, 교회당 🔲 **temple** [témpəl] 템플

- 신중한, 사려 깊은 🔲 **deliberate** [dilíbərèit] 딜리버레이트

- 신청, 제안, 청혼 🔲 **proposal** [prəpóuzəl] 프러**포**우절

- 신청, 지원 🔲 **application** [æplikéiʃən] 애플리케이션

- 신청하다 🔲 **apply** [əplái] 어플라이

- 신체의, 육체의, 물리학의 형 **physical** [fízikəl] 피지컬

- 신호 명 **signal** [sígnl] 시그널

- 신화, 전설 명 **myth** [miθ] 미쓰

- 실, 바느질 실 명 **thread** [θred] 스레드

- 실내의 형 **indoor** [índɔ̀ːr] 인도-

- 실로, 참으로, 과연 부 **indeed** [indíːd] 인디-드

- 실마리, 단서 명 **clue** [kluː] 클루-

- 실망한, 낙담한 형 **disappointed** [dìsəpɔ́intid] 디서**포**인티드

- 실수 명 **mistake** [mistéik] 미스테이크

- 실수하다 타 뒤죽박죽 명 **mess** [mes] 메스

- 실제로, 현실적으로 부 **actually** [ǽktʃuəli] 액추얼리

- 실패하다 자 **fail** [feil] 페일

- 실험, 실험장치 몡 **experiment** [ikspérəmənt] 익스페러먼트

- 실험실, 연습실 몡 **laboratory / lab** [lǽbərətɔ̀ːri/læb] 래버러**토**-리/랩

- 실현, 실감 몡 **realization** [rìːəlizéiʃən] 리-얼러제이션

- 실현하다, 실감하다, 깨닫다 타 **realize** [ríːəlàiz] 리-얼라이즈

- 심부름, 용건 몡 **errand** [érənd] 에런드

- 심사숙고하다 타 **chew** [tʃuː] 추-

- 십(10)월 몡 **October** [ɑktóubər] 악토우버

- 십대의 소년[소녀] 몡 **teenager** [tíːnèidʒər] 틴-에이저

- 십이(12)월 몡 **December** [disémbər] 디셈버

- 십일(11)월 몡 **November** [nouvémbər] 노우벰버

- 싸게 산 물건, 특매품, 매매 계약 몡 **bargain** [báːrgən] 바-건

- 싸우다 자 **fight** [fait] 파이트

- 싸움, 말다툼 명 **quarrel** [kwɔ́:rəl] 쿠-럴

- 쌓아올린 더미, 다수, 대량 명 **pile** [pail] 파일

- 쏘다, 발사하다 타 **shoot** [ʃu:t] 슈-트

- 쐬다, 노출시키다, 폭로하다 타 **expose** [ikspóuz] 익스포우즈

- 쑤셔 넣다, 막다[메우다] 타 **jam** [dʒæm] 잼

- 쓰레기, 먼지, 때 명 **dirt** [də:rt] 더-트

- 쓰다 타 **write** [rait] 라이트

- 쓸다, 청소하다 타 **sweep** [swi:p] 스위-프

- 쓸모 있는, 유용한 형 **useful** [jú:sfəl] 유-스펄

- 씨, 종자, 원인, 근원 명 **seed** [si:d] 시-드

- 씻다, 세탁하다 타자 **wash** [wɑʃ] 와시

- □ 아나운서, 방송원 명 **announcer** [ənáunsər] 어나운서

- ■ 아래에, 밑면에 부 **underneath** [ʌ̀ndərníːθ] 언더니-스

- ■ 아래쪽에[으로] 부 **below** [bilóu] 빌로우

- □ 아래층의 형 **downstairs** [dáunstɛ́ərz] 다운스테어즈

- ■ 아름다운, 예쁜, 훌륭한 형 **beautiful** [bjúːtəfəl] 뷰-터펄

- ■ 아마, 어쩌면 부 **maybe** [méibiː] 메이비-

- ■ 아마도 부 **perhaps** [pərhǽps] 퍼햅스

- ■ 아무리 ~하더라도 부 **however** [hauévər] 하우에버

- □ 아주, 완전히, 다소간, 꽤 부 **quite** [kwait] 콰이트

- ■ 아주, 완전히, 오로지 부 **entirely** [entáiərli] 엔타이어리

- ■ 아직(도), 이미, 벌써 부 **yet** [jet] 옛

- 아직도, 더욱, 더 한층, 그럼에도 ⟨부⟩ **still** [stil] 스틸

- 아침밥, 아침식사 ⟨명⟩ **breakfast** [brékfəst] 브렉퍼스트

- 아프다, 쑤시다 ⟨자⟩ **ache** [eik] 에이크

- 아픈 ⟨형⟩ **sore** [sɔːr] 소-

- 아픈, 괴로운, 힘드는 ⟨형⟩ **painful** [péinfəl] 페인펄

- 악단, 밴드 ⟨명⟩ **band** [bænd] 밴드

- 악마, (악덕·투지의) 화신 ⟨명⟩ **devil** [dévl] 데블

- 악한, 사악한, 심술궂은 ⟨형⟩ **wicked** [wíkid] 위키드

- 안개 ⟨명⟩ **mist** [mist] 미스트

- 안개, 농무, 혼미, 혼란 ⟨명⟩ **fog** [fɔ(ː)g] 포-그

- 안경 ⟨명⟩ **glasses** [glǽsiːz] 글래시-즈

- 안락, 쾌적함 ⟨명⟩ **comfort** [kʌ́mfərt] 컴퍼트

한영 단어 | 547

- 안마당, 뜰, (학교의) 구내, 운동장 몡 **yard** [jɑːrd] 야-드

- 안의, 내부의, 내면적인 혱 **inner** [ínər] 이너

- 안전, 무사 몡 **safety** [séifti] 세이프티

- 안전, 안심, 안도감 몡 **security** [sikjúəriti] 시큐어리티

- 안전한 혱 **safe** [seif] 세이프

- 안전한, 튼튼한 혱 **secure** [sikjúər] 시큐어

- 안쪽, 내부 몡 **inside** [insáid] 인사이드

- 알고 있는, 알아차린 혱 **aware** [əwɛ́ər] 어웨어

- 알다, 구별하다 타 **know** [nou] 노우

- 알리다, 통지하다, 고하다 타 **inform** [infɔ́ːrm] 인폼-

- 알맞은, 적당한, 온건한 혱 **moderate** [mɑ́dərət] 마더럿

- 알아보다 타 **recognize** [rékəgnàiz] 레커그나이즈

- 알아봄, 인정하기 명 **recognition** [rèkəgníʃən] 레커그니션

- 알아차린, 의식한, 제정신의 형 **conscious** [kánʃəs] 칸셔스

- 암시하다, 제안하다 타 **suggest** [səgdʒést] 서(그)제스트

- 압력, 압박 명 **pressure** [préʃər] 프레셔

- 앞, 정면 명 **front** [frʌnt] 프런트

- 앞으로, 전방으로 부 **forward(s)** [fɔ́:rwərd(z)] 포-워드(즈)

- 앞의, 이전의 형 **previous** [prí:viəs] 프리-비어스

- 애완동물 명 **pet** [pet] 펫

- 액체 명 **liquid** [líkwid] 리퀴드

- 야생의, 황폐한, 거친, 난폭한 형 **wild** [waild] 와일드

- 야채, 푸성귀 명 **vegetable** [védʒətəbəl] 베저터블

- 약, 내복약 명 **medicine** [médəsən] 메더슨

- 약, 약품 명 **drug** [drʌg] 드러그

- 약간, 조금 부 **slightly** [sláitli] 슬라이틀리

- 약간, 조금은 있는 형 **few** [fjuː] 퓨-

- 약간의, 사소한, 가벼운 형 **slight** [slait] 슬라이트

- 약속 명 **appointment** [əpɔ́intmənt] 어포인트먼트

- 약속 명 **promise** [prɑ́mis] 프라미스

- 약한 형 **weak** [wiːk] 위-크

- 약혼, 약속 명 **engagement** [engéidʒmənt] 엔게이지먼트

- 얇은 형 **thin** [θin] 신

- 얇은 조각, 한 조각 명 **slice** [slais] 슬라이스

- 양, 면양, 양가죽 명 **sheep** [ʃiːp] 쉬-프

- 양념을 넣은, 향료를 친 형 **spicy** [spáisi] 스파이시

- 양립하다, ~에 존재하다 재 **consist** [kənsíst] 컨시스트

- 양심 명 **conscience** [kánʃəns] 칸션스

- 양쪽, 쌍방 대 **both** [bouθ] 보우스

- 양초 명 **candle** [kǽndl] 캔들

- 얕은, 얄팍한, 피상적인 형 **shallow** [ʃǽlou] 섈로우

- 어깨 명 **shoulder** [ʃóuldər] 쇼울더

- 어두운, 검은, 짙은 형 **dark** [dɑːrk] 다-크

- 어떤~, 어느 정도의, 확신하는 형 **certain** [sə́ːrtən] 서-튼

- 어려운 형 **difficult** [dífikʌ̀lt] 디피컬트

- 어리석은 형 **silly** [síli] 실리

- 어리석은, 미련한, 바보 같은 형 **foolish** [fúːliʃ] 풀-리시

- 어리석은, 생각 없는, 하찮은 형 **stupid** [stjúːpid] 스튜-피드

한영 단어 | 551

- 어린양, 유순한 사람 명 **lamb** [læm] 램

- 어버이, 양친, 부모님 명 **parent** [pέərənt] 페어런트

- 어색한, 서투른, 당황한 형 **awkward** [ɔ́ːkwərd] 오-쿼드

- 어음발행, 초안 명 **draft** [dræft] 드래프트

- 어제 명 **yesterday** [jéstərdèi] 예스터데이

- 어쩌면, 아마, 될 수 있는 한 부 **possibly** [pásəbli] 파서블리

- 억제하다, 억누르다 타 **restrain** [riːstréin] 리-스트레인

- 언급하다, 참조하다 자 **refer** [rifə́ːr] 리퍼-

- 언덕, 고개 명 **hill** [hil] 힐

- 언어, 국어, 어법 명 **language** [lǽŋgwidʒ] 랭귀지

- 언젠가, 훗날에 부 **someday** [sʌ́mdèi] 섬데이

- 얻다, 늘리다, 벌다 타 자 **gain** [gein] 게인

- 얻다, 받다, 사다 타 **get** [get] 겟

- 얼굴, 표정, 체면 명 **face** [feis] 페이스

- 얼다 자 **freeze** [fri:z] 프리-즈

- 얼마간, 오히려 부 **rather** [rǽðər] 래더

- 엄격한 형 **strict** [strikt] 스트릭트

- 엄지손가락 명 **thumb** [θʌm] 섬

- 엄한, 엄격한, 호된, 심한 형 **severe** [sivíər] 시비어

- 엎지르다 타 **spill** [spil] 스필

- 에워싸다, 둘러싸다 타 **surround** [səráund] 서라운드

□ 여권 명 **passport** [pǽspɔ̀:rt] 패스포트

- 여기에, 여기서, 자 부 **here** [hiər] 히어

□ 여러 가지의 형 **various** [vɛ́əriəs] 베어리어스

- 여러 가지의 형 **different** [dífərənt] 디퍼런트

- 여름 명 **summer** [sʌ́mər] 서머

- 여분[예비]의, 검소한 형 **spare** [spɛər] 스페어

- 여성, 암컷 명 **female** [fí:meil] 피-메일

- 여유가 있다, ~할 수 있다 타 **afford** [əfɔ́:rd] 어포-드

- 여인숙, 여관 명 **inn** [in] 인

- 여자 배우 명 **actress** [ǽktris] 액트리스

- 여학생 명 **schoolgirl** [skú:lgə̀:rl] 스쿨-걸

- 여행 명 **trip** [trip] 트립

- 여행 명 **travel** [trǽvəl] 트래벌

- 여행, 여행 일정, 여정, 행정 명 **journey** [dʒə́:rni] 저-니

- 여행자, 여행가 명 **traveler** [trǽvlər] 트래블러

- **역(배우), 역할** 명 **role** [roul] 로울

- **연, 솔개** 명 **kite** [kait] 카이트

- **연결하다** 타 **connect** [kənékt] 커넥트

- **연구, 조사** 명 **research** [risə́:rtʃ] 리서-치

- **연락이 되다** 타 **reach** [ri:tʃ] 리-치

- **연료** 명 **fuel** [fjúːəl] 퓨-얼

- **연방의, 연방 정부의** 형 **federal** [fédərəl] 페더럴

- **연설, 말** 명 **speech** [spi:tʃ] 스피-치

- **연속, 계승, 상속** 명 **succession** [səkséʃən] 석세션

- **연습, 실행, 습관** 명 **practice** [præktis] 프랙티스

- **연습, 운동** 명 **exercise** [éksərsàiz] 엑서사이즈

- **연인, 애인** 명 **lover** [lʌ́vər] 러버

- 열, 더위, 열기 명 **heat** [hi:t] 히-트

- 열, 발열, 열병 명 **fever** [fí:vər] 피-버

- 열, 행렬, 계급, 지위 명 **rank** [ræŋk] 랭크

- 열광, 열중 명 **enthusiasm** [enθú:ziæzəm] 엔슈-지애즘

- 열기, 개방, 개시 명 **opening** [óupəniŋ] 오우퍼닝

- 열대(지방)의, 열대산의 형 **tropical** [trápikəl] 트라피컬

- 열렬한, 열심인 형 **enthusiastic** [enθú:ziæstik] 엔슈-지애스틱

- 열심, 열성, 열의, 열중 명 **zeal** [zi:l] 지-일

- 열심인, 열광적인, 열망하여 형 **zealous** [zéləs] 젤러스

- 열심인, 열망하는 형 **eager** [í:gər] 이-거

- 열정, 강한 흥미, 강한 풍미, 묘미 명 **zest** [zest] 제스트

- 열차 명 **train** [trein] 트레인

- ■ 영광, 명예, 영화, 장관 명 **glory** [glɔ́ːri] 글로-리

- ■ 영구적인, 영속적인 형 **permanent** [pə́ːrmənənt] 퍼-머넌트

- ■ 영리한, 솜씨 있는, 재주 있는 형 **clever** [klévər] 클레버

- □ 영속하는, 영구의 형 **lasting** [lǽstiŋ] 래스팅

- ■ 영웅, 용사, (소설·극 등의) 주인공 명 **hero** [híːrou] 히-로우

- ■ 영원히, 언제나 부 **forever** [fərévər] 퍼레버

- ■ 영토, 영지, 지역, 범위 명 **territory** [térətɔ̀ːri] 테러토-리

- ■ 영향을 끼치다 타 **influence** [ínfluəns] 인플루언스

- ■ 영향을 미치다, 감동시키다 타 **affect** [əfékt] 어펙트

- □ 영혼, 넋, 정신, 마음 명 **soul** [soul] 소울

- ■ 영화관, 영화 명 **cinema** [sínəmə] 시너머

- □ 예배, 숭배 명 **worship** [wə́ːrʃip] 워-십

- 예보하다, 예상[예측]하다 타 **forecast** [fɔ́ːrkæ̀st] 포-캐스트

- 예쁜, 귀여운 형 **pretty** [príti] 프리티

- 예산 명 **budget** [bʌ́dʒit] 버짓

- 예상하다, 예기하다 타 **expect** [ikspékt] 익스펙트

- 예언할 수 있는 형 **predictable** [pridíktəbəl] 프리딕터블

- 예언하다, 예보하다 타자 **predict** [pridíkt] 프리딕트

- 예외, 제외 명 **exception** [iksépʃən] 익셉션

- 오(5)월 명 **May** [mei] 메이

- 오늘, 오늘날 명 현재에는 부 **today** [tudéi] 투데이

- 오늘밤 명 **tonight** [tunáit] 투나이트

- 오다, 가다, 일어나다 자 **come** [kʌm] 컴

- 오래 살다, 살아남다 타자 **survive** [sərváiv] 서바이브

- 오르다, (말 등에) 타다 [타] **mount** [maunt] 마운트

- 오르다, 기어오르다, 등반하다 [자][타] **climb** [klaim] 클라임

- 오르다, 일어나다, 증가하다 [자] **rise** [raiz] 라이즈

- 오염, 공해 [명] **pollution** [pəlúːʃən] 펄루-션

- 오후 [명] **afternoon** [æftərnúːn] 애프터눈-

- 오히려 ~을 좋아하다 [타] **prefer** [prifə́ːr] 프리퍼-

- 온순한, 점잖은, 온화한 [형] **mild** [maild] 마일드

- 온화한, 상냥한, 가문이 좋은 [형] **gentle** [dʒéntl] 젠틀

- 올가미, 덫, 함정, 계략 [명] **trap** [træp] 트랩

- 올리다, 기르다, 세우다, 모으다 [타] **raise** [reiz] 레이즈

- 올리다, 들어 올리다 [타] **lift** [lift] 리프트

- 올바른 [형] **upright** [ʌ́pràit] 업라이트

- 옮기다, 벗다, 제거하다 타 **remove** [rimúːv] 리무-브

- 옮기다, 이동하다 타자 **transfer** [trænsfə́ːr] 트랜스퍼-

- 옳은, 오른쪽의 형 **right** [rait] 라이트

- 옳은, 정확한 형 **correct** [kərékt] 커렉트

- 옷, 의복 명 **clothes** [klouðz] 클로우(드)즈

- 완전하게, 완벽하게 부 **perfectly** [pərféktli] 퍼펙틀리

- 완전한 형 **complete** [kəmplíːt] 컴플리-트

- 완전히, 철저히 부 **completely** [kəmplíːtli] 컴플리-틀리

- 완화하다, 누그러뜨리다, 구제하다 타 **relieve** [rilíːv] 릴리-브

- 외국사람, 외국인 명 **foreigner** [fɔ́(ː)rinər] 포-리너

- 외국에 부 **abroad** [əbrɔ́ːd] 어브로-드

- 외국의, 외국산의, 외국풍의 형 **foreign** [fɔ́(ː)rin] 포-린

- 외로운, 고독한, 쓸쓸한 형 **lonely** [lóunli] 로운리

- 외치다, 고함치다 자타 **shout** [ʃaut] 샤우트

- 왼쪽의 형 **left** [left] 레프트

- 요가, 유가, (건강) 요가 명 **yoga** [jóugə] 요우거

- 요구 명 **request** [rikwést] 리퀘스트

- 요구, 수요 명 **demand** [dimǽnd] 디맨드

- 요구하다 타 **claim** [kleim] 클레임

- 요금, 보수, 사례금 명 **fee** [fi:] 피-

- 요금, 짐을 싣다 타 **charge** [tʃɑːrdʒ] 차-지

- 요리, 접시 명 **dish** [diʃ] 디시

- 요리하다 타자 **cook** [kuk] 쿡

- 요소, 성분 명 **element** [éləmənt] 엘러먼트

- 요약, 개요 명 **summary** [sʌ́məri] 서머리

- 요인, 요소 명 **factor** [fǽktər] 팩터

- 요지, 내용, 내용물, 목차 명 **content** [kəntént] 컨텐트

- 욕실, 화장실 명 **bathroom** [bǽθrù(:)m] 배스룸-

- 용감한, 씩씩한 형 **brave** [breiv] 브레이브

- 용기, 담력 명 **courage** [kə́:ridʒ] 커-리지

- 용기를 돋우다, 격려하다 타 **encourage** [enkə́:ridʒ] 엔커-리지

- 용서 명 **pardon** [pɑ́:rdn] 파-든

- 용서하다 타 **forgive** [fərgív] 퍼기브

- 용서하다, 변명을 대다 타 **excuse** [ikskjúːz] 익스큐-즈

- 우레, 천둥 명 **thunder** [θʌ́ndər] 선더

- 우물, 샘, 광천, 근원 명 **well** [wel] 웰

- 우산, 양산 몡 **umbrella** [ʌmbrélə] 엄브렐러

- 우스운, 어리석은 혱 **ridiculous** [ridíkjələs] 리디큘러스

- 우승기, 페넌트, 응원기 몡 **pennant** [pénənt] 페넌트

- 우울한, 눌린 혱 **depressed** [diprést] 디프레스트

- 우정, 친교 몡 **friendship** [fréndʃip] 프렌드십

- 우주, 전 세계, 전 인류 몡 **universe** [júːnəvə̀ːrs] 유-너버-스

- 우주의, 전 세계의 혱 **universal** [jùːnəvə́ːrsəl] 유-너버-슬

- 우체국 몡 **post-office** [póustɔ̀(ː)fis] 포우스트오-피스

- 우체통, 우편함 몡 **mailbox** [méilbɑ̀ks] 메일박스

- 우화, 꾸며낸 이야기 몡 **fable** [féibəl] 페이블

- 운, 운명, 행운, 성공 몡 **luck** [lʌk] 럭

- 운동, 동작, 동의 몡 **motion** [móuʃən] 모우션

- 운동장, 놀이터 명 **playground** [pléigràund] 플레이그라운드

- 운명, 숙명, 죽음, 파멸 명 **fate** [feit] 페이트

- 운반기구, 매개물, 전달수단 명 **vehicle** [ví:hikəl] 비-히클

- 운반인, (역의) 짐꾼 명 **porter** [pɔ́:rtər] 포-터

- 운반하다, 가지고 있다 타 **carry** [kǽri] 캐리

- 운이 좋은, 행운의 형 **fortunate** [fɔ́:rtʃənit] 포-추닛

- 운임, 요금 명 **fare** [fɛər] 페어

- 울다, 소리치다 자 **cry** [krai] 크라이

- 울리다 자타 **ring** [riŋ] 링

- 울타리, 담 명 **fence** [fens] 펜스

- 움직이다, 이사하다 자 **move** [mu:v] 무-브

- 움직임, 운동, 이동 명 **movement** [mú:vmənt] 무-브먼트

- 웃다 자 웃음, 웃음소리 명 **laugh** [læf] 래프

- 웅대한, 광대한, 호화로운, 굉장한 형 **grand** [grænd] 그랜드

- 원, 집단 명 **circle** [sə́ːrkl] 서−클

- 원료, 재료 명 **material** [mətíəriəl] 머티어리얼

- 원리, 원칙, 주의, 신조 명 **principle** [prínsəpl] 프린서플

- 원인 명 **cause** [kɔːz] 코−즈

- 원자(물리·화학) 명 **atom** [ǽtəm] 애텀

- 원천, 근원, 출처 명 **source** [sɔːrs] 소−스

- 원하다, 필요로 하다 타 **want** [wɑnt] 완트

- 월요일 명 **Monday** [mʌ́n-dei] 먼데이

- 위, 복부, 배 명 **stomach** [stʌ́mək] 스터먹

- 위급, 비상사태 명 **emergency** [imə́ːrdʒənsi] 이머−전시

- ■ 위기, 난국, (병의) 고비 명 **crisis** [kráisis] 크라이시스

- ■ 위대한, 훌륭한, 큰, 중요한 형 **great** [greit] 그레이트

- □ 위로 향한 형 **upward** [ʌ́pwərd] 업워드

- ■ 위성, 인공위성 명 **satellite** [sǽtəlàit] 새털라이트

- ■ 위원회, 위원 (전체) 명 **committee** [kəmíti] 커미티

- □ 위쪽, 윗면, 상부 명 **upside** [ʌ́psàid] 업사이드

- ■ 위쪽의, 상부의, 상류의 형 **upper** [ʌ́pər] 어퍼

- □ 위층[2층]에 부 **upstairs** [ʌ́pstɛ́ərz] 업스테어즈

- ■ 위험(상태), 위험한 것 명 **danger** [déindʒər] 데인저

- □ 위험한, 위태로운 형 **dangerous** [déindʒərəs] 데인저러스

- ■ 위협, 협박, 우려, 징조 명 **threat** [θret] 스렛

- □ 위협하다, 협박하다 타 **threaten** [θrétn] 스레튼

- 유감, 후회, 애도 명 후회하다 타 **regret** [rigrét] 리그렛

- 유감스러운, 가엾은, 미안한, 죄송한 형 **sorry** [sɔ́ri] 사리

- 유년 시절, 어릴 때 명 **childhood** [tʃáildhùd] 차일드후드

- 유능한, ~할 능력이 있는 형 **capable** [kéipəbəl] 케이퍼블

- 유능한, 효과가 있는 형 **efficient** [ifíʃənt] 이피션트

- 유리(한 입장), 우위 명 **advantage** [ədvǽntidʒ] 어드밴티지

- 유머, 익살, 기분, 기질 명 **humor** [hjúːmər] 휴-머/유-머

- 유명한, 이름 난 형 **famous** [féiməs] 페이머스

- 유명한, 잘 알려진 형 **well-known** [wélnóun] 웰노운

- 유모, 보모, 간호사 명 간호하다 타 **nurse** [nəːrs] 너-스

- 유사한 형 **similar** [símələr] 시멀러

- 유연관계 명 **relationship** [riléiʃənʃip] 릴레이션십

- 유일(무이)한, 대신할 것이 없는 형 **unique** [juːníːk] 유-니-크

- 유죄의, ~의 죄를 범한 형 **guilty** [gílti] 길티

- 유지, 보전 명 **maintenance** [méintənəns] 메인터넌스

- 유지하다, 부양하다 타 **maintain** [meintéin] 메인테인

- 유치원 명 **kindergarten** [kíndərgàːrtn] 킨더가-튼

- 유효한, 효과적인 형 **effective** [iféktiv] 이펙티브

- 육(6)월 명 **June** [dʒuːn] 준-

- 육군, 군대 명 **army** [áːrmi] 아-미

- 윤곽, 외형, 개요, 대 명 **outline** [áutlàin] 아우트라인

- 은퇴하다, 퇴직하다 자 **retire** [ritáiər] 리타이어

- 음모, 줄거리 명 몰래 꾸미다, 계획하다 타 **plot** [plɑt] 플랏

- 응답[대답]하다, 반응하다 자 **respond** [rispánd] 리스판드

- 응시하다, 빤히 보다 [자][타] **stare** [stɛər] 스테어

- 의견, 견해 [명] **opinion** [əpínjən] 어피니언

- 의논, 말다툼, 언쟁 [명] **argument** [ɑ́ːrgjəmənt] 아-규먼트

- 의논, 토의, 토론 [명] **discussion** [diskʌ́ʃən] 디스커션

- 의논하다, 언쟁하다 [자] 논하다 [타] **argue** [ɑ́ːrgjuː] 아-규-

- 의도하다, ~할 작정이다 [타] **intend** [inténd] 인텐드

- 의뢰인 [명] **client** [kláiənt] 클라이언트

- 의무, 본분, 책임, 직무, 임무 [명] **duty** [djúːti] 듀-티

- 의미 있는, 뜻 깊은 [형] **significant** [signífikənt] 시그니피컨트

- 의미, 뜻, 중요성, 의의, 의도 [명] **meaning** [míːniŋ] 미-닝

- 의미하다, ~할 작정이다 [타] 비열한 [형] **mean** [miːn] 민-

- 의복 [명] **clothing** [klóuðiŋ] 클로우딩

- 의식, 의례, 예법 명 **ceremony** [sérəmòuni] 세러모우니

- 의심, 의혹, 의문 명 의심하다 타 **doubt** [daut] 다우트

- 의심, 혐의, 용의 명 **suspicion** [səspíʃən] 서스피션

- 의심나는, 미심쩍은 형 **questionable** [kwéstʃənəbəl] 퀘스처너블

- 의심을 품고 있는, 의심스러운 형 **doubtful** [dáutfəl] 다우트펄

- 의심하다, ~은 아닐까 생각하다 타 **suspect** [səspékt] 서스펙트

- 의의, 의미, 중요 명 **significance** [signífikəns] 시그니피컨스

- 의자, 긴 의자 명 **chair** [tʃɛər] 체어

- 의장, 사회자, 위원장 명 **chairman** [tʃɛ́ərmən] 체어먼

- 의지[의존]하고 있는 형 **dependent** [dipéndənt] 디펜던트

- 의지하다, 신뢰하다 자 **rely** [rilái] 릴라이

- 의학의, 의술[의료]의 형 **medical** [médikəl] 메디컬

- 의향, 의지, 의도 명 **intention** [inténʃən] 인텐션

- 의회, 국회의사당 명 **parliament** [pɑ́ːrləmənt] 팔-러먼트

- 이겨내다, 극복하다 타 **overcome** [òuvərkʌ́m] 오우버컴

- 이기다, 승리하다, 획득하다, 얻다 타 자 **win** [win] 윈

- 이기적인, 자기 본위의 형 **selfish** [sélfiʃ] 셀피시

- 이끌어내다, 얻다 타   나오다 자 **derive** [diráiv] 디라이브

- 이내에, ~의 범위 내에 전 **within** [wiðín] 위딘

- 이동, 이전, 제거 명 **removal** [rimúːvəl] 리무-벌

- 이따금, 때때로 부 **occasionally** [əkéiʒənəli] 어케이저널리

- 이력서 명 **resume** [rizúːm] 리줌-

- 이론, 학설 명 **theory** [θíəri] 시어리

- 이루다, 완수하다 타 **accomplish** [əkɑ́mpliʃ] 어캄플리시

한영 단어 | 571

- 이른, 초기의, 빠른 형 **early** [ə́:rli] 어-리

- 이미, 벌써 부 **already** [ɔːlrédi] 올-레디

- 이발사 명 **barber** [báːrbər] 바-버

- 이빨 명 **tooth** [tuːθ] 투-스

- 이상의, 이상적인 형 이상 명 **ideal** [aidíːəl] 아이디-얼

- 이상한 형 **strange** [streindʒ] 스트레인지

- 이상한, 보통이 아닌, 드문 형 **unusual** [ʌnjúːʒuəl] 언유-주얼

- 이상한, 비상한 형 **extraordinary** [ikstrɔ́ːrdənèri] 익스트로-더네리

- 이웃 사람, 이웃 나라 명 **neighbor** [néibər] 네이버

- 이웃 명 이웃의 형 **neighborhood** [néibərhùd] 네이버후드

- 이유, 이성, 도리, 이치 명 **reason** [ríːzən] 리-즌

- 이윽고, 곧, 빨리, 급히 부 **soon** [suːn] 순-

- 이익, 수익, 득 명 **profit** [práfit] 프라핏

- 이해, 납득 명 **understanding** [ʌ̀ndərstǽndiŋ] 언더스탠딩

- 이해하다, 알다 타자 **understand** [ʌ̀ndərstǽnd] 언더스탠드

- 이해하다, 파악하다 타 **comprehend** [kàmprihénd] 캄프리헨드

- 이행하다, 맡아하다 타자 **perform** [pərfɔ́ːrm] 퍼폼-

- 익살맞은, 우스운, 재미있는 형 **funny** [fʌ́ni] 퍼니

- 익은, 무르익은, 원숙한 형 **ripe** [raip] 라이프

- 인간성, 인류, 인간 명 **humanity** [hjuːmǽnəti] 휴-매너티

- 인간의, 인간다운 형 **human** [hjúːmən] 휴-먼

- 인공의, 인조의, 인위적인 형 **artificial** [ɑ̀ːrtəfíʃəl] 아-터피셜

- 인구, 주민 명 **population** [pàpjəléiʃən] 파퓰레이션

- 인기 있는, 유행의 형 **popular** [pápjələr] 파퓰러

- 인내(력), 참을성, 끈기 명 **patience** [péiʃəns] 페이션스

- 인도하다, 지휘하다 타자 **lead** [liːd] 리-드

- 인사, 인사말, 인사장 명 **greeting** [gríːtiŋ] 그리-팅

- 인사하다, 맞이하다, 영접하다 타 **greet** [griːt] 그리-트

- 인상, 감명, 느낌 명 **impression** [impréʃən] 임프레션

- 인상에 남는, 감동적인 형 **impressive** [imprésiv] 임프레시브

- 인습적인, 틀에 박힌 형 **conventional** [kənvénʃənəl] 컨벤셔널

- 인용, 인용구, 인용문 명 **quotation** [kwoutéiʃən] 쿼테이션

- 인용하다, 시세를 말하다 타자 **quote** [kwout] 쿼트

- 인정하다, 시인하다 타 **admit** [ədmít] 어드밋

- 인종, 민족 명 인종의, 인종적인 형 **race** [reis] 레이스

- 인형 명 **doll** [dɑl] 달

- 인화하다, 인쇄하다 [타] **print** [print] 프린트

- 일, 사건, 문제, 사정, 지장 [명] **matter** [mǽtər] 매터

- 일, 업무 [명] **task** [tæsk] 태스크

- 일, 직업 [명] **job** [dʒɑb] 자브

- 일[공부]하는 사람, 노동자 [명] **worker** [wə́ːrkər] 워-커

- 일기, 일기장 [명] **diary** [dáiəri] 다이(어)리

- 일련, 연속, 시리즈, 연속물 [명] **series** [síəriːz] 시어리-즈

- 일반의, 대체적인 [형] **general** [dʒénərəl] 제너럴

- 일반적으로 [부] **commonly** [kɑ́mənli] 카먼리

- 일반적으로, 대개, 대체로 [부] **generally** [dʒénərəli] 제너럴리

- 일상음식, 식이요법, 다이어트 [명] **diet** [dáiət] 다이엇

- 일시 정지하다, 연기하다 [타] **suspend** [səspénd] 서스펜드

- 일시적인, 임시의 [형] **temporary** [témpərèri] 템퍼레리

- 일어나다, 생기다 [자] **arise** [əráiz] 어라이즈

- 일어나다, 생기다, 마침 ~하다 [자] **happen** [hǽpən] 해펀

- 일어나다, 생기다, 머리에 떠오르다 [자] **occur** [əkə́ːr] 어커-

- 일어서다 [자] 세우다, 참다 [타] **stand** [stænd] 스탠드

- 일원, 회원, 사원 [명] **member** [mémbər] 멤버

- 일일이 열거하다, 명기하다 [타] **specify** [spésəfài] 스페서파이

- 일정한, 명확한 [형] **definite** [défənit] 데퍼닛

- 일직선의 [형] **straight** [streit] 스트레이트

- 일찍이, 언젠가, 도대체, 늘 [부] **ever** [évər] 에버

- 일치, 동의, 협정 [명] **agreement** [əgríːmənt] 어그리-먼트

- 일치하다, 조화하다 [자] **correspond** [kɔ̀ːrəspánd] 코-러스판드

- ■ 일하다, 근무하다 자타 작업 명 **work** [wəːrk] 워-크

- □ 일행, 파티 명 **party** [páːrti] 파-티

- ■ 일회용 명 **disposable** [dispóuzəbəl] 디스포우저블

- ■ 잃다, 늦다, 지다 타 **lose** [luːz] 루-즈

- ■ 잃어버린, 길을 잃은, (승부에) 진 형 **lost** [lɔ(ː)st] 로-스트

- □ 임금, 급료 명 **wage** [weidʒ] 웨이지

- □ 읽기, 독서 명 **reading** [ríːdiŋ] 리-딩

- ■ 읽다, 소리내어 읽다, 독서하다 타자 **read** [riːd] 리-드

- ■ 잃다, 늦다, 지다 타 **lose** [luːz] 루-즈

- ■ 입, 입 모양의 것 명 **mouth** [mauθ] 마우스

- ■ 입고[쓰고, 신고] 있다, 해지게 하다 타 **wear** [wɛər] 웨어

- □ 입구 명 **entrance** [éntrəns] 엔트런스

- 입국 명 **immigratidn** [ìməgréiʃən] 이머그레이션

- 입국카드 명 **landing card** [lǽndiŋ kɑːrd] 랜딩 카드

- 입술 명 **lip** [lip] 립

- 입원시키다 타 **hospitalize** [háspitəlàiz] 하스피털라이즈

- 입장 명 **entry** [éntri] 엔트리

- 입장료 명 **admission** [ədmíʃən] 어드미션

- 잇몸, 추잉껌 명 **gum** [gum] 검

- 있음직하지 않은 형 **unlikely** [ʌ̀nláikli] 언라이클리

- 있음직한, ~할 것 같은 형 **likely** [láikli] 라이클리

- 있음직한, 예상되는 형 **probable** [prábəbl] 프라버블

- 잊다, 망각하다, 놓아두고 잊다 타 **forget** [fərgét] 퍼겟

- 잎, 나뭇잎 명 **leaf** [liːf] 리-프

ㅈ

- 자격을 주다, 인정하다 [타][자] **qualify** [kwáləfài] 퀄러파이

- 자국의, 고향의 [형] **native** [néitiv] 네이티브

- 자극하다, 깨우다, 불러일으키다 [타] **arouse** [əráuz] 어라우즈

- 자금, 기금 [명] **fund** [fʌnd] 펀드

- 자동의 [형] **automatic** [ɔ̀ːtəmǽtik] 오-터매틱

- 자랑하다 [자] 자랑거리 [명] **boast** [boust] 보우스트

- 자매, 여자 형제 [명] **sister** [sístər] 시스터

- 자명종 [명] **alarm clock** [əláːrmklɑk] 얼람-클락

- 자물쇠 [명] 잠그다 [타] **lock** [lɑk] 락

- 자발적인 [형] **voluntary** [váləntèri] 발런테리

- 자백[인정]하다 [타] **confess** [kənfés] 컨페스

- 자비, 연민, 인정, 행운 명 **mercy** [mə́ːrsi] 머-시

- 자선, 자선단체 명 **charity** [tʃǽrəti] 채러티

- 자신 있는 형 **confident** [kánfidənt] 칸피던트

- 자연, 천성, 성질 명 **nature** [néitʃər] 네이처

- 자연의, 천연의, 당연한 형 **natural** [nǽtʃərəl] 내추럴

- 자원, 물자 명 **resource** [ríːsɔːrs] 리-소-스

- 자유, 자유로운 상태, 해방 명 **freedom** [fríːdəm] 프리-덤

- 자유, 해방, 석방 명 **liberty** [líbərti] 리버티

- 자유로운, 무료의, 한가한 형 **free** [friː] 프리-

- 자전거 명 **bicycle / bike** [báisikəl/baik] 바이시클/바이크

- 자주 일어나는, 빈번한 형 **frequent** [fríːkwənt] 프리-퀀트

- 자취, 발자국 명 **trace** [treis] 트레이스

- 작동하다, 수술하다 자 **operate** [ápərèit] 아퍼레이트

- 작문, 작품, 구성 명 **composition** [kàmpəzíʃən] 캄퍼지션

- 작용, 운전, 시행, 조작 명 **operation** [àpəréiʃən] 아퍼레이션

- 작은 조각, (신문 등의) 연재만화 명 **strip** [strip] 스트립

- 작은 조각, 도막, 조금, 약간 명 **bit** [bit] 빗

- 잔디, 잔디밭 명 **lawn** [lɔːn] 론-

- 잔잔한 형 진정시키다 타 **calm** [kɑːm] 캄-

- 잔혹한, 무자비한, 비참한 형 **cruel** [krúːəl] 크루-얼

- 잘 생각하다, 숙고하다 타자 **consider** [kənsídər] 컨시더

- 잘 생긴, 핸섬한 형 **handsome** [hǽnsəm] 핸섬

- 잘, 훌륭하게 부 **well** [wel] 웰

- 잘못된, 거짓의, 인공의 형 **false** [fɔːls] 폴-스

- 잘못된, 틀린 형 **wrong** [rɔːŋ] 롱-

- 잠든, 정지한 형 **asleep** [əslíːp] 어슬리-프

- 잠자다, 잠, 수면 명 **sleep** [sliːp] 슬리-프

- 잡담하다 자 **chat** [tʃæt] 챗

- 잡아당기다, 긴장시키다 타 **strain** [strein] 스트레인

- 잡지, 탄약고 명 **magazine** [mæɡəzíːn] 매거진-

- 장, 중요한 한 구획 명 **chapter** [tʃǽptər] 챕터

- 장교, 공무원, 경찰관 명 **officer** [ɔ́(ː)fisər] 오-피서

- 장난감 명 **toy** [tɔi] 토이

- 장대, 막대, 회초리 명 **rod** [rɑd] 라드

- 장대한, 웅장한 형 **magnificent** [mæɡnífəsənt] 매그니퍼슨트

- 장면, 무대, 경치, 풍경 명 **scene** [siːn] 신-

- 장미, 장미꽃 명 **rose** [rouz] 로우즈

- 장소, 지역, 자리, 입장 명 **place** [pleis] 플레이스

- 장식품, 장신구, 장식 명 **ornament** [ɔ́ːrnəmənt] 오-너먼트

- 장식하다, 꾸미다 타 **decorate** [dékərèit] 데커레이트

- 장치하다, 취임하다, 임명하다 타 **install** [instɔ́ːl] 인스톨-

- 장편소설 명 **novel** [nάvəl] 나벌

- 장학금 명 **scholarship** [skάlərʃip] 스칼러십

- 재고품, 저장, 대, 그루터기 명 **stock** [stɑk] 스탁

- 재미있는 일, 위안 명 **fun** [fʌn] 펀

- 재미있는, 흥미 있는 형 **interesting** [íntəristiŋ] 인터리스팅

- 재산, 부(富), 운, 운수, 행운 명 **fortune** [fɔ́ːrtʃən] 포-춘

- 재생하다, 재현하다 타 자 **reproduce** [rìːprədjúːs] 리-프러듀-스

- 재정(상)의, 금융의 [형] **financial** [finǽnʃəl] 피낸셜

- 재주, 재능, 연예인 [명] **talent** [tǽlənt] 탤런트

- 재촉하다, 독촉하다 [타] **hasten** [héisn] 헤이슨

- 재치 있는, 빈틈없는, 맵시 있는 [형] **smart** [smɑːrt] 스마-트

- 재판관, 판사, 심판 [명] **judge** [dʒʌdʒ] 저지

- 재해, 재난, 대참사 [명] **disaster** [dizǽstər] 디재스터

- 쟁기, 경작 [명] **plow** [plau] 플라우

- 쟁반, 요리접시 [명] **tray** [trei] 트레이

- 저널리스트 [명] **journalist** [dʒə́ːrnəlist] 저-널리스트

- 저녁, 해질녘, 밤 [명] **evening** [íːvniŋ] 이-브닝

- 저녁식사 [명] **supper** [sʌ́pər] 서퍼

- 저속한, 상스러운, 통속적인 [형] **vulgar** [vʌ́lgər] 벌거

- 저자, 작가 [명] **author** [ɔ́:θər] 오-서

- 저축하다, 예약하다 [타] **reserve** [rizə́:rv] 리저-브

- 저항, 반항, 레지스탕스 [명] **resistance** [rizístəns] 리지스턴스

- 저항하다, 참다, 억누르다 [타] **resist** [rizíst] 리지스트

- 적, 적군, 적국 [명] **enemy** [énəmi] 에너미

- 적당한 [형] **equal** [í:kwəl] 이-퀄

- 적당한, 적절한 [형] **appropriate** [əpróuprièit] 어프로우프리에잇

- 적당한, 적절한, 예의바른, 고유의 [형] **proper** [prápər] 프라퍼

- 적수, 반대자, 상대 [명] **opponent** [əpóunənt] 어포우넌트

- 적의, 적국의, 적대하는 [형] **hostile** [hástil] 하스틸

- 적절히, 올바르게 [부] **properly** [prápərli] 프라퍼리

- 적합한 [형] **suitable** [sú:təbəl] 수-터블

- □ 전기, 전류, 전력 명 **electricity** [ilèktrísəti] 일렉트리서티

- ■ 전기의 형 **electric** [iléktrik] 일렉트릭

- ■ 전달하다, 알리다 타 **communicate** [kəmjú:nəkèit] 커뮤-너케이트

- ■ 전망, 광경, 시야, 경치, 견해, 의견 명 **view** [vju:] 뷰-

- □ 전문으로 하다 자 타 **specialize** [spéʃəlàiz] 스페셜라이즈

- ■ 전방에, 앞으로 **ahead** [əhéd] 어헤드

- □ 전방으로의, 전진하는 형 **onward** [ánwərd] 안워드

- □ 전부, 합하여 부 **altogether** [ɔ̀:ltəgéðər] 올-터게더

- ■ 전부의 형 **whole** [houl] 호울

- ■ 전에 부 **before** [bifɔ́:r] 비포-

- ■ 전의, 이전의, 전자의 형 **former** [fɔ́:rmər] 포-머

- □ 전쟁, 상태, 전투, 투쟁 명 **warfare** [wɔ́:rfɛ̀ər] 워-페어

- 전쟁, 싸움, 투쟁 명 **war** [wɔːr] 워-

- 전체의, 완전한, 흠이 없는 형 **entire** [entáiər] 엔타이어

- 전체의, 총계[합계]의 형 **total** [tóutl] 토우틀

- 전치사(문법) 명 **preposition** [prèpəzíʃən] 프레퍼지션

- 전통적인, 전설의 형 **traditional** [trədíʃənəl] 트러디셔널

- 전투, 싸움 명 **fighting** [fáitiŋ] 파이팅

- 전투, 싸움, 교전, 투쟁 명 **battle** [bǽtl] 배틀

- 전해지다, 내려가다 타 자 **descend** [disénd] 디센드

- 전형적인, 대표적인, 특유의 형 **typical** [típikəl] 티피컬

- 절대적으로, 물론 부 **absolutely** [ǽbsəlùːtli] 앱설루-틀리

- 절대적인, 완전한 형 **absolute** [ǽbsəlùːt] 앱설루-트

- 절망, 자포자기 명 **despair** [dispέər] 디스페어

- ■ 절망적인, 자포자기의 휑 **desperate** [déspərit] 데스퍼릿

- ■ 절하다 재 **bow** [bau] 바우

- ■ 젊은, 연소한, 어린 휑 **young** [jʌŋ] 영

- □ 젊은, 팔팔한, 젊은이의 휑 **youthful** [júːθfəl] 유-스펄

- □ 젊은이, 소년, 청년 명 **lad** [læd] 래드

- □ 젊은이, 어린이, 소년 명 **youngster** [jʌ́ŋstər] 영스터

- ■ 점심, 가벼운 식사, 도시락 명 **lunch** [lʌntʃ] 런치

- ■ 점원 명 **clerk** [kləːrk] 클러-크

- ■ 점차의, 점진적인, 완만한 휑 **gradual** [grǽdʒuəl] 그래주얼

- □ 점차적으로, 차차 부 **gradually** [grǽdʒuəli] 그래주얼리

- ■ 접다, 접어 포개다, 끼다 타 **fold** [fould] 포울드

- ■ 접시, 요리한 접시, 금속판 명 **plate** [pleit] 플레이트

- 접착제, 풀 몡 **glue** [gluː] 글루-

- 접촉, 교제, 관계 몡 **contact** [kántækt] 칸택트

- 젓가락 몡 **chopsticks** [tʃɑ́pstìks] 찹스틱스

- 정거장, 역, (관청의) 서, 국 몡 **station** [stéiʃən] 스테이션

- 정다운, 다정한 혱 **fond** [fɑnd] 판드

- 정당화, 변명 몡 **justification** [dʒʌ̀stəfikéiʃən] 저스터피케이션

- 정말 툇 **really** [ríːəli] 리-얼리

- 정반대의 혱 **opposite** [ɑ́pəzit] 아퍼짓

- 정보, 지식, 안내소 몡 **information** [ìnfərméiʃən] 인퍼메이션

- 정사각형, 광장 몡 **square** [skwɛər] 스퀘어

- 정식의, 형식적인, 딱딱한 혱 **formal** [fɔ́ːrməl] 포-멀

- 정신, 용기, 영혼, 생기, 기분 몡 **spirit** [spírit] 스피릿

- 정신적인, 정신의, 숭고한 형 **spiritual** [spíritʃuəl] 스피리추얼

- 정오, 한낮 명 **noon** [nuːn] 눈

- 정의, 공정, 정당성 명 **justice** [dʒʌ́stis] 저스티스

- 정직한, 성실한 형 **honest** [ánist] 아니스트

- 정착, 이민, 해결, 결말 명 **settlement** [sétlmənt] 세틀먼트

- 정찬, 저녁식사, 만찬회 명 **dinner** [dínər] 디너

- 정치(상)의, 정치적인 형 **political** [pɔ́litikəl] 폴리티컬

- 정치, 통치, 지배 명 **government** [gʌ́vərnmənt] 거번먼트

- 정치가 명 **politician** [pɑ̀litíʃən] 팔리티션

- 정확[적확, 정밀]한 형 **accurate** [ǽkjərit] 애큐릿

- 정확하게 부 **exactly** [igzǽktli] 이그잭(틀)리

- 정확한, 명확한, 꼼꼼한 형 **precise** [prisáis] 프리사이스

- ■ 정확한, 정밀한 [형] **exact** [igzǽkt] 이그잭트

- □ 젖은, 비 내리는 [형] **wet** [wet] 웨트

- □ 제2의, 이차적인 [형] **secondary** [sékəndèri] 세컨데리

- ■ 제공[제출]하다, 제안하다 [타] **offer** [ɔ́(:)fər] 오-퍼

- □ 제안, 제언, 암시 [명] **suggestion** [səgdʒéstʃən] 서(그)제스천

- □ 제안하다, 작정하다 [타][자] **propose** [prəpóuz] 프러포우즈

- □ 제외하다 [타] **except** [iksépt] 익셉트

- ■ 제자리에 놓다, ~을 대신하다 [타] **replace** [ripléis] 리플레이스

- □ 제조[제작, 생산]하다 [타] **manufacture** [mæ̀njəfǽktʃər] 매뉴팩처

- ■ 제출하다 [타] **advance** [ədvǽns] 어드밴스

- ■ 제한하다, 한정하다 [타] **restrict** [ristríkt] 리스트릭트

- ■ 조각 [명] **sculpture** [skʌ́lptʃər] 스컬프처

한영 단어 | 591

- 조각, 하나, 한 개, 부분, 작품 명 **piece** [piːs] 피-스

- 조그마한, 아주 작은 형 **tiny** [táini] 타이니

- 조리법, 처방 명 **recipe** [résəpì] 레서피-

- 조립하다, 건설하다 타 **construct** [kənstrʌ́kt] 컨스트럭트

- 조사하다 타 **investigate** [invéstəgèit] 인베스터게이트

- 조수, 보좌의 형 **assistant** [əsístənt] 어시스턴트

- 조용한, 소리 없는 형 **still** [stil] 스틸

- 조용한, 평온한 형 **quiet** [kwáiət] 콰이엇

- 조절하다, 맞추다 타 **adjust** [ədʒʌ́st] 어저스트

- 조직, 구성 명 **organization** [ɔ̀ːrɡənəzéiʃən] 오-거너제이션

- 조직하다, 편성하다 타 **organize** [ɔ́ːrɡənàiz] 오-거나이즈

- 조카, 생질 명 **nephew** [néfjuː] 네퓨-

- 조카딸 명 **niece** [niːs] 니-스

- 조항 명 **article** [áːrtikl] 아-티클

- 존재, 생존 명 **existence** [igzístəns] 이그**지**스턴스

- 존재, 현존, 출석, 참석 명 **presence** [prézəns] 프레즌스

- 존재하다, 생존하다 자 **exist** [igzíst] 이그지스트

- 존중하다, 존경하다 타 **respect** [rispékt] 리스펙트

- 졸업생 명 **graduate** [grǽdʒuèit] 그래주에잇

- 좁은, (범위 등이) 한정된 형 **narrow** [nǽrou] 내로우

- 종교(상)의, 신앙심이 깊은 형 **religious** [rilídʒəs] 릴리저스

- 종교, 종파, 신앙(생활) 명 **religion** [rilídʒən] 릴리전

- 종류, (동·식물의) 종, 본질 명 **kind** [kaind] 카인드

- 종류, 성질 명 **sort** [sɔːrt] 소-트

- 종사시키다, 조용하다 타 **engage** [engéidʒ] 엔게이지

- 좋은, 친절한 형 **nice** [nais] 나이스

- 좋은, 훌륭한, 즐거운, 적절한, 유능한 형 **good** [gud] 굳

- 죄, 범죄, 죄악 명 **crime** [kraim] 크라임

- 죄, 위반, 공격 명 **offense** [əféns] 어펜스

- 죄, 죄악 명 **sin** [sin] 신

- 죄수, 포로 명 **prisoner** [príznər] 프리즈너

- 주, 일주일, 주간 명 **week** [wi:k] 위-크

- 주다, 치르다, 바치다, 말하다, 열다 타 **give** [giv] 기브

- 주된, 주요한 형 **principal** [prínsəpəl] 프린서펄

- 주로, 대개, 거의 부 **chiefly** [tʃí:fli] 치-플리

- 주로, 대개, 대체로, 대부분 부 **mainly** [méinli] 메인리

- □ 주류, 술, 알코올 음료 명 **liquor** [líkər] 리커

- ■ 주말 명 **weekend** [wíːkènd] 위-크엔드

- ■ 주먹 명 **fist** [fist] 피스트

- □ 주목할 만한 형 **remarkable** [rimáːrkəbəl] 리마-커블

- □ 주민, 거주자 명 **inhabitant** [inhǽbətənt] 인해버턴트

- ■ 주부 명 **housewife** [háuswàif] 하우스와이프

- □ 주사(액), 주입 명 **injection** [indʒékʃən] 인젝션

- ■ 주소 명 **address** [ədrés] 어드레스

- ■ 주식회사 명 **corporation** [kɔ̀ːrpəréiʃən] 코-퍼레이션

- □ 주요한, 주된, 일류의, 이끄는 형 **leading** [líːdiŋ] 리-딩

- □ 주의 명 **attention** [əténʃən] 어텐션

- ■ 주의 깊은, 신중한 형 **careful** [kɛ́ərfəl] 케어펄

한영 단어 | 595

- 주의, 걱정, 돌봄 명 **care** [kεər] 케어

- 주의[주목]하다, 말하다 타자 **remark** [rimá:rk] 리마-크

- 주인, 대가, 선생 명 **master** [mǽstər] 매스터

- 주저하다, 망설이다 자 **hesitate** [hézətèit] 헤저테이트

- 주전자 명 **kettle** [kétl] 케틀

- 주제, 과목 명 **subject** [sʌ́bdʒikt] 서브직트

- 주제, 제목, 테마, (과제의) 작문 명 **theme** [θi:m] 심-

- 주택, 주거 명 **residence** [rézidəns] 레지던스

- 주화, 경화, 동전 명 **coin** [kɔin] 코인

- 죽다, 시들다 자 **die** [dai] 다이

- 죽은, (죽은 듯이) 조용한 형 **dead** [ded] 데드

- 죽이다, 죽다, 헛되이 보내다 타 **kill** [kil] 킬

- 준비 명 **preparation** [prèpəréiʃən] 프레퍼레이션

- 준비된 형 **ready** [rédi] 레디

- 준비하다, 채비하다 타자 **prepare** [pripɛ́ər] 프리페어

- 줄, 끈, (악기의) 현 명 **string** [striŋ] 스트링

- 줄, 열, 편발, 땋은 머리 명 **queue** [kju(:)] 큐-

- 줄기, (풀·나무의) 대 명 **stem** [stem] 스템

- 줄다, 감소하다 자 **decrease** [díːkriːs] 디-크리-스

- 줄이다, 축소하다 타 **reduce** [ridjúːs] 리듀-스

- 중앙의, 중심의 형 **central** [séntrəl] 센트럴

- 중요성, 중대성 명 **importance** [impɔ́ːrtəns] 임포-톤스

- 중요한, 의의 있는 형 **important** [impɔ́ːrtənt] 임포-턴트

- 중지하다, 끝내다 타 **cease** [siːs] 시-스

- 쥐, 〈속어〉 배신자 명 **rat** [ræt] 랫

- 쥐다, 잡다, 얻다, 받다, 선택하다 타 **take** [teik] 테이크

- 즉각의, 직접의, 당면한 형 **immediate** [imíːdiit] 이미-디잇

- 즐거운, 기분 좋은, 유쾌한 형 **pleasant** [pléznt] 플레즌트

- 즐거운, 유쾌한, 명랑한, 재미있는 형 **merry** [méri] 메리

- 즐겁게 하다, 재미나게 하다 타 **amuse** [əmjúːz] 어뮤-즈

- 즐기다, 가지다, 향유하다, 누리다 타 **enjoy** [endʒɔ́i] 엔조이

- 증가시키다, 곱하다 타 **multiply** [mʌ́ltəplài] 멀터플라이

- 증거, 흔적 명 **evidence** [évidəns] 에비던스

- 증명 명 **proof** [pruːf] 프루-프

- 증명, 표명 명 **demonstration** [dèmənstéiʃən] 데먼스테이션

- 증명[입증]하다 타 **prove** [pruːv] 프루-브

- 증정하다, 선물하다, 내놓다 [타] **present** [prézənt] 프레전트

- 지갑 [명] **wallet** [wάlit] 왈릿

- 지구, 흙, 지면, 이 세상 [명] **earth** [ə:rθ] 어-스

- 지금의, 현행의, 통용하는 [형] **current** [kə́:rənt] 커-런트

- 지급 기일이 된, 도착 예정인 [형] **due** [dju:] 듀-

- 지나간 [형] **past** [pæst] 패스트

- 지능, 지성, 이해력 [명] **intelligence** [intélədʒəns] 인텔러전스

- 지니다, 보유하다, 유지하다 [타] **retain** [ritéin] 리테인

- 지도력, 통솔력 [명] **leadership** [líːdərʃip] 리-더십

- 지도자, 선도자, 리더 [명] **leader** [líːdər] 리-더

- 지도자, 지휘자, 관리자, 감독 [명] **director** [diréktər] 디렉터

- 지도하다, 명령하다 [타] **direct** [dirékt] 디렉트

- 지독한, 무서운 형 **terrible** [térəbəl] 테러블

- 지방, 지역, 지대, 영역 명 **region** [ríːdʒən] 리-전

- 지배인, 감독 명 **manager** [mǽnidʒər] 매니저

- 지배하다, 억제하다 타 **control** [kəntróul] 컨트로울

- 지불하다, 이익이 되다 자 **pay** [pei] 페이

- 지붕, (건물) 옥상 명 **roof** [ruːf] 루-프

- 지성의, 지적인 형 **intellectual** [ìntəléktʃuəl] 인털렉추얼

- 지식, 학식, 이해 명 **knowledge** [nálidʒ] 날리지

- 지역 명 **area** [ɛ́əriə] 에(어)리어

- 지역, 나라, 시골 명 **country** [kʌ́ntri] 컨트리

- 지역, 지방, 지구, 관구 명 **district** [dístrikt] 디스트릭트

- 지역사회, 공동체 명 **community** [kəmjúːnəti] 커뮤-너티

- 지연, 지체 명 **delay** [diléi] 딜레이

- 지옥, 아수라장, 대혼란 명 **hell** [hel] 헬

- 지우다, 지워버리다 타 **erase** [iréis] 이레이스

- 지원자, 지원병 명 **volunteer** [vάləntíər] 발런티어

- 지원자, 후보자 명 **candidate** [kǽndədèit] 캔더데이트

- 지위, 신분 명 **status** [stéitəs] 스테이터스

- 지정하다, 임명하다, 지명하다 타 **appoint** [əpɔ́int] 어포인트

- 지지하다, 옹호하다 타 **uphold** [ʌphóuld] 업호울드

- 지진 명 **earthquake** [ə́:rθkwèik] 어-스퀘이크

- 지출, 비용, 경비 명 **expense** [ikspéns] 익스펜스

- 지켜보다, 망보다 타 자 **watch** [wɑtʃ] 와치

- 지키다, 구하다 타 **save** [seiv] 세이브

- 지키다, 방어하다, 변호하다 [타] **defend** [difénd] 디펜드

- 지탱하다, 부양하다, 지지하다 [타] **support** [səpɔ́ːrt] 서포―트

- 지하도 [명] **underground** [ʌ́ndərgràund] 언더그라운드

- 지하실 [명] **basement** [béismənt] 베이스먼트

- 지하철 [명] **subway** [sʌ́bwèi] 서브웨이

- 지혜, 현명함 [명] **wisdom** [wízdəm] 위즈덤

- 지휘하다, 안내하다 [타] **conduct** [kɔ́ndʌkt] 콘덕트

- 직사각형 [명] **rectangle** [réktæŋgəl] 렉탱글

- 직업 [명] **profession** [prəféʃən] 프러페션

- 직업, 경력, 생애 [명] **career** [kəríər] 커리어

- 직업, 업무, 점유 [명] **occupation** [ɑ̀kjəpéiʃən] 아큐페이션

- 직업의, 전문직[프로]의 [형] **professional** [prəféʃənəl] 프러페셔널

- ■ 직책, 지위 명 **position** [pəzíʃən] 퍼**지**션

- □ 진공, 진공실, 빈곳, 공허, 공백 명 **vacuum** [vǽkjuəm] 배큐엄

- ■ 진로, 코스, 과정, 과목 명 **course** [kɔːrs] 코-스

- ■ 진료소, 개인[전문] 병원, 클리닉 명 **clinic** [klínik] 클리닉

- □ 진실, 현실, 사실, 실제 명 **reality** [riǽləti] 리앨러티

- □ 진실, 진리, 증명된 사실 명 **truth** [truːθ] 트루-스

- ■ 진실의 형 **true** [truː] 트루-

- ■ 진정한, 중대한 형 **serious** [síəriəs] 시어리어스

- □ 진주 명 **pearl** [pəːrl] 펄-

- □ 진짜로, 참으로, 정확하게 부 **truly** [trúːli] 트룰-리

- ■ 진짜의, 진품의 형 **genuine** [dʒénjuin] 제뉴인

- ■ 진찰하다 타 **examine** [igzǽmin] 이그재민

한영 단어 | 603

- 진행 몡 **progress** [práɡres] 프라그레스

- 진행되다 짜 **proceed** [prousíːd] 프러시-드

- 질문, 물음 몡 **question** [kwéstʃən] 퀘스천

- 질문, 의문, 물음표 몡 **query** [kwíəri] 퀴어리

- 질투, 부러움 몡 **envy** [énvi] 엔비

- 짐, 부담 몡 **burden** [bə́ːrdn] 버-든

- 짐, 적재하물 몡 **load** [loud] 로우드

- 짐을 내리다 짜 타 **unload** [ʌ̀nlóud] 언로우드

- 짐을 높이다 타 **upgrade** [ʌ́pgrèid] 업그레이드

- 짐꾼 몡 **porter** [pɔ́ːrtər] 포-터-

- 집들이 몡 **housewarming** [háuswɔ̀ːrmiŋ] 하우스워-밍

- 집회, 집합, (기계의) 조립 몡 **assembly** [əsémbli] 어셈블리

- □ 집중, 집중력 명 **concentration** [kànsəntréiʃən] 칸선트레이션

- ■ 집중적인, 철저한, 강한 형 **intensive** [inténsiv] 인텐시브

- ■ 집중하다, 모으다 타자 **concentrate** [kánsəntrèit] 칸선트레이트

- □ 집회, 집합, (기계의) 조립 명 **assembly** [əsémbli] 어셈블리

- ■ 짖다, 고함치다 자 **bark** [bɑːrk] 바크

- □ 짜내다 타 **squeeze** [skwiːz] 스퀴-즈

- ■ 짧게 하다 타 **shorten** [ʃɔ́ːrtn] 쇼-튼

- □ 짧은 형 **short** [ʃɔːrt] 쇼-트

- ■ 쪽, 측, 옆구리 명 **side** [said] 사이드

- ■ ~쪽으로, ~에 대하여 전 **toward(s)** [təwɔ́ːrd(z)] 터워-드(즈)

- □ 찡그린, 비틀어진, 비딱한, 엉뚱한 형 **wry** [rai] 라이

- ■ 찢다, 째다 타 **tear** [tɛər] 테어

ㅊ

KOREAN ENGLISH WORDS DICTIONARY

- 차, 자동차 명 **car** [kɑːr] 카-

- 차고, 수리공장 명 **garage** [gərɑ́ːʒ] 거라-지

- 차다, 걷어차다 타 **kick** [kik] 킥

- 차이 명 **difference** [dífərəns] 디퍼런스

- 차지하다, 점령하다 타 **occupy** [ákjəpài] 아큐파이

- 창(문), 창유리, 창구 명 **window** [wíndou] 윈도우

- 창백한, 핼쑥한, 희미한 형 **pale** [peil] 페일

- 창시하다 타 **create** [kriːéit] 크리-에이트

- 창조적인, 창조력이 있는 형 **creative** [kriːéitiv] 크리-에이티브

- 찾다, 수색하다, 뒤지다 타 자 **search** [səːrtʃ] 서-치

- 찾다, 찾아내다, 구하다 타 **seek** [siːk] 시-크

- 찾아내다, 발견하다, 알다 타 **find** [faind] 파인드

- 채용[채택]하다 타 **adopt** [ədápt] 어답트

- 채우다 자 **fill** [fil] 필

- 책략, 재주, 비결, 장난 명 **trick** [trik] 트릭

- 책망하다, 비난하다 타 **blame** [bleim] 블레임

- 책임, 의무 명 **responsibility** [rispànsəbíləti] 리스판서빌러티

- 책임이 있는 형 **responsible** [rispánsəbəl] 리스판서블

- 처음, 최초, 시작 명 **beginning** [bigíniŋ] 비기닝

- 천, 직물, 양복감 명 **cloth** [klɔ(:)θ] 클로-스

- 천사, 사자(使者) 명 **angel** [éindʒəl] 에인절

- 천장, 최고 한도 명 **ceiling** [síːliŋ] 실-링

- 천정(天頂), 정점, 절정, 최고조 명 **zenith** [zíːniθ] 자-니스

- 천천히, 느리게, 느릿느릿 ■ **slowly** [slóuli] 슬로울리

- 철, 다리미 ■ **iron** [áiərn] 아이언

- 철사, 전선, 전보 ■ **wire** [waiər] 와이어

- 철자하다, ~의 철자를 쓰다 ■ **spell** [spel] 스펠

- 철저한, 완벽한, 완전한 ■ **thorough** [θə́:rou] 서-로우

- 첫째로, 처음으로 ■ **primarily** [praimérəli] 프라이메럴리

- 첫째의, 초기의, 원시적인 ■ **primary** [práiməri] 프라이메리

- 청각, 청력, 듣기, 청취(력) ■ **hearing** [híəriŋ] 히(어)링

- 청중, 관객, 청취자, 시청자 ■ **audience** [ɔ́:diəns] 오-디언스

- 체온 ■ **temperature** [témpərətʃər] 템퍼러처

- 체육관 ■ **gym/gymnasium** [dʒim/dʒimnéiziəm] 짐/짐네이지엄

- 체포하다 ■ **arrest** [ərést] 어레스트

- 초, 순간 몡 **second** [sékənd] 세컨드

- 초대, 안내, 초대장 몡 **invitation** [ìnvətéiʃən] 인버테이션

- 초등 학생 몡 **pupil** [pjúːpəl] 퓨-펄

- 초등학교 몡 **elementary school** [èləméntərriskuːl] 엘러멘터리스쿨-

- 초보의, 기본의 혱 **elementary** [èləméntəri] 엘러멘터리

- 초보자, 초심자 몡 **beginner** [bigínər] 비기너

- 초상화 몡 **portrait** [pɔ́ːrtrit] 포-트릿

- 초점, 중심 몡 **focus** [fóukəs] 포우커스

- 초청하다, 초대하다 타 **invite** [inváit] 인바이트

- 초콜릿, 초콜릿 음료 몡 **chocolate** [tʃákəlit] 차컬릿

- 촉감, 감각, 감정, 기분 몡 **feeling** [fíːliŋ] 필-링

- 총액, 액수, 양 몡 **amount** [əmáunt] 어마운트

- 최고급의, 훌륭한, 특대의 [형] **super** [súːpər] 수-퍼

- 최고의, 주요한 [형] **chief** [tʃiːf] 치-프

- 최고의, 최상의 [형] **supreme** [suprí:m] 수프림-

- 최대의, 최고의 [형] **maximum** [mǽksəməm] 맥서멈

- 최소(한), 최소량[액] [명] **minimum** [mínəməm] 미너멈

- 최연장자의 [형] **eldest** [éldist] 엘디스트

- 최초의, 가장 중요한 [형] **prime** [praim] 프라임

- 최초의, 본래의, 독창적인 [형] **original** [ərídʒənəl] 어리저널

- 최후로, 마침내, 최종적으로 [부] **finally** [fáinəli] 파이널리

- 최후의, 바로 전의 [형] **last** [læst] 래스트

- 추가요금의, 별도의 [형] **extra** [ékstrə] 엑스트러

- 추가의 [형] **additional** [ədíʃənəl] 어디셔널

- 추격하다, 쫓다 타 **chase** [tʃeis] 체이스

- 추운, 찬 형 **cold** [kould] 코울드

- 추진하다, 몰아대다, 재촉하다 타 **urge** [əːrdʒ] 어-지

- 추천하다 타 **recommend** [rèkəménd] 레커멘드

- 추측하다, 가정하다 타 **suppose** [səpóuz] 서포우즈

- 추측하다, 알아맞히다 타 **guess** [ges] 게스

- 추한, 보기 싫은, 못생긴 형 **ugly** [ʌ́gli] 어글리

- 축복하다 타 **bless** [bles] 블레스

- 축연, 축제 명 **feast** [fiːst] 파-스트

- 축제(일) 명 **festival** [féstəvəl] 페스터벌

- 축축한, 습기 있는 형 **moist** [mɔist] 모이스트

- 축하 명 **congratulation** [kəngrætʃəléiʃən] 컨그래출레이션

- 축하하다, 기리다 타 **celebrate** [séləbrèit] 셀러브레이트

- 축하하다, 지키다 타 **observe** [əbzə́:rv] 어브저-브

- 축하하다 타 **congratulate** [kəngrǽtʃəlèit] 컨그래출레이트

- 출구, (고속도로의) 유출 램프 명 **exit** [égzit] 에그짓

- 출발 명 **departure** [dipá:rtʃər] 디파-처

- 출생, 태생, 가문 명 **birth** [bə:rθ] 버-스

- 출석하다 타 **attend** [əténd] 어텐드

- 출석한, 현재의 형 **present** [prézənt] 프레즌트

- 출판업자, 발행인, 출판사 명 **publisher** [pʌ́bliʃər] 퍼블리셔

- 충고하다, 조언하다, 권하다 타 **advise** [ədváiz] 어드바이즈

- 충동, 충격, 추진(력) 명 **impulse** [ímpʌls] 임펄스

- 충분한 형 **enough** [inʌ́f] 이너프

- 충분한, 알맞은, 적절한 형 **adequate** [ǽdikwit] 애디퀴트

- 충분한, 흡족한, 족한 형 **sufficient** [səfíʃənt] 서피션트

- 취급, 대우, 치료 명 **treatment** [trí:tmənt] 트리-트먼트

- 취득하다, 배우다, 익히다 타 **acquire** [əkwáiər] 어콰이어

- 취미 명 **hobby** [hábi] 하비

- 측정, 치수, 자 명 **measure** [méʒər] 메저

- 치과의사 명 **dentist** [déntist] 덴티스트

- 치다, 때리다 타자 **strike** [straik] 스트라이크

- 치다, 이기다 타 **beat** [bi:t] 비-트

- 치료하다, 고치다 타 **cure** [kjuər] 큐어

- 치명적인, 중대한, 운명의 형 **fatal** [féitl] 페이틀

- 친구, 동료, 녀석 명 **fellow** [félou] 펠로우

한영 단어 | 613

- 친구, 자기편, 우리 편 명 **friend** [frend] 프렌드

- 친애하는, 귀여운, 비싼 형 **dear** [diər] 디어

- 친절한, 상냥한, 인정 있는 형 **kind** [kaind] 카인드

- 친척 명 **relative** [rélətiv] 렐러티브

- 친한, 친절한, 우호적인 형 **friendly** [fréndli] 프렌들리

- 칠(7)월 명 **July** [dʒu:lái] 줄-라이

- 칠판 명 **blackboard** [blǽkbɔ̀:rd] 블랙보-드

- 침묵, 고요함, 정적, 무소식 명 **silence** [sáiləns] 사일런스

- 침묵하는, 조용한, 잠잠한 형 **silent** [sáilənt] 사일런트

- 칭찬하다, 감탄하다 타 **admire** [ədmáiər] 어드마이어

- 칭찬하다, 찬미하다 타 **praise** [preiz] 프레이즈

ㅋ

KOREAN ENGLISH WORDS DICTIONARY

- 칸막이, 스크린, (영화의) 영사막 명 **screen** [skri:n] 스크린-

- 칼라, 옷깃 명 깃을 달다 타 **collar** [kálər] 칼러

- 칼럼, (신문의) 난, 둥근 기둥 명 **column** [káləm] 칼럼

- 캔디, 사탕과자 명 **candy** [kǽndi] 캔디

- 캔버스, 화폭 명 **canvas** [kǽnvəs] 캔버스

- 캘린더, 달력 명 **calendar** [kǽləndər] 캘런더

- 커튼, (극장의) 막 명 **curtain** [kə́:rtən] 커-튼

- 커피점, 식당, 레스토랑 명 **cafe** [kæféi] 캐페이

- 컴퓨터 명 **computer** [kəmpjú:tər] 컴퓨-터

- 컵, 찻잔, 우승컵 명 **cup** [kʌp] 컵

- 코 명 **nose** [nouz] 노우즈

한영 단어 | **615**

- 코트, 상의, 털가죽, 칠 명 **coat** [kout] 코우트

- 콤바인, 복식 수확기 명 **combine** [kəmbáin] 컴바인

- 콩(타원형) 명 **bean** [bi:n] 빈-

- 쿠키, 작고 납작한 과자 명 **cookie/cooky** [kúki] 쿠키

- 크게, 대단히, 위대하게 부 **greatly** [gréitli] 그레이틀리

- 크기, 치수, 사이즈 명 **size** [saiz] 사이즈

- 크나큰(=enormous), 막대한 형 **huge** [hju:dʒ] 휴-즈

- 크래디트, 신용, 명예 명 **credit** [krédit] 크레디트

- 크레용, 크레용 그림 명 **crayon** [kréiɑn] 크레이안

- 크림, 크림 과자 명 **cream** [kri:m] 크림-

- 큰 덩어리, 모임, 집단, 대량 명 **mass** [mæs] 매스

- 큰 쪽의, 주요한 형 **major** [méidʒər] 메이저

- 큰, 넓은, (수, 양이) 많은 형 **large** [lɑːrdʒ] 라-지

- 큰, 훌륭한, 중요한 형 **big** [big] 비그

- 큰 목소리의 형 **louder** [laud] 라우드

- 클라리넷 명 **clarinet** [klæ̀rənét] 클래러넷

- 클럽, 동호회, 곤봉 명 **club** [klʌb] 클러브

- 클릭하다 타 **click** [klik] 클릭

- 클립, 종이집게 명 **clip** [klip] 클립

- 큼직이 부 **largely** [lɑ́ːrdʒli] 라-즐리

- 킁킁거리다, 구슬피 울다 타자 **whine** [hwain] (화)와인

- 키가 큰, 높은, 많은 형 **tall** [tɔːl] 톨-

- 키보드, 건반악기 명 **keyboard** [kíːbɔ̀ːrd] 키-보-드

- 키스, 입맞춤 명 **kiss** [kis] 키스

- **탈의실** 명 **fitting room** [fítiŋruːm] 피팅 룸-

- **탑승객** 명 **passenger** [pǽsəndʒər] 패선저

- **태양** 명 **sun** [sʌn] 선

- **태클(경기), 도구** 명 **tackle** [tǽkəl] 태클

- **택시** 명 **taxi** [tǽksi] 택시

- **탬버린** 명 **tambourine** [tæ̀mbəríːn] 탬버린-

- **턱수염** 명 **beard** [biərd] 비어드

- **토론하다** 타 **discuss** [diskʌ́s] 디스커스

- **통솔력, 지도력** 명 **leadership** [líːdərʃip] 리-더십

- **통증** 명 **pain** [pein] 페인

- **통풍이 나쁜** 형 **stuff** [stʌf] 스터프

ㅍ

- 파괴, 파멸, 멸망 명 **destruction** [distrʌ́kʃən] 디스트럭션

- 파괴하다, 부수다 타 **destroy** [distrɔ́i] 디스트로이

- 파다, 파내다, 캐다 타 **dig** [dig] 디그

- 파열하다, 터지다 자 **burst** [bəːrst] 버―스트

- 판(자), 게시판, 회의 명 **board** [bɔːrd] 보―드

- 판(책·신문) 명 **edition** [edíʃən] 에디션

- 판에 박힌 일, 일상의 일 명 **routine** [ruːtíːn] 루―틴―

- 팔(8)월 명 **August** [ɔ́ːgəst] 오―거스트

- 팔, 상지(上肢) 명 **arm** [ɑːrm] 암―

- 팔꿈치 명 **elbow** [élbou] 엘보우

- 팔다, 장사하다 타 **sell** [sel] 셀

한영 단어 | 619

- 패배시키다, 좌절시키다 타 **defeat** [difít] 디피트

- 퍼지다, 넓어지다 자 **expand** [ikspǽnd] 익스팬드

- 펴다, 바르다, 퍼뜨리다 타 **spread** [spred] 스프레드

- 편견, 선입관 명 **prejudice** [prédʒədis] 프레저디스

- 편리한, 형편이 좋은 형 **convenient** [kənvíːnjənt] 컨비-니언트

- 편집자 명 **editor** [édətər] 에더터

- 편한 형 **comfortable** [kʌ́mfərtəbl] 컴퍼터블

- 평균, 평균값 명 **average** [ǽvəridʒ] 애버리지

- 평면, 면, (항공) 비행기 명 **plane** [plein] 플레인

- 평일 명 **weekday** [wíːkdèi] 위-크데이

- 평판, 명성 명 **reputation** [rèpjətéiʃən] 레퓨테이션

- 평평한, 납작한 형 **flat** [flæt] 플랫

- 평화, 평온, 태평, 치안, 질서 명 **peace** [piːs] 피-스

- 평화로운, 평화적인, 조용한 형 **peaceful** [píːsfəl] 피-스펄

- 평화스러운, 온순한, 태평한 형 **pacific** [pəsífik] 퍼시픽

- 폐, 허파 명 **lung** [lʌŋ] 렁

- 폐물, 쓰레기, 찌꺼기 명 **trash** [træʃ] 트래시

- 포도, 포도나무 명 **grape** [greip] 그레이프

- 포장하다 타 **wrap** [ræp] 랩

- 포함하다, 넣다, 계산하다 타 **include** [inklúːd] 인클루-드

- 폭, 범위, 줄, 열, 연속, 산맥 명 **range** [reindʒ] 레인지

- 폭발, 급격한 증가 명 **explosion** [iksplóuʒən] 익스플로우전

- 폭발하다 자 **explode** [iksplóud] 익스플로우드

- 폭탄 명 **bomb** [bɑm] 밤

- 폭포(수) 명 **waterfall** [wɔ́:tərfɔ̀:l] 워-터폴-

- 폭풍우 명 **storm** [stɔ:rm] 스톰-

- 폭풍의, 폭풍우의 형 **stormy** [stɔ́:rmi] 스토-미

- 표면, 외면, 외관 명 **surface** [sə́:rfis] 서-피스

- 표시하다, 나타내다, 전시하다 타 **display** [displéi] 디스플레이

- 표준, 기준, 수준, 규격 명 **standard** [stǽndərd] 스탠더드

- 표준의, 정상의 형 **normal** [nɔ́:rməl] 노-멀

- 표현, (언어의) 표현법 명 **expression** [ikspréʃən] 익스프레션

- 표현하다 타 **express** [iksprés] 익스프레스

- 풀, 반죽 명 **paste** [peist] 페이스트

- 풀, 초원, 잔디 명 **grass** [græs] 그래스

- 풀다, 해답하다, 해결하다 타 **solve** [sɑlv] 살브

- 풀을 먹이다 타 **starch** [stɑːrtʃ] 스타-치

- 품질 명 **quality** [kwáləti] 콸러티

- 풋볼, 축구 명 **football** [fútbɔːl] 풋볼-

- 풍경 타 **scenery** [síːnəri] 시-너리

- 풍자 명 **caricatue** [kǽrikətʃùər] 캐리커추어

- 풍차 명 **windmill** [wíndmìl] 윈(드)밀

- 프라이 팬 명 **frying pan** [fraiŋ-pæn] 프라잉팬

- 프로그램, 계획, 예정 명 **program** [próugræm] 프로우그램

- 플랫폼 명 **platform** [plǽtfɔːrm] 플랫폼-

- 플루트 명 **flute** [fluːt] 플루-트

- 피, 혈액 명 **blood** [blʌd] 블러드

- 피곤하다 타 **tire** [taiər] 타이어

- 피난처, 대피소 명 **shelter** [ʃéltər] 셸터

- 피로한, 지친, 물린, 싫증난 형 **tired** [taiərd] 타이어드

- 피부 명 **skin** [skin] 스킨

- 피크닉, 소풍 명 **picnic** [píknik] 피크닉

- 피하다 타 **avoid** [əvɔ́id] 어보이드

- 필연적으로 부 **necessarily** [nésisərili] 네시서릴리

- 필요, 소용 명 **need** [ni:d] 니-드

- 필요, 필요한 것, 필수품 명 **necessity** [nisésəti] 니세서티

- 필요로 하다 타 **require** [rikwáiər] 리콰이어

- 필요한, 없어서는 안 되는 형 **necessary** [nésəsèri] 네서세리

- 필자, 작가, 저자 명 **writer** [ráitər] 라이터

- 필히, 반드시 (=surely) 부 **certainly** [sə́:rtənli] 서-턴리

ㅎ

KOREAN ENGLISH WORDS DICTIONARY

- 하급의, 하위의, 열등한 형 **inferior** [infíəriər] 인피어리어

- ~하는 경향이 있다 자 **tend** [tend] 텐드

- 하늘, 천국, 신 명 **heaven** [hévən] 헤번

- 하이스쿨, 고등학교 명 **highschool** [haisku:l] 하이스쿨-

- 하품 명 **yawn** [jɔ:n] 욘-

- 학급, 수업, 계급, 등급 명 **class** [klæs] 클래스

- 학원의, 학문적인 형 **academic** [æ̀kədémik] 애커데믹

- 학회, 공공시설 명 **institution** [ìnstətjú:ʃən] 인스티튜-션

- 한 쌍, 한 벌, 부부, 연인, 2인조 명 **pair** [pɛər] 페어

- 한 해 4번의, 사계의 형 **quarterly** [kwɔ́:rtərli] 쿼-털리

- 한가운데의, 중간의, 보통의 형 **middle** [mídl] 미들

한영 단어 | 625

- 한가한, 나태한 형 **idle** [áidl] 아이들

- 한계, 범위 명 **limit** [límit] 리밋

- 한밤중 명 **midnight** [mídnàit] 미드나이트

- 한숨 돌리다, 호흡 명 **breath** [breθ] 브레스

- 할당, 과제, 지정 명 **assignment** [əsáinmənt] 어사인먼트

- 할당하다, 지정하다, 임명하다 타 **assign** [əsáin] 어사인

- 할퀴다, 긁다 타자 **scratch** [skrætʃ] 스크래치

- 핥다 타 **lick** [lik] 릭

- 함께, 같이, 동시에, 일제히 부 **together** [təgéðər] 터게더

- 합계, 금액 명 **sum** [sʌm] 섬

- 합병시키다, 결합시키다 타 **combine** [kəmbáin] 컴바인

- 항공우편 명 **airmail** [ɛ́ərmèil] 에어메일

- 항구, 항구 마을 명 **port** [pɔːrt] 포-트

- 항목, 조항, 품목 명 **item** [áitəm] 아이텀

- 항아리, 단지, (깊은) 냄비 명 **pot** [pɑt] 팟

- 항의하다 자 **protest** [prətést] 프러테스트

- 항해, 항행 명 **voyage** [vɔ́iidʒ] 보이이지

- 해, 손해 명 **harm** [hɑːrm] 함-

- 해고하다 타 **dismiss** [dismís] 디스미스

- 해군 명 **navy** [néivi] 네이비

- 해넘이, 일몰, 해질녘 명 **sunset** [sʌ́nsèt] 선셋

- 해답, 해결, 용해 명 **solution** [səljúːʃən] 설류-션

- 해돋이, 일출 명 **sunrise** [sʌ́nràiz] 선라이즈

- 해마다의, 한해의 형 **annual** [ǽnjuəl] 애뉴얼

- 해석하다, 번역하다 타 **translate** [trænsléit] 트랜슬레이트

- 해석하다, 통역하다 타 **interpret** [intə́ːrprit] 인터-프릿

- 해안, 연안 명 **coast** [koust] 코우스트

- 핵의, 원자력의 형 **nuclear** [njúːkliər] 뉴-클리어

- 햇빛, 일광, 양지 명 **sunshine** [sʌ́nʃàin] 선샤인

- 행동, 행위 명 **deed** [diːd] 디-드

- 행동하다, 예절바르게 행동하다 자 **behave** [bihéiv] 비헤이브

- 행렬, 행진 명 **procession** [prəséʃən] 프러세션

- 행복, 행운 명 **happiness** [hǽpinis] 해피니스

- 행성, 유성 명 **planet** [plǽnət] 플래넛

- 행위, 법령 명 **act** [ækt] 액트

- 행위, 행실, 품행, 태도 명 **behavio(u)r** [bihéivjər] 비헤이비어

- 행진, 행군, 행진곡 [명] **march** [mɑːrtʃ] 마-치

- 향기로운, 유쾌한 [형] **delicious** [dilíʃəs] 딜리셔스

- 향수 [명] **perfume** [pə́ːrfjuːm] 퍼-품-

- 향하게 하다 [타] **aim** [əim] 어임

- 허가, 허락, 승낙 [명] **permission** [pəːrmíʃən] 퍼-미션

- 허가하다, 승인하다 [타] **allow** [əláu] 얼라우

- 허락[허가]하다, 여지가 있다 [타][자] **permit** [pəːrmít] 퍼-밋

- 허리 [명] **waist** [weist] 웨이스트

- 헛된, 무익한, 몹시 뽐내는 [형] **vain** [vein] 베인

- 혀, 국어 [명] **tongue** [tʌŋ] 텅

- 혁명, 대변혁 [명] **revolution** [rèvəlúːʃən] 레벌루-션

- 현명한, 분별 있는 [형] **wise** [waiz] 와이즈

- 현실의, 실제의, 진짜의 형 **real** [ríːəl] 리-얼

- 현실의, 실제의, 현재의, 현행의 형 **actual** [ǽktʃuəl] 액추얼

- 협력하다, 협동하다 자 **cooperate** [kouápərèit] 코우아퍼레이트

- 형, 동생, 형제 명 **brother** [brʌ́ðər] 브러더

- 혜택, 이익 명 **benefit** [bénəfit] 베너핏

- 호기심이 강한, 이상한 형 **curious** [kjúəriəs] 큐(어)리어스

- 호소하다, 마음에 들다 자 **appeal** [əpíːl] 어필-

- 호수, 연못 명 **lake** [leik] 레이크

- 호의, 행위 명 **favor** [féivər] 페이버

- 혼동하다, 당황하게 하다 타 **confuse** [kənfjúːz] 컨퓨-즈

- 혼란, 혼동, 혼미, 당혹 명 **confusion** [kənfjúːʒən] 컨퓨-전

- 혼잡한, 붐비는, 만원의 형 **crowded** [kráudid] 크라우디드

- 혼합, 혼합물 명 **mixture** [míkstʃər] 믹스처

- 홀로의 형 **alone** [əlóun] 얼로운

- 홍수 명 **flood** [flʌd] 플러드

- 화가 난 형 **angry** [ǽŋgri] 앵그리

- 화나게 하다, 초조하게 하다 타 **irritate** [írətèit] 이러테이트

- 화요일 명 **Tuesday** [tjúːzdei] 튜―즈데이

- 화장실 명 **toilet** [tɔ́ilit] 토일럿

- 화장실, 세면실 명 **rest room** [restruːm] 레스트룸―

- 화학의, 화학적인 형 **chemical** [kémikəl] 케미컬

- 화학자, 〈영〉 약사, 약국 명 **chemist** [kémist] 케미스트

- 확신시키다, 납득시키다 타 **convince** [kənvíns] 컨빈스

- 확실히, 물론 부 **certainly** [sə́ːrtənli] 서―튼리

- 환경, 주위 몡 **environment** [inváiərənmənt] 인바이(어)런먼트

- 환대, 오락 몡 **entertainment** [èntərtéinmənt] 엔터테인먼트

- 환약, 알약 몡 **pill** [pil] 필

- 환영 몡 **welcome** [wélkəm] 웰컴

- 환자, 잘 견디는 휑 **patient** [péiʃənt] 페이션트

- 환호, 갈채 몡 **cheer** [tʃiər] 치어

- 활동적인, 활동 중인 휑 **active** [æktiv] 액티브

- 회 ,학회, 협회, 연구소 몡 **institute** [ínstətjù:t] 인스터튜-트

- 회담, 협의, 회의 몡 **conference** [kánfərəns] 칸퍼런스

- 회복, 부흥 몡 **recovery** [rikʌ́vəri] 리커버리

- 회사, 단체 몡 **company** [kʌ́mpəni] 컴퍼니

- 회의, 대회, 학회, 국회, 의회 몡 **congress** [káŋgris] 캉그리스

- 회의, 협의회, 지방 의회 명 **council** [káunsəl] 카운슬

- 회화, 대화 명 **conversation** [kùnvərséiʃən] 칸버세이션

- 획득하다, 얻다, 손에 넣다 타 **obtain** [əbtéin] 어브테인

- 효소 명 **zyme** [zaim] 자임

- 후한, 관대한, 많은, 자유주의의 형 **liberal** [líbərəl] 리버럴

- 훌륭한 형 **excellent** [éksələnt] 엑설런트

- 훔치다 타 **steal** [sti:l] 스틸-

- 훔치다, 집어내다 타 **pick** [pik] 픽

- 휘젓다, 움직이다, 감동시키다 타 **stir** [stəːr] 스터-

- 휘파람, 경적, 호루라기 명 **whistle** [hwísəl] 휘슬/위슬

- 휴가, 휴일, 방학 명 **vacation** [veikéiʃən] 베이케이션

- 휴식하다, 부수다 타 **break** [breik] 브레이크

- 휴식하다, 쉬다 [자] **rest** [rest] 레스트

- 휴일, 휴가 [명] **holiday** [hάlədèi] 할러데이

- 휴지, 중지 [명] **pause** [pɔ:z] 포-즈

- 흐르다, 물결처럼 지나가다 [자] **flow** [flou] 플로우

- 흐린, 구름이 낀 [형] **cloudy** [kláudi] 클라우디

- 흔들다, 끄덕이다 [타][자] **noddle** [nάdl] 나들

- 흔들다, 뒤흔들다 [타] **shake** [ʃeik] 셰이크

- 흔들리다, 매달리다 [자] **swing** [swiŋ] 스윙

- 흙, 토양 [명] **soil** [sɔil] 소일

- 흠잡다, 비평하다 [자] **criticize** [krítisàiz] 크리티사이즈

- 흡수하다, 빨아들이다 [타] **absorb** [əbsɔ́:rb] 업소-브

- 흥분 (상태), 자극 [명] **excitement** [iksáitmənt] 익사이트먼트

- 흥분시키는, 조마조마한 [형] **exciting** [iksáitiŋ] 익사이팅

- 흥분시키다, 자극하다 [타] **excite** [iksáit] 익사이트

- 흩뿌리다, 흩어지게 하다 [타] **scatter** [skǽtər] 스캐터

- 희망 없는, 가망 없는 [형] **hopeless** [hóuplis] 호우플리스

- 희망이 있는, 전도유망한 [형] **hopeful** [hóupfəl] 호우프펄

- 희미한, 흐릿한 [형] **faint** [feint] 페인트

- 희생, 희생물 [명] **sacrifice** [sǽkrəfàis] 새크러파이스

- 희생자, 피해자, 희생 [명] **victim** [víktim] 빅팀

- 힐끗 보다 [자] **glance** [glæns] 글랜스

- 힘, 세기, 체력, 강점 [명] **strength** [streŋkθ] 스트렝(크)스

- 힘, 폭력, 군대 [명] **force** [fɔːrs] 포-스

- 힘을 주다, ~할 수 있게 하다 [타] **enable** [enéibəl] 에네이블

한영 단어 | 635

> "Never put off till tomorrow
> what you can do today"
>
> 오늘에 할 일을 내일로 미루지 마라.

Part III
부록

- 로마자 한글 표기법
- 수사 읽는 방법
- 형용사·부사 변화표
- 불규칙 동사 변화표
- 불규칙 복수형 명사 변화표
- 철자와 발음법
- 주제별 영단어

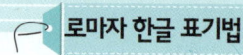

1. 모음

국어	ㅏ	ㅓ	ㅗ	ㅜ	ㅡ	ㅣ	ㅐ	ㅔ	ㅚ	ㅑ	ㅕ	ㅛ	ㅠ	ㅒ	ㅖ	ㅘ	ㅙ	ㅝ	ㅞ	ㅟ	ㅢ
표기법	a	eo	o	u	eu	i	ae	e	oe	ya	yeo	yo	yu	yae	ye	wa	wae	wo	we	wi	ui

2. 자음

국어	ㄱ	ㄲ	ㅋ	ㄷ	ㄸ	ㅌ	ㅂ	ㅃ	ㅍ	ㅈ	ㅉ	ㅊ	ㅅ	ㅆ	ㅎ	ㅁ	ㄴ	ㅇ	ㄹ
표기법	g/k	kk	k	d/t	tt	t	b/p	pp	p	j	jj	ch	s	ss	h	m	n	ng	r/l

3. 국어의 새 로마자표기법 용례

❶ ㄱ, ㄷ, ㅂ, ㅈ은 k, t, p, ch에서 g, d, b, j로 통일
 ex) 부산 : Pusan → Busan, 대구 : Taegu → Daegu
 (단 ㄱ, ㄷ, ㅂ이 받침에 올 때는 k, t, p로 / 곡성 → Gokseong, 무극 → Mugeuk)

❷ ㅋ, ㅌ, ㅍ, ㅊ은 k', t', p', ch'에서 k, t, p, ch로 변경
 ex) 태안 : T'aean → Taean, 충주 : Ch'ungju → Chungju

❸ ㅅ은 sh와 s로 나눠 적던 것을 s로 통일
 ex) 신라 : Shilla → Silla, 실상사 : Shilsangsa → Silsangsa

❹ 발음상 혼동의 우려가 있을 때 음절 사이에 붙임표(-)사용
 ex) 중앙 : Jung-ang

❺ 성과 이름은 띄어쓰고 이름은 붙여쓰되 음절 사이에 붙임표 사용 허용
 ex) 송나리 : Song Nari(또는 Song Na-ri)
 (단 이름에서 일어난 음운변화는 무시 : 김복남 Kim Boknam)

수사 읽는 방법

기 수	서 수
1 / one 2 / two 3 / three 4 / four 5 / five 6 / six 7 / seven 8 / eight 9 / nine 10 / ten 11 / eleven 12 / twelve 13 / thirteen 14 / fourteen 15 / fifteen 20 / twenty 21 / twenty-one 30 / thirty 40 / forty* 50 / fifty 100 / one hundred	1st / first 2nd / second 3rd / third 4th / fourth 5th / fifth* 6th / sixth 7th / seventh 8th / eighth* 9th / ninth* 10th / tenth 11th / eleventh 12th / twelfth* 13th / thirteenth 14th / fourteenth 15th / fifteenth 20th / twentieth* 21st / twenty-first 30th / thirtieth 40th / fortieth* 50th / fiftieth 100th / hundredth • hundred, thousand, million 등은 앞에 복수의 수가 올 때 복수형으로 하지 않음. ex) two hundred / three thousand • hundred, thousand 등이 복수형으로 쓰이면 「수백」, 「수천」의 뜻을 갖는다. ex) Thousands of people live near the lake.

수사 읽는 방법

1. 정수
23 -- twenty-three
99 -- ninety-nine
452 -- four-hundred (and) fifty-two
3,891 -- three-thousand eight-hundred (and) ninety-one
     = thirty-eight hundred (and) ninety-one
2,001 -- two thousand (and) one

2. 분수 (분자 : 기수, 분모 : 서수로 읽되, 특히 분자가 복수일 때는 분모에 's'를 붙임)
1/3 -- a third   2/3 -- two-thirds
1/2 -- a(one) half
1/4 -- a(one) quarter   3/4 -- three quarters

3. 소수 (정수 : 일반적인 방법, 소수이하 : 한 자리씩)
3.14 -- three point one four
26.43 -- twenty-six point four three
0.195 -- zero point one nine five

4. 연도 (뒤에서 두 자리씩 끊어 읽는다)
1999 -- nineteen ninety-nine
2000 -- (the year) two thousand (cf. Y2K)
2002 -- two thousand (and) two

5. 월일, 시각
April 6 -- April six = April (the) sixth
              = the sixth of April
3:00 -- three o'clock (sharp)
3:15 -- three fifteen = a quarter past three
3:30 -- three thirty = a half past three
3:45 -- three forty-five = a quarter to four

6. 전화 번호(한 자리씩 끊어 읽는다)

443-2868 -- four four three two eight six eight
712-9200 -- seven one two nine two o[ou] o[ou]
= seven one two nine two double o[ou]

7. 기타

Lesson 4 -- Lesson four = the fourth lesson (4과)
Track 2 -- Track two = the second track (2번 트랙, 2번 홈)
Gate 34 -- Gate thirty-four (34번 탑승구)
World War II -- World War two
= the second World War (2차 세계대전)
Elizabeth II -- Elizabeth the second (엘리자베스 2세)

형용사 · 부사 변화표

뜻	원급	비교급	최상급
추운	cold	colder	coldest
소수의	few	fewer	fewest
아주 큰	great	greater	greatest
넓은, 큰	large	larger	largest
바쁜	busy	busier	busiest
쉬운	easy	easier	easiest
큰	big	bigger	biggest
나쁜, 아픈	bad, ill	worse	worst
좋은, 잘	good, well	better	best
많은	many, much	more	most
적은, 작은	little	less	least
멀리, 먼	far	farther(거리)	further(정도)
		farthest	furthest

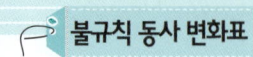

불규칙 동사 변화표

뜻	현 재	과 거	과거 분사
…이다	am, are, is	was, were(are)	been
…이 되다	become	became	become
시작하다	begin	began	begun
불다	blow	blew	blown
부수다	break	broke	broken
가져오다	bring	brought	brought
건축하다	build	built	built
사다	buy	bought	bought
잡다	catch	caught	caught
오다	come	came	come
자르다	cut	cut	cut
하다	do, does	did	done
마시다	drink	drank	drunk
운전하다	drive	drove	driven
먹다	eat	ate	eaten
느끼다	feel	felt	felt
찾아내다	find	found	found
잊다	forget	forgot	forgotten, forgot
얻다	get	got	gotten, got
주다	give	gave	given
가다	go	went	gone
가지다	have, has	had	had
듣다	hear	heard	heard
지키다	keep	kept	kept
놓다	lay	laid	laid
떠나다	leave	left	left
빌려주다	lend	lent	lent
눕다	lie	lay	lain
잃어버리다	lose	lost	lost
만들다	make	made	made
만나다	meet	met	met
지불하다	pay	paid	paid
놓다, 두다	put	put	put
읽다	read	read[red]	read[red]
달리다	run	ran	run
말하다	say	said	said

뜻	현재	과거	과거 분사
보다	see	saw	seen
보내다	send	sent	sent
흔들다	shake	shook	shaken
보여주다	show	showed	shown
노래하다	sing	sang	sung
앉다	sit	sat	sat
잠자다	sleep	slept	slept
냄새를 맡다	smell	smelt, smelld	smelt, smelled
말하다	speak	spoke	spoken
소비하다	spend	spent	spent
서다	stand	stood	stood
훔치다	steal	stole	stolen
수영하다	swim	swam	swum
잡다, 얻다	take	took	taken
가르치다	teach	taught	taught
말하다	tell	told	told
생각하다	think	thought	thought
이해하다	understand	understood	understood
이기다	win	won	won
쓰다	write	wrote	written

불규칙 복수형 명사 변화표

뜻	단수	복수
어린이	child	children
발	foot	feet
신사	gentleman	gentlemen
거위	goose	geese
남자	man	men
생쥐	mouse	mice
양	sheep	sheep
이	tooth	teeth
아내	wife	wives
여자	woman	women

철자와 발음법

1. 자음

알파벳	발음기호	보기
b	[b]	banish, bush, buzz
c	[k]	cake, corn, cane
c	[s]	rice, mice, pencils, difference,
d	[d]	diploma, discount, reduce
f	[f]	flank, flash, knife
g	[g]	ghost, gift, grape, grim
g	[j]	giraffe, cage, generous, gentle, ginger
h	[h]	hospital, husband, heave
j	[dʒ]	juice, join, jerk
k	[k]	kangaroo, kettle, lake
l	[l]	log, logics, lash
m	[m]	microscope, mean, magnet
n	[n]	notion, norm, neutral
p	[p]	ponder, pillar, prudent, stop
q	[k]	quick, quiet, quiver
r	[r]	rest, rabbit, recover, guitar
s	[s]	dress, mouse, house, socks
s	[z]	hose, nose, house, boys
t	[t]	tutle, tax, foot
ch	[tʃ]	cheap, chatter, chief
th	[ð]	these, therefore, thence
th	[θ]	thoughtful, tooth, throng
v	[v]	vigor, vine, drive
w	[w]	waterfall, wave, wheat
x	[k] [ʃ] [z] [éks]	ox, Xerox, X-ray
z	[z]	zebra, zigzag, zone

2. 모음

알파벳	발음기호	보기
단모음 a	[æ]	can, trap, rabbit
장모음 a	[ei]	rain, bait, tray, race
단모음 e	[e]	met, get, men, net
장모음 e	[i:] -/ea/ʒ /ee/	peek, sweet, wheel, team, read
단모음 i	[i]	pin, rip, spin, pillar, pillow
장모음 i	[ai]	kite, ride, pilot, slide
단모음 o	[o] [ɑ]	hot, rock, socks, sorrow
장모음 o	[ou]-/o/ʒ /oa/	bone, boat, toast, soak
단모음 oo	[u]	book, look, hood, foot
장모음 oo	[u:]	school, pool, boots, zoo
단모음 u	[ʌ]	ultimate, umbrella, unable, cup
장모음 u	[ju:]	mule, fuse, unity, universal
반모음 y	[j]	yacht, yearn, yawn

부록 주제별 영단어

주제별 영단어

가족

조부모	grandparents	그랜드페어런츠
할아버지	grandfather	그랜드파-더
할머니	grandmother	그랜드머더
부모	parents	페어런츠
아버지	father	파-더
어머니	mother	머더
남편	husband	허즈번드
아내	wife	와이프
아들	son	선
딸	daughter	도-터
형제	brother	브러더
자매	sister	시스터
누나	big sister	빅 시스터
삼촌	uncle	엉클
숙모	aunt	앤트
남자조카	nephew	네퓨
여자조카	niece	니스
이모	maternal aunt	머터늘 앤트
고모	paternal aunt	퍼터늘 앤트
사촌	cousin	커즌

몸

몸(신체)	body	바디
머리	head	헤드
머리카락	hair	헤어
얼굴	face	페이스
이마	forehead	포-헤드
관자놀이	temple	템플
눈	eye	아이
안구	eyeball	아이볼-
눈썹	eyebrow	아이브라우
눈꺼풀	eyelid	아이리드
속눈썹	eyelashes	아이래쉬즈
귀	ear	이어
귀청	eardrum	이어드럼
볼	cheek	차크
턱	chin	친
턱수염	beard	비어드
코	nose	노우즈
콧구멍	nostrils	노스트릴
콧수염	mustache	머스태
입	mouth	마우스
입술	lip	립

윗입술	upper lip	어퍼 립	팔꿈치 관절	elbow joint	엘보우 조인트
아랫입술	lower lip	로우어 립	손	hand	핸드
인중	philtrum	필트럼	손목	wrist	리스트
이	tooth(복수 teeth)	투-스(티-스)	손바닥	palm	팜
잇몸	gum	검	손가락	finger	핑거
혀	tongue	텅	엄지손가락	thumb	섬
목	neck	넥	집게손가락	index finger	인덱스 핑거
목구멍	throat	스로우트	가운데 손가락	middle finger	미들 핑거
목젖	uvula	유-뷜러	약지손가락	ring finger	링 핑거
어깨	shoulder	쇼울더	새끼손가락	little finger	리틀 핑거
가슴	chest	체스트	손가락 마디	finger joint	핑거 조인트
유방	breast	브레스트	지문	finger print	핑거 프린트
가슴(여자)	bust	버스트	손톱	fingernail	핑거네일
겨드랑이	armpit	암피트	주먹	fist	피스트
갈비뼈	rib	립	엉덩이	hip	힙
등	back	백	다리	leg	레그
등뼈	backbone	백보운	허벅다리	thigh	싸이
척추	spine	스파인	정강이	shank	섕크
배	abdomen	앱더먼	무릎	knee	니이
복부	belly	벨리	허리에서 무릎	lap	랩
허리	waist	웨이스트	종아리	calf	캐프
팔	arm	암	발	foot	풋
팔꿈치	elbow	엘보우	발목	ankle	앵클

한국어	영어	발음	한국어	영어	발음
발뒤꿈치	heel	힐	요도	urethra	유-리-스러
발가락	toe	토우	기관지	bronchus	브랑커스
발톱	toenail	토우네일			
피부	skin	스킨	**생리현상**		
근육	muscle	머슬	눈물	tear	티어
뼈	bone	보운	눈곱	eye-wax	아이 왁스
뇌	brain	브레인	콧물	snivel	스니벌
두개골	skull	스컬	코딱지	nose-wax	노우즈 왁스
혈관	blood vessels	블러드베셀	귀지	ear-wax	이어 왁스
정맥	vein	베인	비듬	scurf	스컬-프
동맥	artery	아터리	땀	sweat	스웨트
폐	lung	렁	침	spit	스피트
심장	heart	하-트	트림	belch	벨취
간	liver	리버	딸꾹질	hiccups	히커프
위	stomach	스터먹	재채기	sneezing	스니징
식도	gullet	걸리트	소변	urine	유어린
내장	bowel	바우얼	대변	ordure	어-절
대장	large intestine	라쥐 인테스틴	방귀	wind	윈드
소장	small intestine	스몰 인테스틴			
신장	kidney	키드니	**질병 증상**		
췌장	pancreas	팽크리어스	피로	fatigue	퍼티-그
십이지장	duodenum	듀-오더-넘	두통	headache	헤드에이크
방광	bladder	블랜더	편두통	migraine	마이그레인

빈혈증	anemia	어니미어
현기증	dizziness	디지니스
치통	toothache	투-스에이크
충치	cavity	캐버티
소화불량	indigestion	인디제스쳔
변비	constipation	칸스터페이션
설사	diarrhea	다이어리-어
치질	hemorrhoids	헤모로이즈
위통	stomachache	스터먹에이크
경련	cramp	크램프
감기	cold	콜드
유행성 감기	influenza	인플루엔저
발열	fever	피-버
기침	cough	커-프
재채기	sneezing	스니-징
기관지염	bronchitis	브랑카이티스
알레르기	allergy	앨러지
타박상	bruise	브루-즈
골절	fracture	프랙처
당뇨병	diabetes	다이어비-티스
뇌졸중	apoplexy	애퍼플렉시
천식	asthma	애즈머
관절염	arthritis	아쓰라이티스
암(종양)	cancer	캔서
간염	hepatitis	헤퍼타이티스
위염	gastritis	개스트라이티스
식중독	food poisoning	푸드 포이즈닝
위궤양	gastric ulcer	개스트릭 얼서
심장마비	heart failure	하아트 페일리어

약국

약국	drugstore	드러그스토-
약(내복약)	medicine	메디신
알약	pill	필
연고	salve	샐브
아스피린	aspirin	애스피린
감기약	cold medicine	콜드 매디신
해열제	antipyretic	앤티파이레틱
두통약	bromo	브로우모우
진통제	painkiller	페인킬러
소독약	disinfectant	디스인펙턴트
안약	eye drops	아이 드랍스
알코올	alcohol	앨커올
붕대	bandage	밴디쥐
반창고	adhesive tape	애드히시브 테잎
비타민	vitamin	바이터민

부록 - 주제별 영단어

병원

건강	health	헬쓰
병원	hospital	하스피틀
의사	doctor	닥터
내과의사	physician	피지션
외과의사	surgeon	서전
안과의사	ophthalmologist	압써마러지스트
치과의사	dentist	덴티스트
간호원	nurse	너-스
환자	patient	패이션트
맥박	pulse	펄스
혈압	blood pressure	블러드 프레셔
체온	temperature	템퍼러춰
주사	injection	인젝션
부상	injury	인쥬어리
응급	emergency	이머전시
입원	hospitalization	하스피터리제이션
응급 치료	first aid	퍼스트 에이드
외과	surgery	서-저리
수술	operation	오퍼레이션
구급차	ambulance	앰뷸런스
진단서	diagnosis	다이어그노우시스
처방전	prescription	프리스크립션
건강 증명서	health certificate	헬쓰 설티피커트

용모

날씬한	slim	슬림
마른	skinny	스키니
뚱뚱한	fat	팻
못생긴	ugly	어그리
보조개	dimple	딤플
여드름이 난	pimpled	핌플드
주름살	wrinkle	링클
둥근 얼굴	round face	라운드 페이스
짧은 머리	short hair	쇼트 헤어
긴 머리	long hair	롱 헤어
단발머리	bobbed hair	밥드 헤어
생머리	straight hair	스트레이트 헤어
곱슬머리	curly hair	커리 헤어
대머리	bald head	볼드 헤드
콧수염	mustache	머스태쉬
턱수염	beard	비어드
구레나룻	whisker	위스커

직업

직업	Occupation	아큐페이션
가수	singer	싱어
간호사	nurse	너-스
감독	director	디렉터
경찰관	policeman	펄리-스먼
공무원	public servant	퍼블릭 서번트
교수	professor	프러페서
기술자	engineer	엔지니어
기자	reporter	리포터
농부	farmer	파-머
목사	clergyman	클러쥐먼
목수	carpenter	카-펀터
미용사	hair-stylist	헤어 스타일리스트
배달부	deliveryman	딜리버리먼
배우	actor	액터
변호사	lawyer	로-이어-
비서	secretary	세크러테리
사서	librarian	라이브레어리언
사업가	businessman	비즈니스맨
사진사	photographer	퍼타그러퍼
선생님	teacher	티-처
세탁업자	laundryman	론드리먼
수녀	nun	넌
승무원	crew	크루-
신부	priest	프리이스트
아나운서	announcer	어나운서
여자승무원	stewardess	스튜-어디스
요리사	cook	쿡
우편집배원	mailman	메일맨
음악가	musician	뮤-지션
의사	doctor	닥터
이발사	barber	바-버
재단사	tailor	테일러
전문직	professional	프러페셔널
정육점 주인	butcher	부처
정치가	statesman	스테이츠먼
조종사	pilot	파일럿
치과의사	dentist	덴티스트
통역사	interpreter	인터프리터
화가	painter	페인터
회계사	accountant	어카운턴트

회사(부서)

한글	영어	발음
비서실	Secretariat	세크뤄테어뤼엇
승진(진급)	promotion	프로모션
임금인상	pay raise	페이 뤠이즈
재무부	Finance Div.	화이낸스 디뷔전
강등	demotion	디모션
인사이동	reshuffle	뤼셔플
설계부	Designing Div.	디자이닝 디뷔전
구매부	Purchasing Div.	퍼-춰싱 디뷔전
감사부	Inspection Div.	인스펙션 디뷔전
퇴직	retirement	뤼타이어-먼트
해고	dismissal	디스미설
회계	treasurer	트뤠저뤄-
회계감사실	Audition Dept.	어디션 디팟먼트
수출부	Export Dept.	익스펏 디팟먼트

회사(직위)

한글	영어	발음
간부	executive	이그제큐티브
감독(현장주임)	supervisor	수퍼바이저
경리부장	finance manager	화이낸스 매니저-
과장	section chief	섹션 치-프
관리자	administrator	어드미니스트레이터
기획자	planner	플래너
마케팅부장	marketing manager	마-케팅 메니저-
봉급(월급)	salary	쌜러뤼
부사장	vice-president	봐이스 프레지던트
부장대리	acting manager	액팅 매니저-
부지배인	assistant manager	어시스턴트 매니저
부회장	vice-chairman	봐이스 체어-먼
비서	secretary	세크뤄테뤼
사임	resignation	뤠지그네이션
사장	president	프레지던트
상무이사	managing director	매니징 디렉터-
수출부장	export manager	익스폿 매니저-
실장	office manager	어피스 매니저
인사담당이사	personnel director	퍼-스널 디렉터-
인사부장	personal manager	퍼-스털 매니저-
전무	managing director	매니징 디렉터
전무이사	executive director	익스큐티브 디렉터-
조수	assistant	어시스턴트
지배인	manager	매니저
지점장	branch manager	브랜치 매니저
차장	assistant manager	어시스턴트
최고경영자	CEO (chief executive officer)	씨이오
회장	chairman	체어-먼

의복

옷(의복)	Clothes	클로우드즈
옷(한 벌)	suit	수-트
신사복	business suit	비즈니스 수-트
남자 예복	dress suit	드레스 수-트
상의	jacket	재킷
남자바지	trousers	트라우저즈
와이셔츠	shirt	셔-트
넥타이	necktie	넥타이
소맷부리	cuff	커프
소맷부리 단추	cuff link	커프 링크
호주머니	pocket	파킷
주름	pleat	플리트
소매길이	sleeve length	슬리브 렝쓰
어깨길이	shoulder length	쇼울더 렝쓰
윗가슴둘레	bust	버스트
허리둘레	waist	웨이스트
원피스	one-piece dress	원 피스 드레스
외투	overcoat	오우버코우트
원피스(여성복)	dress	드레스
블라우스	blouse	블라우스
스카프	scarf	스카프
팬티스타킹	pantihose	팬티호우즈
치마	skirt	스카-트
바지	pants	팬츠
느슨한 바지	slacks	슬랙스
조끼	vest	베스트
진바지	jeans	진-스
청바지	blue jeans	블루 진-스
스웨터	sweater	스웨터
티셔츠	T-shirts	티-셔츠
직물	textile	텍스타일
실크	silk	실크
탈의실	fitting room	피팅 룸
속옷	underwear	언더웨어
속치마(슬립)	slip	슬립
팬츠(남자)	shorts	쇼-츠
짧은 양말	socks	삭스
긴 양말	stocking	스타킹

색상

갈색	brown	브라운
강한 핑크	rose pink	로즈 핑크
검은색	black	블랙
겨자색	mustard	머스터드
금발의	blond(e)	블론드

남색	deep/blue	디프-/블루	은백색	silver	실버
남청색	indigo blue	인디고우 블루	자주색	purple	퍼플
노란색	yellow	옐로우	주홍색	scarle/vermilion	스칼-릿
녹색(초록색)	green	그린	진홍색	crimson	크림전
담황색	buff	버프	짙은 남색	navy blue	네이비 블루
레몬색	lemon	레몬	짙은 자주	raspberry red	래즈베리 레드
루비색	ruby	루비	청록색	bluish green	블루-위시 그린
백색	white	화이트	파란색	blue	블루
베이지색	beige	베이지	하늘색	azure	애저
보라색	violet	바이얼릿	하얀색	white	화이트
분홍색	pink	핑크	호박색	amber	앰버
비취색	jade	쮀이드	황금색	gold	고울드
빨간색	red	레드	황록색	moss green	모스 그린
선홍색	cherry	쮀리	회색	gray	그레이
순백색	pure white	퓨어화이트			
아이보리색	ivory	아이버리	**패션용품**		
에메랄드색	emerald	에머럴드	액세서리	accessories	액쎄서리즈
연두색	yellowish green	옐로위시 그린	목걸이	necklace	네크리스
연보라	lavender/orchid	랜번더/오-키드	귀고리	earring	이어링
연한 핑크색	baby pink	베이비 핑크	반지	ring	링
연한 하늘색	baby blue	베이비 블루	팔찌	bracelet	브레이슬릿
옅은 갈색의	brunete	블루-네트	보석	jewelry	쥬얼리
오렌지색	orange	오린지	모조품	imitation	이미테이션

머리핀	hairpin	헤어핀	잠금장치	clasp	크래스프
브로치	brooch	브로우치	가죽제품	leather goods	레더 굿즈
시계	watch	워치	소가죽	calf leather	캐프 레더
넥타이핀	tiepin	타이핀	모조가죽	imitation leather	이미테이션 레더
벨트	belt	벨트			
모자	hat	햇	**집**		
장갑	glove	글러브	저택	mansion	맨션
벙어리장갑	mitten	미튼	벽돌 주택	adobe house	어도비하우스
신발(구두)	shoes	슈-즈	연립주택	town house	타운 하우스
술(장식)	tassel	태설	아파트	apartment building	어파트먼트 빌딩
스티치	stitching	스티칭	집(주택)	house	하우스
버클	buckle	버클	계단	stairs	스테어즈
운동화	sneakers	스니-커즈	덧문	shutter	셔-터
끈	string	스트링	문	door	도-
가죽 구두	leather shoes	레더 슈즈	지붕	roof	루-프
스웨이드 구두	suede shoes	스웨이드 슈즈	우편함	mailbox	메일박스
앵클 부츠	ankle boots	앵클 부-츠	문패	nameplate	네임플레이트
지갑	wallet	월렛	지하실	basement	베이스먼트
동전 지갑	ooin purse	쿠인 퍼스	차고	garage	거라-지
배낭	knapsack	냅색	현관의 입구	front door	프런트 도-
손가방	handbag	핸드백	현관의 홀	front hall	프런트 홀-
가죽가방	leather bag	래더 백	다용도실	utility room	유틸리티 룸
가죽끈	strap	스트랩	마루	floor	플로-

창문	window	윈도우
침실	bedroom	배드 룸-
손님용 침실	guest room	게스트 룸-
거실	living room	리빙 룸-
공부방	study	스터디
다락방	attic	애틱
세탁실	laundry room	론-드리 룸
창고	cellar	셀러
식당	dining room	다이닝룸
욕실	bathroom	배스룸-
욕조	bathtub	배스텁
변기	toilet	토일릿

방

침대	bed	베드
깔개	rug	러그
등불	lamp	램프
에어컨	air conditioner	에어 컨디셔너
서가	bookshelf	북셸프
책장	bookcase	북케이스
책상	desk	데스크
옷장	closet	클로짓
옷걸이	hanger	행거
선반	shelf	셸프
화장대	dresser	드레서
신발장	footwear	후트웨어
의자	chair	체어
달력	calendar	캘린더
사진	photograph	포우터그래프
그림	picture	픽처
포스터	poster	포우스터
지구의	globe	글로우브
플라스틱 모형	plastic model	플라스틱 마들
카세트	cassette	커셋
쓰레기통	wastebin	웨이스트빈

부엌

부엌	kitchen	키친
냉장고	refrigerator	리프리저레이터
과즙기	juicer	주-서
믹서	blender	브렌더
토스터	toaster	토우스터
접시	plate	플레이트
계량컵	measuring cup	메저링 컵
국자	ladle	레이들
달걀 교반기	eggbeater	에그비-터

한국어	영어	한글 발음		한국어	영어	한글 발음
찬장	cupboard	커버드	**식탁**			
스튜 냄비	saucepan	소-스팬	식탁	dinner table	디너 테이블
물주전자	jug	저그	식탁예절	table manners	테이블 매너즈
수도꼭지	faucet	포-싯	식탁 의자	dinner table chair	디너 테이블 체어
석쇠	grill	그릴	식탁보	tablecloth	테이블크로쓰
프라이팬	frying pan	프라이잉 팬	냅킨	napkin	냅킨
개수대	sink	싱크	포크	fork	포크
요리기구	cooker	쿠커	칼	knife	나이프
주전자	kettle	케틀	숟가락	spoon	스푼
가스레인지	gas range	개스 레인지	도자기	china	차이너
오븐	oven	어번	사발	bowl	보울
납작한 냄비	pan	팬	큰 접시	dish	디쉬
혼합용 사발	mixing bowl	믹싱 보울	얕은 접시	plate	프레이트
밀방망이	rolling pin	로울링 핀	수프 그릇	soup bowl	수-프 보울
부엌칼	kitchen knife	키친 나이프	커피 주전자	coffee port	커피 파트
도마	cutting board	커팅 보-드	받침 접시	saucer	소서
고무장갑	rubber gloves	러버 글러브즈	물잔	water glass	워터 글래스
세제	detergent	디터-전트	와인 잔	wine glass	와인 그래스
설거지통	dishpan	디시팬	샐러드 접시	salad plate	샐러드 프레이트
쌀통	rice chest	라이스 체스트	정찬용 접시	dinner plate	디너 프레이트
			수프용 스푼	soupspoon	수-프 스푼
			식탁용 소금	table salt	테이블 솔트
			꽃병	flower vase	플라워 베이스

유리물병	carafe	커래프
이쑤시개	tooth pick	투스픽

식당

요리점	restaurant	레스터런트
식당	dining room	다이닝 룸
뷔페	buffet	부페
간이식당	diner	다이너
카페테리아	cafeteria	캐피티어리어
분식점	snack bar	스낵 바
프랑스요리점	French restaurant	프렌치 레스토런트
이탈리아식당	Italian restaurant	이텔리언레스토런트
중국 요리점	Chinese restaurant	차이니즈레스토런트
한국 요리점	Korean restaurant	코리언레스토런트
인도 요리점	Indian restaurant	인디언레스토런트
식사	meal	밀
아침식사	breakfast	블렉퍼스트
점심식사	lunch	런치
저녁식사	dinner	디너
전채요리	appetizer	에피타이저
주요리	main dish	메인 디쉬
후식	dessert	디저트
묽은 수프	broth	브러쓰
맑은 수프	consomme	컨써메이
진한 수프	potage	포우타지
야채 수프	vegetable soup	베지타블 수프
해산물요리	seafood	시푸드
튀긴생선요리	fried fish	프라이드 피쉬
가재요리	lobster	랍tm터
향토요리	local dish	로컬 디쉬

식품

고기	meat	미트
스테이크	steak	스테이크
쇠고기	beef	비프
닭고기	chicken	치킨
돼지고기	pork	포크
오리고기	duck	덕
칠면조고기	turkey	터어키
송아지고기	veal	비일
양고기	mutton	머튼
등심	sirloin	서로인
돼지 다리고기	ham	햄
소시지	sausage	소시지
치즈	cheese	차-즈
밥	rice	라이스

빵	bread	브레드
롤빵	roll	로울
국수	noodle	누들
샐러드	salad	샐러드
푸딩	pudding	푸딩

음료/술

음료/술	liquor	리쿼
백포도주	white wine	화이트 와인
적포도주	red wine	레드 와인
브랜디	brandy	브랜디
칵테일	cocktail	칵테일
샴페인	champagne	샴페인
스카치	scotch	스카치
위스키	whisky	위스키
맥주	beer	비어
생맥주	draft beer	드래풋 비어
청량음료	soft drink	소프트 드링크
콜라	coke	코욱
오렌지 주스	orange juice	오린쥐 쥬스
토마토 주스	tomato juice	터매이토우 쥬스
커피	coffee	커피
코코아	cocoa	코우코우
녹차	green tea	그린티
홍차	tea	티

양념류

겨자	mustard	머스터드
고추	red pepper	레드 페퍼
마늘	garlic	갈릭
설탕	sugar	슈거
간장	soy sauce	소이 소스
후추	pepper	페퍼
소금	salt	솔트
식초	vinegar	비니거
조미료	seasoning	사-저닝
드레싱	dressing	드레싱
기름	oil	오일
마요네즈	mayonnaise	메이어네이즈
케첩	ketchup	케첩
고추향료	paprika	패프리커
분말양파	onion power	어니언 파우어

조리법

살짝 익히다	rare	레어
중간 쯤 익히다	medium	미디움

부록 – 주제별 영단어

완전히 익히다	well-done	웰던
날것으로 먹다	eat raw	이트 로-
튀기다	fried	프라이드
끓이다	boiled	보일드
살짝 데치다	parboil	파보일
굽다	baked	베익트
석쇠에 굽다	grilled	그릴드
불에 굽다	barbecued	바비큐드
훈제하다	smoked	스모우크트
찌다	steamed	스팀드
다지다	hashed	해쉬드
얇게 저민 고기	cutlet	커틀릿
얇게 썰다	sliced	슬라이스트
차게 하다	chilled	치일드
얼리다	frozen	프로즌

일용품

일용품	daily needs	데일리 니-즈
비누	soap	소우프
수건, 타월	towel	타우얼
목욕 수건	bath towel	바스 타우얼
화장지	tissues	티슈-즈
휴지	toilet paper	토일럿 페이퍼
손톱깎이	nail clippers	네일 클리퍼즈
칫솔	toothbrush	투-스브러시
치약	toothpaste	투-스페이스트
실	thread	스레드
바늘	needle	니-들
호스	hose	호우즈
회중전등	flashlight	플래시라이트
솔	brush	브러시
비	broom	브룸-
쓰레받기	dustpan	더스트팬
양동이	bucket	버킷
스펀지	sponge	스펀지
압핀	thumbtack	섬택
안전핀	safety pin	세이프티 핀
우산	umbrella	엄브렐러
옷걸이	hanger	행어-
진공청소기	vacuum cleaner	배큐엄 클리-너
걸레	dust-cloth	더스트클로-스
재떨이	ashtray	애쉬트레이
휴지통	wastebasket	웨이스트배스킷

정원

한글	영어	발음
가든	Garden	가든
정원등	garden lamp	가든 램프
안뜰	patio	패티오우
테라스	terrace	테러스
울타리	fence	펜스
헛간	shed	셰드
나무	tree	트리-
퍼걸러	pergola	퍼-걸러
가장자리	edging	에징
관목	bush	부시
연못	pond	판드
화단	flower bed	플라우어 베드
통(물통)	tub	터브
판석	flagstone	플래그스토운
산울타리	hedge	헤지
바위로 된 정원	rock garden	락 가든
정원 보도	path	패스
잔디	lawn	론-
잔디 깎는 기계	lawn mower	론-모우어
제초기	weeder	위-더
낙엽갈퀴	lawn rake	론-레이크
일륜차	wheelbarrow	휠-배로우
물뿌리개	watering can	워-터링 캔
모종삽	trowel	트라우얼
삽(부삽)	shovel	셔벌
손갈퀴	hand fork	핸드 포-크

예술

한글	영어	발음
예술(미술)	art	아-트
연주회	concert	칸서-트
전시회	exhibition	엑서비션
박람회	fair	페어
미술관	gallery	갤러리
그림	picture	픽처
디자인	design	디자인
사진	photograph	포우터그래프
음악가	musician	뮤-지션
음악	music	뮤-직
재즈	jazz	재즈
록음악	rock music	락 뮤-직
합창	chorus	커-러스
발레	ballet	밸레이
오페라	opera	아퍼러
뮤지컬	musical	뮤-지컬
코미디	comedy	카머디

만화	cartoon	카-투운
영화	movie	무-비
연극	play	플레이
극장	theater	씨어터
무대	stage	스테이지
관객	audience	오디언스
객석	auditorium	오더토리엄
연기	performance	퍼포먼스

악기

악기	instruments	인스트러먼츠
첼로	cello	첼로우
바이올린	violin	바이얼린
기타	guitar	기타-
밴조	banjo	밴조우
피아노	piano	피애노우
오르간	organ	어-르건
아코디언	accordion	어커-디언
드럼(북)	drum	드럼
심벌즈	cymbals	심벌즈
프렌치 호른	French horn	프렌치 혼-
하프	harp	하-프
트라이앵글	triangle	트라이앵글

색소폰	saxophone	색서포운
탬버린	tambourine	탬버린-
실로폰	xylophone	자이러포운
플루트	flute	플루-트
트럼펫	trumpet	트럼핏

운동

스포츠	sport	스포-트
체육관	gymnasium	짐네이지엄
경기장	field	필-드
트랙(경주로)	track	트랙
육상경기	athletics	애슬레틱스
축구	soccer	사커
야구	baseball	베이스볼-
배구	volleyball	발리볼-
농구	basketball	배스킷볼-
수영	swimming	스위밍
수영장	swimming pool	스위밍 풀-
경마	horse racing	호-스 레이싱
정구	tennis	테니스
펜싱	fencing	펜싱
스키	ski	스키

스포츠용품

한글	영어	발음
스포츠용품	sports goods	스포-츠 구즈
배구공	volleyball	발리볼-
농구공	basketball	배스킷볼-
축구공	soccer ball	사커 볼-
미식축구공	football	풋볼-
야구공	baseball	베이스볼-
야구 배트	bat	뱃
야구 글러브	glove	글러브
야구 미트	mitt	밋
스케이트화	skates	스케이츠
롤러스케이트	roller skates	로울러 스케이츠
썰매	sleigh	슬레이
하키용 스틱	hockey stick	하키 스틱
퍽	puck	퍽
테니스공	tennis ball	테니스 볼-
로프	rope	로우프
라켓	racket	래킷
테니스 라켓	tennis racket	테니스 래킷
아령	dumbbell	덤벨
복싱 글러브	boxing gloves	박싱 글러브즈
활과 화살	bow and arrow	보우 언드 애로우
가슴받이	pad	패드
스키 스틱	ski poles	스카-포울즈

학교

초등학교	elementary school	엘러멘터리 스쿨
중학교	middle school	미들 스쿨
고등학교	high school	하이 스쿨
단과 대학	college	칼리지
종합 대학	University	유-너버-서티
전문 대학	Junior College	주-니어 칼리지
모교	mother school	머더-스쿨-
업무과	business office	비즈니스오피스

대학교

한글	영어	발음
출석하다	attend	어텐드
숙제	assignment	어사인먼트
제출하다	turn in	턴 인
낙제하다	flunk	플렁크
전공	major	메이저-
수강 신청하다	sign up for	사인 업 풔-
1학년	freshman	프레시먼
2학년	sophomore	소퍼모어
3학년	junior	주-니어
4학년	senior	시-니어

중퇴자	drop-out	드롭 아웃	가정학	domestic science	데메스틱 서비스
휴학생	stop-out	스톱 아웃	건축학	architecture	아-커텍춰-
학장, 교장	dean	단-	경영학	management	매니지먼트
조교	tutor	튜-터-	경제학	economics	이커나믹스
전임강사	instructor	인스트럭터	고고학	archaeology	아-키알러지
준학사	associate	어소쉬에이트	공예학	technology	테크날러지
조교수	assistant professor	어시스턴스프러페서	공학	engineering	엔지니어링
교수	professor	프러페서	기하학	geometry	지오미트리
동창생	alumni	얼럼너스	논리학	logic	라직
학비	school tuition	스쿨-튜-이션	문학	literature	리터러처
학사 논문	thesis	싸-시스	물리학	physics	피직스
석사/박사논문	dissertation	디서테이션	법학	law	라-
학술 논문	treatise	트라-티스	사회학	sociology	소우시알러지
학사학위	bachelor's degree	배철러스 디그라-	생명공학	bio technology	바이오 테크날러지
박사학위	doctorate	닥터리트	생물학	biology	바이알러지
학위	degree	디그리-	생태학	ecology	이-칼러지
학점	credit unit	크레디트 유니트	수학	mathematics	매쓰매틱스
성적표	transcript	트랜스크립트	신학	theology	시알러지
입학	admission	애드미션	심리학	psychology	사이칼러지
졸업장	diploma	디플로머	언어학	linguistics	링위스틱스
기말고사	final exams	파이널 이그잼스	역사학	history	히스터뤼
중간고사	Mid-Term Exams	미드 텀-그잼스	영문학	english literature	잉글리쉬 리터러처-

학과

우주과학	space science	스페이스 사이언스
윤리학	ethics	에식스
의학	medical science	메디컬 사이언스
인류학	anthropology	앤쓰뤄팔러지
재정학	finance	화이낸스
전자공학	electronics	일렉트라닉스
정치학	politics	팔리틱스
조류학	ornithology	어너쌀러지
지구과학	earth science	어-스
지리학	geography	자-아그러피
지질학	geology	지알러지
천문학	astronomy	어스트라너미
철학	philosophy	필라서피
체육학	physical education	피지컬 에듀케이션
컴퓨터 과학	computer science	컴퓨러 사이언스
화학	chemistry	케이스트뤼
회계학	accounting	어카운팅

도서관

사서	librarian	라이브러리언
사전	dictionary	딕셔너리
백과 사전	encyclopedia	엔사이클로파-디어
간행물 색인	periodical index	피어리아디컬인덱스
참고 도서	reference book	레퍼런스 북
도서목록	bibliography	비블리아그러피
대출	check out	첵크 아웃
안내창구	information desk	인포메이션 데스크

관공서

관공서	Public Office	퍼블릭 오-피쓰
경찰서	police station	펄리-스 스테이션
파출소	police box	펄리쓰 박스
소방서	firehouse	파이어하우스
시청	city hall	시리 홀
우체국	post office	포우스트 오-피스
대사관	embassy	앰버씨
영사관	consulate	칸슐리트
은행	bank	뱅크
교회	church	처-치
영화관	cinema	시너머
병원	hospital	하스피틀
호텔	hotel	호우텔

상점

가게, 상점	store	스토-
쇼핑센터	shopping center	샤핑 센터

백화점	department store	디파-트먼트 스토-	빵집	bakery	베이커리
면세점	tax-free shop	택스프리 샵	애완동물 가게	pet shop	펫 샵
기념품점	souvenir shop	수버니어 샵			
선물용품 가게	gift shop	기프트 샵	_거리_		
골동품점	antique shop	앤틱 샵	도로	road	로우드
골프용품점	golf goods shop	갈프 굳즈 샵	(미인도/보도)	sidewalk	사이드워-크
스포츠용품점	sporting goods shop	스퍼팅 굳즈 샵	(영인도/보도)	pavement	파브먼트
화장품 가게	cosmetic shop	코즈메틱 샵	횡단보도	pedestrian crossing	피데스트리언크로싱
장난감 가게	toy shop	토이 샵	도로 교차점	crossing	크로-싱
매장 안내소	information booth	인포메이션 부스	건널목	grade crossing	그레이드 크로-싱
편의점	convenience store	컨비니언스 스토-	십자로	crossroad	크로-스로우드
식료품점	grocery	그로써리	통행인	passer-by	패서바이
가구점	furniture store	퍼니쳐 스토-	도로 표지	street sign	스트라-트 사인
서점	bookstore	북스토-	교통신호등	traffic light	트래픽 라이트
문구점	stationery shop	스테이셔너리 샵	상품진열창	show window	쇼우윈도우
미용실	beauty shop	뷰-티 샵	공중전화 부스	telephone booth	텔러포운 부-스
약국	drugstore	드러그스토-	가로등	street light	스트라-트 라이트
커피점	coffee shop	코-피 샵			
이발소	barber shop	바-버 샵	_공원_		
레코드 가게	record shop	레커드 샵	공원	Park	파-크
신발가게	shoe shop	슈- 샵	매점	kiosk	카-아스크
열쇠가게	key shop	카- 샵	나무	tree	트리-
정육점	meat market	미-트 마-킷	화단	flower bed	플라우어 베드

한국어	영어	발음	한국어	영어	발음
조상	statue	스태추-	소방차	fire truck	파이어 트럭
분수	fountain	파운튼	구급차	ambulance	앰뷸런스
못(연못)	pond	판드			
유모차	buggy	버기	**방향**		
세발자전거	tricycle	트라이시클	앞	front	프런트
산울타리	hedge	헤지	뒤	rear	뤼어
벤치	bench	벤치	옆	side	사이드
스쿠터	scooter	스쿠-터	반대편	opposite side	아퍼짓 사이드
			오른쪽방향	right side	라이트 사이드
교통질서			왼쪽방향	left side	레프트 사이드
일방통행	one way	원 웨이	직진	straight ahead	스트레잇 어헤드
좌측통행	keep left	킵 래프트	동쪽/동쪽의	east/eastern	이스트/이스턴
추월금지	no passing	노우 패씽	서쪽/서쪽의	west/western	웨스트/웨스턴
통행금지	road closed	로우드 크로우즈드	남쪽/남쪽의	south/southern	사우쓰/서던
주차장	parking lot	파킹 랏	북쪽/북쪽의	north/northern	노쓰/노던
주차금지	no parking	노우 파킹	이쪽	this side	디스 사이드
신호	signal	시그널	저쪽	over there	오우버 데어
서행	slow	슬로우			
도로 표지	street sign	스트리트 사인	**교통수단**		
교통경찰	traffic police	트래픽 폴리스	지하철	subway	서브웨이
교통표지	traffic sign	트래픽 사인	지하철역	subway station	서브웨이 스테이션
교통망	traffic network	트래픽 네트웍	매표소	ticket office	티킷 오피스
순찰차	patrol car	퍼트로울 카-	매표구	ticket window	티킷 윈도우

버스	bus	버스	플랫폼	platform	플랫폼
시내버스	local bus	로우컬 버스	개찰구	wicket	위킷
관광버스	sightseeing bus	사이트시잉 버스	대합실	waiting room	웨이팅 룸
버스요금	bus fare	버스 페어	갈아타는 곳	transfer gate	트랜스퍼 게이트
버스정류장	bus stop	버스 스탑	트럭	truck	트럭
택시	taxi	택시	승용차	passenger car	패선저 카
기본요금	minimum fare	미니멈 페어	운전면허증	driver's license	드라이버즈라이센스
할증요금	extra fare	엑스트러 페어	도로지도	road map	로드 맵
거스름돈	change	체인쥐	경주용자동차	racing car	레이싱 카
택시 승차장	taxi stand	택시 스탠드	스포츠카	sports car	스포츠 카
기차	train	트레인	오픈카	convertible	컨버터블
편도기차표	one way ticket	원 웨이 티킷	자전거	bicycle	바이시클
왕복기차표	round trip ticket	라운드 트립 티킷	오토바이	motorcycle	모우터사이클
보통열차	local train	로우컬 트레인	헬리콥터	helicopter	헬리캅터
급행열차	express train	익스프레쓰 트레인	제트 여객기	jet passenger plane	젯 패선저 플레인
야간열차	night train	나잇 트레인	경비행기	lightplane	라이트플레인
초특급 열차	superexpress	수-퍼익스프레쓰	여객선	passenger ship	패선저 십
승객	passenger	패선저	여객선	passenger boat	패선저 보우트
객차	coach	코우치	승선권	passenger ticket	패선저 티킷
침대차	sleeping car	슬리핑 카	구명복	life jacket	라입 재킷
식당차	dinning car	다이닝 카	페리	ferry	페리
철도역	Railway Station	레일웨이 스테이션	범선	sailer	세일러
역장	stationmaster	스테이션매스터	요트	yacht	얏

어선	fishing boat	피싱 보우트	바다	sea	시-
노 젓는 배	rowing boat	로우잉 보우트	강	river	리버
모터보트	motorboat	모우터보우트	숲	forest	포-리스트
화물선	freighter	프레이터	곶(갑)	cape	케이프
예인선	tugboat	터그보우트	해안	coast	코우스트
컨테이너수송선	container ship	컨테이너 십	언덕	hill	힐
유조선	tanker	탱커	호수	lake	레이크
항구	harbor	하-버	일출	sunrise	선라이즈
부두	pier	피어	일몰	sunset	선셋
방파제	breakwater	브레이크워-터	수평선	horizon	허라이즌
등대	lighthouse	라이트하우스	파도	wave	웨이브
항만청	harbor office	하-버 오-피스	비탈	slope	슬로우프
			목장	pasture	패스처

자연

자연	Nature	네이처
하늘	sky	스카이
공기	air	에어
태양	sun	선
구름	cloud	클라우드
별	star	스타-
달	moon	문-
육지	land	랜드
산	mountain	마운튼

날씨

날씨	Weather	웨더
일기도	weather map	웨더 맵
바람개비	weather vane	웨더 베인
온도계	thermometer	서마머터
비	rain	레인
구름	cloud	클라우드
새털구름	cirrus cloud	시러스 클라우드
뭉게구름	cumulus	큐-뮬러스

부록 - 주제별 영단어

눈	snow	스노우
무지개	rainbow	레인보우
홍수	flood	플러드
번개	lightning	라이트닝
진눈깨비	sleet	슬리-트
비구름	rain cloud	레인 클라우드
회오리바람	tornado	토-네이도우

동물

호랑이	tiger	타이거
사자	lion	라이언
표범	panther	팬서
코끼리	elephant	엘러펀트
사슴	deer	디어
말	horse	호-스
얼룩말	zebra	자-브러
원숭이	monkey	멍키
염소	goat	고우트
곰	bear	베어
고래	whale	훼일 / 웨일
돌고래	dolphin	달핀
코뿔소	rhinoceros	라이나서러스
여우	fox	팍스
기린	giraffe	저래프
낙타	camel	캐멀
판다	panda	팬더
늑대	wolf	울프
악어	crocodile	크라커다일
하마	hippo	히포우

조류

독수리	eagle	이-글
매	hawk	호-크
바다갈매기	sea gull	사-걸
앵무새	parrot	패럿
카나리아	canary	커네(어)리
종달새	lark	라-크
독수리	vulture	벌처
갈매기	gull	걸
참새	sparrow	스패로우
까마귀	crow	크로우
학	crane	크레인
홍학	flamingo	플러밍고우
백조	swan	스완
제비	swallow	스왈로우
올빼미	owl	아울

공작(수컷)	peacock	파-칵
타조	ostrich	아스트리치
꿩	pheasant	페즌트
칠면조	turkey	터-키
암탉	hen	헨
수탉	cock / rooster	칵 / 루-스터
병아리	chicken / chick	치킨 / 칙
펭귄	penguin	펭귄
딱따구리	woodpecker	우드페커

어패류

연어	salmon	새먼
정어리	sardine	사-딘-
참치	tuna	튜-너
대구	cod	카드
(관상용) 구피	guppy	거피
송어	trout	트라우트
농어	perch	퍼-치
가오리	stingray	스팅레이
뱀장어	eel	일-
상어	shark	샤-크
메기	catfish	캣피시
잉어	carp	카-프

가자미(넙치)	flatfish	플랫피시
금붕어	goldfish	고울드피시
가다랭이	bonito	버니-토우
전갱이	horse mackerel	호-스 매커럴
청어	herring	헤링
황새치	swordfish	소-드피시
오징어	squid	스퀴드
문어(낙지)	octopus	악터퍼스
게	crab	크랩
바다가재	lobster	랍스타
조개	shellfish	쉘피시
대합조개	clam	클램
가리비	scallop	스칼럽
전복	abalone	애벌로운
새우	shrimp	쉬림프
참새우	prawn	프론

곤충

곤충	Insects	인섹츠
누에	silkworm	실크웜-
잠자리	dragonfly	드래건플라이
나방	moth	모-스
나비	butterfly	버터플라이

매미	cicada	시케이더
털벌레	caterpillar	캐터필러
수생곤충	water bug	워-터버그
사슴벌레	stag beetle	스태그비-틀
딱정벌레	beetle	비-틀
메뚜기	grasshopper	그래스하퍼
바퀴(벌레)	cockroach	카크로우치
무당벌레	ladybug	레이디버그
개똥벌레	firefly	파이어플라이
파리	fly	플라이
귀뚜라미	cricket	크리킷
하늘소	longicorn	란저콘-
모기	mosquito	머스카-토우
개미	ant	앤트
꿀벌	honeybee	허니비-
벌	bee	비-
여치	katydid	케이티디드
사마귀	mantis	맨티스

나무

소나무	pine	파인
은행나무	ginkgo	징코우
단풍나무	maple	메이플
버드나무	willow	윌로우
잣나무	pine nuts	파인 넛츠
오크	oak	오우크
자작나무	birch	버-치
씨	seed	사-드
나뭇잎	leaf	리-프
나무줄기	trunk	트렁크
나뭇가지	branch	브랜치
나무뿌리	root	루-트
줄기(대)	stem	스템

꽃

해바라기	sunflower	선플라워
장미	rose	로즈
백합	lily	릴리
수선화	narcissus	나-르시서스
민들레	dandelion	단디리언
튤립	tulip	튜-립
클로버	clover	클러버
히아신스	hyacinth	히아신스
제라늄	geranium	제라늄
제비꽃	violet	바이어릿
카네이션	carnation	카-네이션

재스민	jasmine	재즈민
난초	orchid	어-키드
선인장	cactus	캐크터스
풀	grass	그래스
잡초	weed	위-드
꽃잎	petal	페틀

과일류

오렌지	orange	오-린지
레몬	lemon	레먼
파인애플	pineapple	파인애플
멜론	melon	멜런
파파야	papaya	퍼파이어
키위	kiwi	카-위-
바나나	banana	버내너
사과	apple	애플
배(서양)	pear	페어
수박	watermelon	워-터멜런
딸기	strawberry	스트로-베리
복숭아	peach	피-치
감	persimmon	퍼-시먼
밤	chestnut	체스넛
포도	grape	그레이프

블루베리	blueberry	블루-베리
체리	cherry	체리
망고	mango	맹고우
자몽	grapefruit	그레이프프루-트
무화과	fig	피그
석류	pomegranate	파머그래넛

야채

야채	Vegetables	베지터블즈
오이	cucumber	큐-컴버
양파	onion	어니언
완두콩	peas	파-즈
강낭콩	green bean	그린 빈
옥수수	corn	콘-
당근	carrot	캐럿
무	radish	래디쉬
감자	potato	퍼테이토우
고구마	sweet potato	스위-트 퍼테이토우
양배추	cabbage	캐비지
상추(양상추)	lettuce	레터스
시금치	spinach	스피니치
가지	eggplant	에그플랜트
파	Welsh onion	웰시 어니언

버섯	mushroom	머시룸-
고추	red pepper	레드 페퍼
피망	green pepper	그린 페러
호박	pumpkin	펌프킨
토마토	tomato	터메이토우
순무	turnip	터-닙
우엉	burdock	버-닥
사탕무	beet	비-트
셀러리	celery	셀러리
브로콜리	broccoli	브라컬리
아스파라거스	asparagus	어스패러거스

여행

항공사	airline	에어라인
여행사	travel agency	트래블 에이젼시
안내	information	인포메이션
예약	reservation	레져베이션
확인	confirm	컨펌
변경	change	체인지
취소	cancel	캔슬
항공권	flight ticket	플라잇 티킷
편도항공권	one way ticket	원웨이 티킷
왕복항공권	round trip ticket	라운드트립 티킷
1등석	first class	퍼스트 클래스
일반석	economy class	이커너미 클래스
비예약석	free seating	프리 씨팅
대기자명단	waiting list	웨이팅 리스트
항공편명	flight number	플라잇 넘버

공항

공항	airport	에어포-트
비행기	airplane[plane]	에어플레인[플레인]
관제탑	control tower	컨트로울 타우어
공항빌딩	terminal building	터-머늘 빌딩
격납고	hangar	행거
연료 트럭	fuel truck	퓨-얼 트럭
전망대	observation deck	아브저베이션 덱
활주로	runway	런웨이
이륙	take off	테익 오프
착륙	landing	랜딩
국제선	international service	인터내셔널 써비스
국내선	domestic service	더메스틱 써비스
짐수레	baggage cart	배기지 카트
항공사 카운터	airlines counter	에어라인스 카운터
발착일람표	schedule board	스케줄 보드
탑승객	passenger	패선저

탑승수속	check in	체킨
탑승권	boarding pass	보딩 패스
여권	passport	패스포트
탑승게이트	boarding gate	보딩 게이트
기내수화물	carry-on baggage	캐리 온 배기지
입국카드	landing card	랜딩 카드
입국사증	entry visa	엔트리 비자
입국관리	immigration	이미그레이션
입국심사대	immigration center	이미그레이션 센터
여권검사	passport control	패스포트 컨트럴
예방접종증명서	yellow card	옐로우 카드
수화물 찾는 곳	baggage claim	배기지 클레임
유실물 신고소	claim area	클레임 에어리어
수하물 인환증	claim tag	클레임 택
초과요금	extra charge	엑스트러 차쥐
관세	customs	커스텀즈
세관검사	custom inspection	커스텀 인스펙션
관세법	customs duty	커스텀즈 듀디
공항세	airport tax	에어포트 택스
개인소유물	personal property	퍼스널 프로퍼티
반입금지품	prohibited article	프러히비티드아티클
통과권	transit pass	트랜싯 패스
환승카드	transit card	트랜싯 카드
환승객	transit passenger	트랜싯 패신저
대합실	waiting room	웨이팅 룸
환승편	connecting flight	커넥팅 플라잇
시차	time difference	타임 디퍼런스
계단	stairway	스테어웨이
공항버스	airport bus	에어포-트 버스

기내

기내	cabin	캐빈
좌석번호	seat number	싯 넘버
출발지	port of departure	폿트 업 디파쳐
최종 목적지	final destination	파이널데스티네이션
출국카드	embarkation card	임바케이션 카드
입국카드	disembarkation card	디스임바케이션카드
현지시간	local time	로우컬 타임
탑승시간	boarding time	보오딩 타임
산소마스크	oxygen mask	악시전 마스크
기내선반	overhead shelf	오우버헤드 쉘프
팔걸이	armrest	암레스트
독서등	reading light	리딩 라이트
베개	pillow	필로우
잡지	magazine	매거진
안전벨트	seat belt	싯 벨트

한국어	English	발음
호출버튼	call button	콜 버튼
멀미봉투	airsickness bag	에어씨니쓰 백
비상구	emergency exit	이머건씨 엑시트
화장실	lavatory	레버터리
비어 있는	vacant	베이컨트
사용 중	occupied	아큐파이드

호텔

프런트 데스크	front desk	프런트 데스크
입실	check-in	체크-인
퇴실	check-out	체크-아웃
숙박신고서	registration card	레지스트레이션 카드
현주소	home address	홈 어드레스
회사명	company name	컴퍼니 네임
직업	occupation	아큐페이션
국적	nationality	내셔낼러티
여권번호	passport No.	패스폿 넘버
지배인	manager	매니저
손님	guest	게스트
1인실	single room	싱글 룸
2인실	twin room	트윈 룸
(침대1)2인실	double room	더블 룸
더 싼 방	cheaper room	취퍼 룸
행사장	reception room	리셉션 룸
식당	dining room	다이닝 룸
귀중품보관함	safety box	세이프티 박스
방 열쇠	room key	룸 키
계단	stairway	스테어웨이
로비	lobby	라비
별도요금	extra charge	엑스트라 차-지
난방	heating	히팅
공기조절장치	air-conditioning	에어 컨디셔닝
소화기	fire extinguisher	파이어 익스팅기셔
세탁서비스	laundry service	론-드리 서비스
모닝콜	morning call	모닝콜
룸서비스	room service	룸 서비스
포터	porter	포터
청구서	bill	빌
민박	home-stay	홈스테이

관광

관광	sightseeing	사이트싱
여행안내소	tourist information	투어리스트 인포메이션
관광안내책자	sightseeing pamphlet	사잇싱 팸플릿
일일관광	one-day tour	원 데이 투어
야간관광	night tour	나잇 투어

도보여행	walking tour	워킹 투어
하루관광	full day tour	풀 데이 투어
특별행사	special event	스페셜 이벤트
온천	hot spring	핫 스프링
역사유적지	historic sites	히스토릭 사잇츠
박물관	museum	뮤지엄
동물원	zoo	주-
식물원	botanical garden	버태니컬 가든
수족관	aquariums	어퀘어리엄즈
상가	shopping street	샤핑 스트릿
사원	temple	템플
광장	square	스퀘어
공원	park	팍
시내중심가	downtown	다운타운
사진 찍다	take a picture	테이커 픽쳐
현상	develop	디벨럽
일회용 사진기	disposable camera	디쓰포우저블캐머라
사진촬영 금지	no photographs	노우 포토그랩즈
입구	entrance	엔트런쓰
출구	exit	엑시트 / 에그짓
경찰관	policeman	펄리쓰맨
교통사고	traffic accident	트래픽 액서던트
소매치기	pick pocket	픽 파킷
분실증명서	theft report	데프트 리폿
재발행하다	reissue	리이슈

쇼핑

선물	gift	기프트
기념품	souvenir	수버니어
특산품	local product	로우컬 프라덕트
골동품	antique	앤틱-
수공예품	handicraft	핸디크래프트
민속공예품	folk-craft	포욱그래프트
전자제품	appliances	어플라이언시즈
향수	perfume	퍼퓸
화장품	cosmetic	코스메틱
면세	duty-free	듀티 프리
면세점	duty-free shop	듀티 프리 샵
면세품	tax free article	택스 프리 아티클
가격표	price tag	프라이스 택
영수증	receipt	리시-트
보증서	guarantee	게런티
사용설명서	instruction sheet	인스트럭션 쉬트
여행자수표	traveler's checks	트래벌러즈 첵스
신용카드	credit card	크레딧 카드
가격표	price tag	프라이스 택

정찰가격	fixed price	픽스트 프라이스
도매가격	wholesale price	호울세일 프라이스
바겐세일	bargain sale	바긴 세일
할인	discount	디스카운트
싼	cheap	취이프
비싼	expensive	익스펜시브
결함	defect	디펙트
교환	exchange	익스체인쥐
환불	refund	리펀드
포장지	wrapper	랩퍼

우체국

우체통	mail box	메일 박스
수신인	addressee	어드레시
발신인	sender	센더
봉투	envelope	엔벌로우프
우표	postage stamp	포우스티쥐 스탬프
그림엽서	picture postcard	픽쳐 포스트카드
항공우편	air-mail	에어메일
선박우편	sea-mail	시메일
등기우편	registered mail	레지스터드 메일
속달	express	익스프레스
소포	parcel	파설

은행

달러	dollar	달러
유로	Euro	유로
파운드	pound	파운드
환전소	money exchange	머니 익스체인지
환율	exchange rate	익스체인지 레잇
잔돈	small change	스몰 체인지
소액권	small bill	스몰 빌
고액권	large bills	라쥐 빌
동전	coin	코인
현금	cash	캐쉬
수표	check	첵

전화

전화	telephone	텔러포운
시내통화	local call	로우컬 콜-
국제전화	international call	인터내셔널 콜-
긴급전화	emergency call	이머전시 콜-
장거리통화	long distance call	롱 디스턴스 콜-
구내전화	extension	익스텐션
교환원	operator	아퍼레이러
전화번호	phone number	포운 넘버
전화박스	phone booth	포운 부쓰

한국어	English	발음
번호안내	information	인포메이션
지역번호	area code	에어리어 코우드
국가번호	country code	컨트리 코우드
공중전화	pay phone	페이 포운
이동전화	mobile phone	모우바일 포운

컴퓨터

한국어	English	발음
컴퓨터	computer	컴퓨터-
탁상용컴퓨터	desktop computer	데스크탑 컴퓨터-
휴대용 컴퓨터	lap-top computer	랩탑 컴퓨터-
맥켄토시	Macintosh	맥킨타쉬
주기억장치	main memory	메인 메머리
데이터기억장치	date memory	데이터 메머리
프린터	printer	프린터-
레이저프린터	laser printer	레이저-프린터-
컬러프린터	color printer	컬러-프린터-
스캐너	scanner	스캐너-
모니터	monitor	모니터-
스크린	screen	스크린-
키보드	keyboard	키보-드
출력	output	아웃풋
입력	input	인풋
스피커	speaker	스피커-
마우스	mouse	마우스
마우스 패드	mouse pad	마우스패드
시디롬	CD-ROM	씨디롬
모뎀	modem	모뎀
케이블	cable	케이블
하드웨어	hardware	하-드웨어-
소프트웨어	software	소프트웨어-
엑셀	excel	익셀
버전	version	버-전
첨단기술	high-tech	하이테크
부팅	boot-up	부트업
자료	data	데이터
복사	copy	카피
스캔	scan	스캔
백업	backup	백업
설치하다	install	인스톨
바이러스	virus	바이러스
바이러스 퇴치	anti-virus	앤티 바이러스
백신 프로그램	vaccine program	백신 프로그램

" An early bird catches the worm
부지런한 새가 벌레를 잡는다 "